现代饭店房务部运行与管理

主　编　徐松华

副主编　鲁婉婷　康　芬

中国旅游出版社

前　言

随着饭店业的深入发展以及现代信息技术和人本管理理念在饭店行业的广泛应用，饭店房务部在服务内容、服务方式、人员配备、客人来源等方面均发生了很大的变化，对饭店房务部的运营与管理也提出了新的要求。与此相适应，饭店房务管理的教学设计也应与时俱进，跟上行业发展的步伐，适应行业发展的新要求。教材作为教学的重要载体，也要有新的理念作指导。

本教材针对我国当前高校应用型本科酒店管理教学模式及饭店行业发展的需要，强调对学生饭店职业意识、饭店管理理念以及运用知识解决实际问题能力的培养。编写中，既根据行业最新发展情况合理选取教材内容，又以房务部对客服务过程这条主线科学编排教材内容，既注重理论与方法的阐述，又配备了较为丰富的案例加以说明。总之，本教材在编写中对传统的知识结构进行了大胆的整理和组合，尝试探求一条新的知识逻辑主线，并以此统贯全教材。

本教材得到了武汉商学院鲁婉婷、湖北经济学院康芬老师的大力支持，在此表示衷心的感谢！本教材分工如下：武汉商学院徐松华老师进行了教材编写的总体框架设计，编写了第 1 章至第 8 章和第 11 章，并负责全书的统稿工作；鲁婉婷老师编写了第 9 章、第 10 章；康芬老师编写了第 12 章，并承担了全书的审稿工作。编者在编写过程中查阅了大量的相关著作及资料，吸收并采纳了其中部分观点和研究成果，谨向原作者及相关人士表示感谢！作者水平有限，疏漏和欠妥之处在所难免，恳请各位专家和读者批评指正！

编者

2015 年 12 月于武汉后官湖畔

目录
CONTENTS

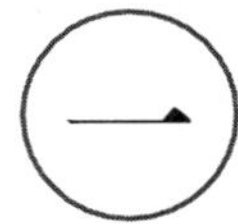

现代饭店房务部概述

饭店是旅行者出门在外临时的家。对旅行者而言，饭店的各类服务设施中，客房住宿是其首要的需求。对饭店而言，客房是其必不可少的基本设施，而像餐饮、娱乐、健身等其他服务设施，则可以根据饭店的类型、规模等因素进行调整。虽然在现代饭店中，各种设施日趋多样、丰富，饭店的功能随之增加，然而满足客人住宿的需求仍是现代饭店最基本、最重要的功能。饭店房务部是为客人提供住宿服务的综合业务部门，是整个饭店服务工作的基础和核心，也是饭店管理的关键部位，其运行的好坏直接影响酒店的整体服务质量、管理水平、经济效益和市场形象。

【学习目标】

1. 了解房务部的功能、对客工作过程，以及在现代饭店经营中的地位和作用。
2. 熟悉房务部的工作环境，包括空间布局及主要设施设备。
3. 掌握房务部的组织机构和重要岗位的工作职责。
4. 能够根据饭店客房的规模和类型，设计饭店房务部的组织架构。

【导入案例】

从问候到贺礼

夏日，南京某饭店大堂，两位外国客人向大堂副理值班台走来。大堂郑副理立即起身，微笑地用英语问候："感谢两位先生光临我店，这座历史悠久的都市同样欢迎两位先生的光临。"熟练的英语问候一下子拉近了彼此的距离，气氛变得活跃起来。外宾中一位马斯先生还兴致勃勃地谈道："早就听说中国的生肖十分有趣，我是1938年8月4日出生的，经历过第二次世界大战，大难不死，一定是命中属相助佑。"

说者无心，听者有意，两天之后就是8月4日，谈话结束之后，郑副理立即在备忘录上做记录。8月4日那天一早，郑副理就买了鲜花，并代表饭店在早就预备好的生日卡上填好英语贺词，请服务员将鲜花和生日贺卡送到马斯先生的房间。马斯先生收到了意外的惊喜，激动不已。

分析：本案例中，大堂郑副理对待两位客人的做法，是站在客人的立场上，把客人当作亲人的出色范例。其一，大堂郑副理设身处地，仔细揣摩客人的心理状态，并充分发挥他的英语专长，及时、准确抓住了外国客人对乡音的心理需求。其二，郑副理富有职业敏感，善于抓住客人的关键信息，其为客人赠送生日贺卡和鲜花的优质服务和公关活动，把与外国客人的感情交流推向了更深的层次。

第一节　饭店房务部的功能与地位

饭店房务部是为客人提供完整住宿服务的饭店业务部门的总称，它包括饭店前厅部和客房部两个业务部门。其核心工作是为客人提供清洁、卫生、舒适的客房，主要涉及饭店客房的生产、销售及相应的综合服务等事务。

客房的生产是指为客人创造一个卫生、美观、舒适、安全的住宿环境，其内容包括在客房中配备能满足现代生活所需的各种设备、设施、用品，对客房进行清洁和整理，并且提供多样的综合服务，以方便住店客人。客房的销售是指通过开展订房业务，为客人提供迎送、行李、登记和结账等综合服务，以最大限度地销售客房产品，获得最佳的客房效益。

一、功能

（一）生产客房（清洁整理客房）

客房是饭店出售的最重要的商品。客房作为商品应包括可出租的房间、客房设备设施、客房供应品、客房卫生和客房有效运转（有效服务），其中最重要的是客房有效运转（有效服务）。房务部要为客人提供清洁、美观、舒适、安全的住宿空间。

（二）销售客房

客房是饭店销售中最大、最主要的产品，客房收入是饭店经济收入的主要来源。目前，世界上大多数饭店客房的利润占整个饭店利润总和的50%以上。因此，客房的销售直接影响着饭店总体的经济效益。饭店的客房销售工作主要通过客房预订、接待客人、办理登记入住等关键环节实施，从而发挥房务部销售客房的功能。

（三）提供各种前厅服务

房务部下属的前厅是饭店对客服务的中心，可以为客人提供各种前厅服务，如总机、商务、行李、邮件、迎送、留言、问讯、物品转交等。这些工作构成了前厅对客服务的主要内容。

（四）提供各种客房服务

房务部下属的客房楼层不仅为客人提供清洁卫生的客房住宿环境，还可以提供各种对客服务，如洗衣、小酒吧、物品遗留、租借、查房等。这些工作构成了客房对客服务的主要内容。

二、对客工作过程

饭店房务部为客人提供一个完整的住宿体验服务，其过程在空间上表现为客人由远及近地从异地抵达饭店，再从近到远地由饭店离开；在时间上表现为具有先后承接关系的“五大”过程。饭店对客工作过程如图 1 –1 所示。

（一）宾客抵店前

在此过程中，客人虽远离饭店，但可通过网络、电话、传真等方式，获取饭店的产品和销售等信息服务，并可接受饭店提供的预订服务；当客人抵达饭店所在的城市时，饭店也可提供在飞机场、火车站等店外迎客等服务。

（二）宾客抵店时

在此过程中，客人已抵达饭店大门前，饭店此时应向客房提供礼宾服务（包括开车门、手拉门和行李等服务），并引导客人来到饭店总台接待处，为客人提供登记等服务；登记结束后，行李员引领客人进入客房，并在引领中根据客人情况有选择地介绍饭店服务设施；引领客人进入客房后，再为客人介绍客房服务设施及使用注意事项。

（三）宾客住店中

在此过程中，客人已入住客房，客人可能接受饭店提供的账务、换房、留言、电话接转、叫醒，以及每天的楼层客房清扫等服务。

（四）宾客离店时

在此过程中，客人即将结束在饭店的住宿过程，准备结账退房，饭店会提供退房服务，并提供行李、店门送客等服务。有的饭店还会提供店外送客等服务，如将客人送到飞机场或火车站等。

（五）宾客离店后

在此过程中，客人已离开酒店，饭店可与客人及时联系，了解客人的反馈意见，不

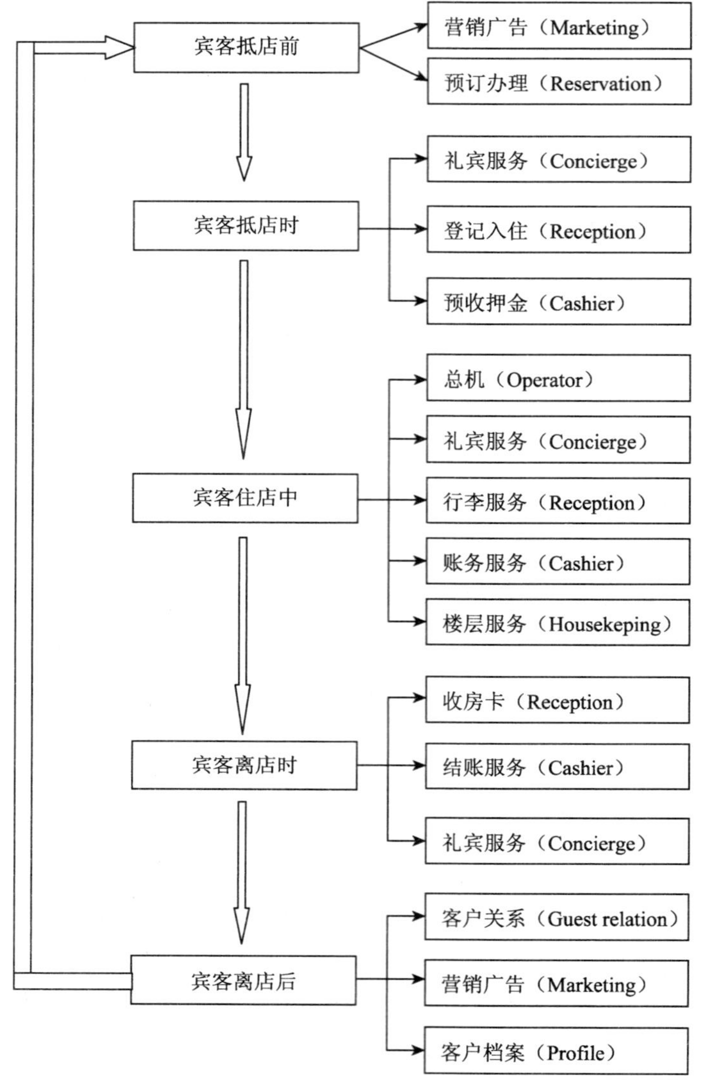

图 1－1　饭店对客工作过程

断充实和完善客人的档案信息；饭店还可以定期向客人邮寄资料，或向客人寄送贺卡，或向客人传递新产品和促销信息，与客人保持联系的畅通，以巩固与提升客户关系。

饭店房务系统的对客工作流程是一个完整、循环的过程。第五个过程既是对客服务的结束，又是下次对客服务的开始，它对周而复始的对客服务全过程起着承上启下的作用。

三、在饭店中的地位和作用

一家饭店，最主要的产品就是客房和餐饮。房务部作为饭店客房产品的生产、管理和销售的职能部门，在饭店经营中起着举足轻重的作用。房务部门营业收入占全饭店总营业收入的比重、房务部门的服务质量、房务部门的管理与全饭店的运行与管理的关系等，不管从哪个方面来看，房务部在饭店经营中始终处于重要的地位，其在饭店中的地位，可从以下几个方面加以阐述。

（一）房务部的营业收入是饭店经营收入的主要来源

客房产品是饭店最主要的产品形式，通常情况下，一家饭店客房的营业收入一般要占到饭店全部营业收入的48%～60%。而且在房务部的运行过程中，运营费用相对较低，产品的毛利率较高，单一客房产品的毛利率可达80%左右。也就是说，一间500元/晚的客房可以净赚400元左右。

（二）房务部提供的住宿服务是现代饭店经营的必备项目

现代饭店是指以建筑物及其设施、设备为凭借，为顾客提供以住宿为主，并兼营餐饮、娱乐、休闲、健身等服务的综合性经济组织。在饭店诸多的服务项目中，住宿服务是必不可少的，无论是商务客人，还是观光游客，当他们经过长途跋涉来到异地，首先要解决住宿的问题，否则商务活动、观光旅游活动都不可能进行。房务部就是为客人提供住宿服务的业务部门。在《旅游饭店星级的划分与评定》中，饭店被划分为“有限服务饭店”和“完全服务饭店”。其中“有限服务饭店”在服务提供方面强调社会化与专业化，突出“小而专”，饭店并不提供客人所需的所有服务，餐饮、娱乐等服务项目则由社会提供，但住宿是其经营的绝对重点，必不可少。

（三）房务设施是饭店的主要服务设施

从建筑面积来看，客房面积通常占酒店总面积的70%。从酒店规模来看，客房数量决定了酒店规模大小。客房数小于300间，属小型酒店；客房数大于600间，属大型酒店；介于两者之间的，属中型酒店。从历年全球酒店集团和品牌排名来看，客房数量是其第一考核要素。此外，《旅游饭店星级的划分与评定》对饭店设施设备的评价中，分别对共用系统、前厅、客房、餐饮、安全设施等方面进行评分，总评分为600分。其中，前厅和客房评分值分别为62分和191分，两者之和占到总评分的42.17%。由此可见，房务设施是饭店建筑的主体和主要服务设施。

（四）房务部的服务质量是饭店服务质量的重要标志

饭店房务部的前厅是为客人服务的枢纽，是客人与饭店联络的纽带。在客人心目中，饭店前厅是饭店管理机构的代表。客人入住登记在前厅，离店结算在前厅，客人遇到困难寻求帮助时也找前厅，客人感到不满投诉时，同样还是找前厅。前厅工作人员的言谈举止将会给客人留下深刻的第一印象。如果前厅工作人员能以彬彬有礼的态度待客，以娴熟的技巧为客人提供服务，能妥善处理客人正当的投诉，能认真有效地帮助客人解决疑难问题，那么，客人对饭店的其他服务，也会感到放心和满意。反之，客人极可能对一切都会感到不满。可以说，前厅的工作直接反映了饭店的工作效率、服务质量和管理水平，直接影响客人对饭店的总体印象。

此外，住宿客人在饭店房务部逗留的时间最长。因此，客房楼层的清洁卫生程度，装饰布置是否美观怡人，设备物品是否齐全，服务人员的服务态度是否热情周到，服务项目是否周全丰富等，对客人有着直接的影响，是客人衡量“价”与“值”是否相符的主要依据。可以说，客房服务质量的高低，客人感受最敏锐、印象最深刻。

第二节　饭店房务部的空间布局

饭店房务部的主要空间包括前厅和客房楼层。其中，客房楼层是主体。一般来说，客房楼层面积占整个饭店建筑总面积的65%～85%。不同国家、地区以及不同等级、类型的饭店客房建筑面积占总建筑面积的比例是不同的，有的饭店因提供众多出租商场设备或社交活动场所而减少了客房部分面积的比例，有的饭店因服务设施简单而相对增加了客房部分的面积。

一、前厅空间

前厅是饭店在室内接待客人的第一空间，是饭店的门面；同时，前厅是客人办理入住登记、休闲会客和结账退房的地方，是饭店对客服务的枢纽。前厅必须以其宽敞的空间、华丽的装潢，创造出一种能有效感染客人的气氛，以便给客人留下美好的第一印象和难忘的最后印象。前厅是展示饭店文化特色的窗口。

前厅必须有足够的空间才能满足宾客进出饭店和前厅人员的工作需要，其面积大小应与饭店等级和接待规模相适应。前厅公共活动区域面积一般不少于（客房数×0.8）平方米，最低要求不能小于（客房数×0.4）平方米。面积适当才能使前厅各功能分区的布局科学合理，否则无法保证各分区功能的正常发挥，以及各类活动的不相互干扰。总体来说，前厅区域分隔要合理，总服务台、大堂副理台、宾客休息设施、大堂吧、公共卫生间、商务中心、公共电话等服务功能要完善。

（一）交通区

前厅交通区包括门廊、正门出入口、楼梯、电梯、客人通道、紧急通道等，是客人出入饭店的主要通道，其功能是保证饭店客流的通畅。总体来说，应尽量避免服务流线、物品流线与客人流线交叉；宾客通往饭店各功能区域的通道和空间应减少障碍，保持通畅，且强化导向功能。其中，大门要气派，有吸引力，在建筑上有特色，具有迎接客人的气氛。

大堂主入口应置于饭店交通最便捷、最显著的位置，方便宾客进出（见图1－2）。正门外应有车道和门廊，门前台阶旁应设至少2.5米宽、坡度不超过12度的残疾人轮椅坡道。大门有玻璃拉门、旋转门或自动门，一般应为双层门，以便保持空调温度的稳定和大堂清洁与安静。从入口到饭店内各目的地的公共通道应以适当的装点（如铺设条形地毯或摆放盆景或其他装饰物）形成明显的客人通道走向，起引导和间隔作用。紧急通道应适应紧急疏散的需要，应根据人员数量达到一定的宽度，必须有明显的标志。

图1－2　大堂主入口

（二）服务区

前厅服务区主要包括总服务台、大堂副理工作区、礼宾台、总机室、行李房等。其中，总服务台是前厅的中心，主要为客人提供登记入住、结账、问讯、外汇兑换等服务，应设置在门厅正对面或侧面醒目位置，既方便总台人员对进出客人进行观察，又方便客人与总台接触。总服务台长度及区域空间大小应与饭店星级高低和客房数相匹配，两端不宜完全封闭，应有不少于一人出入的宽度，以便于总台人员随时为客人提供个性化的服务。此外，总服务台可采用柜式（立式）或桌台式（坐式）两种，柜式总台的长度应与酒店的类型、规模及目标客源有关，通常50～80间客房为一个单元，每个单元的长度可控制在1.8米左右。大堂副理工作区设于离总服务台和大门不远的视野开阔而安静的地方，有办公桌椅，供办公和接待客人。总机室既要提供服务，又不直接与客人打交道，因此设于总台后面联络方便又较为隐秘之处。行李房设在总服务台后边，既便于行李运送和保管，又不影响前厅的整洁美观。

（三）休息区

前厅休息区是客人自由活动区，设沙发或休闲椅，配套茶几等。根据饭店规模和客人需要设置几组，以供宾客来往饭店时等候、休息或约见亲友。要求相对安静、便利，不受干扰。

（四）营业区

前厅营业区主要包括大堂吧、商务中心等。其中，大堂吧为客人提供比较随意自由的休闲餐饮空间，为前厅收费经营区。不设商场部的饭店在大堂一角设有小卖部，向客人出售日用小商品，以及一定数量、品种的旅游商品、工艺品和纪念品。

（五）公共卫生间

前厅在大堂较为隐蔽处或附近设置供客人使用的男女公共卫生间。公共卫生间既要方便客人使用，又应避开人们的直接视线，其导向标志还要易于被发现。

二、客房楼层空间

客房楼层在空间上包括客房营业区、客房交通区和客房服务区。

（一）客房营业区

客房营业区是客房楼层中一间间不同类型的客房单元，是饭店客房楼层的主体部分，多集中安排在饭店建筑的中上部，每个楼层的客房规模一般以 24 ~46 间客房数为宜，且不与饭店餐饮、娱乐等其他设施位于同一楼层（行政楼层专设的酒廊除外）。客房楼层如图 1 –3 所示。

图 1 –3　客房楼层

（二）客房交通区

客房交通区由楼层走廊和电梯通道、消防通道组成。其中，楼层走廊的宽度，应满足停放房务工作车时人可通行的尺度要求，一般为 1.4 ~2.0 米，从电梯到最远的客房距离理想状况应小于 60 米。此外，低层饭店客房楼层走廊两边的客房门应错开，以利于隔声，减少干扰，并增加客房的私密性。电梯对于高层、超高层饭店来说是十分重要的垂直交通工具。客房楼层电梯是高层客房的交通枢纽，应配置在适当的位置。电梯的排列与宽度应以面积紧凑、使用方便为原则。疏散楼梯与消防楼梯的设计应符合我国现行消防法律，疏散楼梯的位置应考虑人在火灾发生时可能疏散的方向。常见的位置有两种：一种是客人常用的交通路线，靠近交通枢纽；另一种是使客人有双向疏散的条件，布置在客房楼层的两端。疏散楼梯靠外墙布置将有利于排烟、防火。高层饭店的客房楼层还需设有消防电梯，以便消防人员在火灾发生、普通客梯停止运行后，可乘用消防电梯迅速抵达火灾现场施救。疏散楼梯均上通屋顶、下达首层，并且直接通至室外出口。超高层建筑设置避难层时，疏散楼梯可向避难层疏散。

（三）客房服务区

我国饭店的客房楼层服务区一般设置客房服务中心、操作间、仓库、员工卫生间等。每个楼层要设置布草间、杯具消毒间、卫生间等。此外，客房服务中心以设置在所有客房楼层中部的位置为宜。

三、客房单元空间

客人在饭店客房内的主要需求有睡眠、洗浴、会客、办公、休闲、通信、贮存及餐饮等。客房的室内空间设计，就是为了满足客人在客房中的基本活动和需求。以双人标准间为例，客房的基本功能空间可划分为睡眠空间、盥洗空间、起居空间、办公空间和贮存空间五个部分。客房内为不同的功能空间配置相应的设施、设备，以满足不同空间的功能需求。

（一）睡眠空间

睡眠空间是客房最基本的空间，最主要的家具就是床和床头柜。其中，床要求有软垫（席梦思），我国四星级以上的饭店要求有豪华软垫。床的高度一般以床垫离地面500毫米~600毫米为宜，有的饭店为了使客房看起来更宽阔，将床设计为离地面400毫米。床除了尺寸要符号规格外，还要注意床体的安全性和舒适性，有弹性、强度高，并且还要易于移动，以便服务员清扫和整理客房。

床头柜也是睡眠空间的重要家具，现代饭店床头柜的功能已远远超出床头柜本身的功能。床头柜可分为单人用和双人用，其长度一般为600毫米。单人用宽度一般为370毫米~450毫米，双人用宽度一般为600毫米，高度一般为500毫米~700毫米，要求人躺在床上，眼睛能平视床头柜上的平面。床头柜可以称为房间的控制中心，房内主要灯具的开关、广播选频及音量调节、电视开关、时钟、定时呼叫、直拨电话、请勿打扰开关、呼唤服务员按钮等都设在床头柜控制面板上，有的饭店连中央空调调节开关也设置其上。

（二）盥洗空间

客房卫生间是客人的盥洗空间，客房卫生间的分布一般“背靠背”（back to back），目的是使相邻房间的两个卫生间可以共用一个供（排）水系统。卫生间的功能主要是供客人洗浴、如厕、梳妆。卫生间的主要卫生设备有浴缸、便器和洗脸台三大件，高级饭店的卫生间还设有妇洗器。

浴缸一般置于靠近床的一面，须带有冷、热水龙头，并配有既可固定也可手拿的淋浴喷头。浴缸底部采用光面和毛面相间的防滑结构，浴帘杆固定在浴缸上方外侧两端，与浴缸外沿平行。浴巾架固定在浴缸水龙头对面的墙上，在浴巾架外侧装有可收缩的晾衣绳。一般饭店基本上采用的是“长 1500 毫米 × 宽 750 毫米 × 深 450 毫米”的中型浴缸，等级较低的（也有部分中等的）饭店采用“长 1200 毫米 × 宽 700 毫米 × 深 450 毫米”的小型浴缸，而高级饭店则多采用“长 1680 毫米 × 宽 800 毫米 × 深 450 毫米”的大型浴缸。豪华房间应配有冲浪浴缸，也可设蒸汽淋浴房。在经济型房间（低星级）也可不设浴缸，只设淋浴设备。

便器一般分为坐式和蹲式两种，一般房间只装坐便器，但豪华套房两种都装（通常客用的为蹲式），并在坐便器旁设有妇洗器。

洗脸台、洗面盆一般多使用瓷质的，镶嵌在由人造大理石铺设而成的云台里。洗面盆上装有冷、热水龙头。高级饭店还装有直接饮用凉水的饮水龙头。云台上方的墙面上装有大玻璃镜，其上装有镜前灯等，可供客人梳妆之用，有的饭店还在镜子的背面装有除水雾装置。在云台上搁置客用一次性洗浴用品，多用托盘或装饰盒摆放。此外，在云台侧面墙上设有国际标准（扁形或圆形）的 110V/220V 交流电源插座，有的饭店还配有吹风机。云台高度一般以 800 毫米为宜。

（三）起居空间

标准间的起居空间一般设在窗前区，此区配有软座椅、茶几（或小圆桌）。起居空间的功能主要是供客人会客、休息、饮茶等，套房有独立房间做起居室。图 1－4、图 1－5 分别展示了大床房的空间布局和双人房的空间布局。

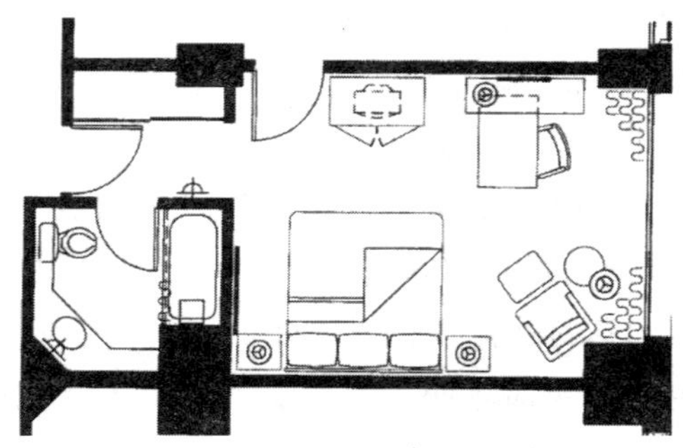

图 1－4　大床房的空间布局

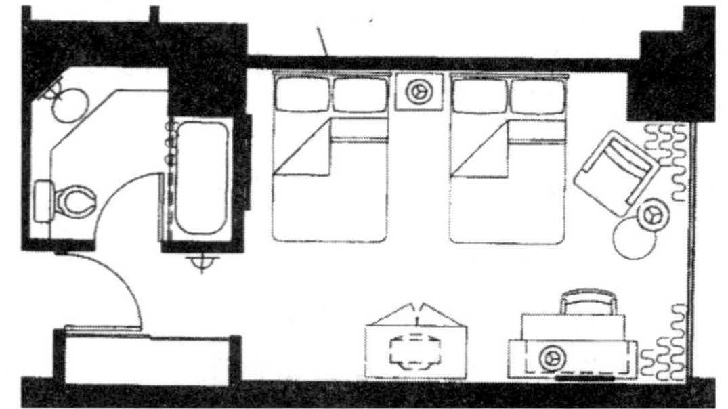

图 1－5　双人房的空间布局

（四）办公空间

标准间的办公空间一般设在床的对面，沿墙体设计成一长条形的多功能柜桌，包括行李架、写字台和电视柜。通常办公空间也可以作为梳妆空间使用。

写字台一般为全木制品，它的一边是行李架，另一边是电视柜。行李架一般设计成写字台的扩充部分，也可以单独设计摆放。行李架的表面一般都有按一定间距固定的木条或铜条，以防止被皮箱的金属饰钉或滚轮损伤。行李架的长度一般为750毫米～900毫米，宽度为650毫米，高度为450毫米，有的饭店的行李架上还附设软垫和靠背，方便客人坐用。电视柜高度一般为450毫米～470毫米，其台面应设有可旋转的托盘（电视机置于托盘上），有的饭店在电视机柜内下方搁置小冰箱。

（五）贮存空间

贮存空间主要是指设在房门进出小通道侧面的壁橱和小酒柜。其中，壁橱通常位于房门进出小通道侧面，长度应不小于1000毫米、深550毫米～600毫米、高170毫米，柜内有照明设施等，有的饭店在壁橱下方设有鞋箱并摆放客用小型保险箱。壁橱主要功能是供客人贮存衣、鞋和其他物品。酒柜上方备有烈性酒、茶水、小吃和酒具，下层是小冰箱。

四、前厅主要服务设备

前厅对客服务的运作效率在很大程度上依赖于所配备的设备状况。随着计算机的应用及其功能的不断开发和完善，越来越多的饭店前厅配置了计算机设备，这样既节省了总台服务空间、扩充了服务信息，又加快了服务节奏、提高了运转效率，同时大大减轻了总台人员的工作量。目前，较先进的国外饭店计算机软件系统有OPERA系统和FIDELIO系统，国内有西软、中软好泰，以及泰能等系统。除此之外，前厅的对客服务也借助于手工操作，必要设备主要如下：

（一）计算机

前厅应配备多台计算机，可以随时显示客人的全部资料，包括客人预订、入住、押金、个人档案、离店及客人店内消费记账等。通常100间客房以内的饭店至少应设两台显示器；100～500间客房的饭店应每增加100间客房加设一台显示器为宜；500间以上客房的饭店，超过500间客房的部分应以每增加200间客房再加设一台显示器为宜。

（二）打印机和扫描仪

前厅应备有两台以上的打印机，在办理预订、入住及结账业务时可用来打印相关单据和表格。打印机的出纸速度要快些，分辨率要适当，要选用不容易夹纸及便于修理、保养的品牌。按公安部门的要求，前厅应配备专用的扫描仪，用于扫描住客的各类身份证件。使用扫描仪既可使入住登记工作更快捷、更准确，还可减少一联入住登记表，节约纸张。

（三）钥匙、邮件架

钥匙、邮件架是标有房号的多格子的木架，用于存放客用钥匙及客人邮件、留言单等。其排列设计有垂直式和水平式两种。有些饭店在木架上装有一个留言灯光显示器，当客人房内留言灯及总台键钮同时闪亮时，可提醒住客有邮件或留言待取；当住客取走邮件或留言单后，总台人员关闭指示灯，相应客房内的留言灯也同时关闭。

（四）贵重物品保险箱

高档饭店应设贵重物品保险箱，24 小时对客免费服务。保险箱一般放置于邻近总台收银处，或独立设置于安全、隐蔽的专用房间内。目前，越来越多的高星级饭店在每间客房内设置了可供客人自己设置密码的客房贵重物品保险箱。前厅贵重物品保险箱是一种带有门锁、附带有多个小箱组的立柜，其小箱的数量一般是饭店客房总数的 15% ~ 20%，散客比例高的饭店可以适当增加这一比例。

（五）打时机

打时机能打印出日期和时间。在为客人办理入住登记、离店结账、贵重物品保存手续和收发保管客人邮件、留言等时，可使用打时机在相关的卡、单上打印准确的日期和时间。

（六）账单架

这是用于存放住店客人账单夹（账卡）的架子，一般置于总台收银处，以便存取，通常按房号排列。有的饭店为方便取用，将账单架装在小轮车上，可随意移动。

（七）收款机、验钞机和 POS 刷卡机

总台应备有收款机，以加快收款的速度；总台还应配备验钞机，以识别各种币的真伪；总台还应有 POS 刷卡机，以应付越来越多的银行卡用户结算之用。

（八）总机设备

总机设备包括用于转接电话的交换机、用于提供叫醒服务的设备以及长途电话自动计费器和播放背景音乐的设备，其功能均安装在电话总机房内。

（九）其他设备

前厅除拥有上述设备外，还应配备行李组设备（如行李车、伞架、供残疾人专用的轮椅等）、宣传资料架、登账机、电话机、传真机、复印机及各类文件柜等。前厅设备、物品必须准确定位，便于对客服务。

五、客房主要设备

客房设备较多，如家具、电器、卫浴洁具和安全装置等，它们是客房成为商品的重要条件。

（一）家具

家具是人们日常生活中必不可少的主要生活用具。客房家具从功能上划分，有实用

性家具和陈设性家具两大类，其中以实用性家具为主。客房使用的家具主要有床、床头柜、写字台、软座椅、小圆桌、沙发、行李架、壁柜、电视柜。

（二）电器

客房内的主要电器包括灯具、空调、小冰箱、电话机和电视机等。其中，灯具主要有门灯、地灯、台灯、床头灯、吸顶灯等，这些灯具既是照明设备，又是房间的装饰品。空调是客房保持适当温度和调换新鲜空气的设备，在墙面上设有空调旋钮或开关，风量分“强、中、弱、停”四挡。小冰箱是为了保证饮料供应而设置的储存设备，小冰箱内放有牛奶、可乐、矿泉水、啤酒等软饮或硬饮，客人可根据需要随意饮用。

一般在房间内设两架电话机：一架放在床头柜上，一架装在卫生间。这样，客人就不会因在卫生间而影响接电话。有的高档酒店，电话机是根据酒店需要专门设计的，电话上印制有店徽、常用电话号码、使用说明和一键通标志，具有一键速拨、留言与语音信箱功能。

电视机是中高档酒店的必要设备，可以丰富客人的生活，《旅游饭店星级的划分与评定》规定：二到三星级饭店要配置彩色电视机；四星级饭店要配置彩色电视机，且播放频道不少于16个，备有频道目录；五星级饭店要配置彩色电视机，播放频道不少于16个，且频道顺序有编辑，备有频道目录。

（三）卫浴洁具

卫浴洁具主要有洗脸台、浴缸和坐便器等。洗脸台墙面上一般装有面镜及可伸缩的化妆镜。浴缸边上有浴凳、浴帘，下面铺有胶皮防滑垫，有冷、热水龙头和淋浴喷头，浴缸上方设有毛巾架，用来摆放面巾和浴巾。饭店里一般有恒温器，能自动供热水；坐便器有坐式和蹲式两种，旁设有手纸架。天花板上设有排风扇，地面有排水的地漏。

（四）安全装置

为了确保宾客的生命、财产安全，预防火灾和其他事故，客房内一般都装有烟雾感应器，门上装有窥镜和安全链，门后张贴安全疏散图，表明客人现在的位置及安全逃生的方向。楼道装有监控探头，可以监视楼层走廊及楼梯间的情况。客房及楼道还配备自动灭火器，一旦发生火灾，安全阀即可自动熔化，水从灭火器内自动喷出。

第三节 饭店房务部的组织机构

饭店房务部的组织机构是履行管理职能，开展经营活动，完成饭店住宿接待经营任务的一种组织形式。为了对客房产品的销售和生产过程进行有效管理，应结合客房数量、经营特色和管理模式等房务管理的工作特点，兼顾效率和实用原则，来科学合理地设置房务部的组织机构。

一、组织机构

（一）大型饭店房务部组织机构

大型饭店客房数量多，服务内容多，岗位复杂，房务部组织机构相对复杂。目前，大型饭店在其组织机构中设置前厅部和客房部两个独立的部门，采用总监、经理、主管、领班和基层员工五级管理模式（见图1－6）。

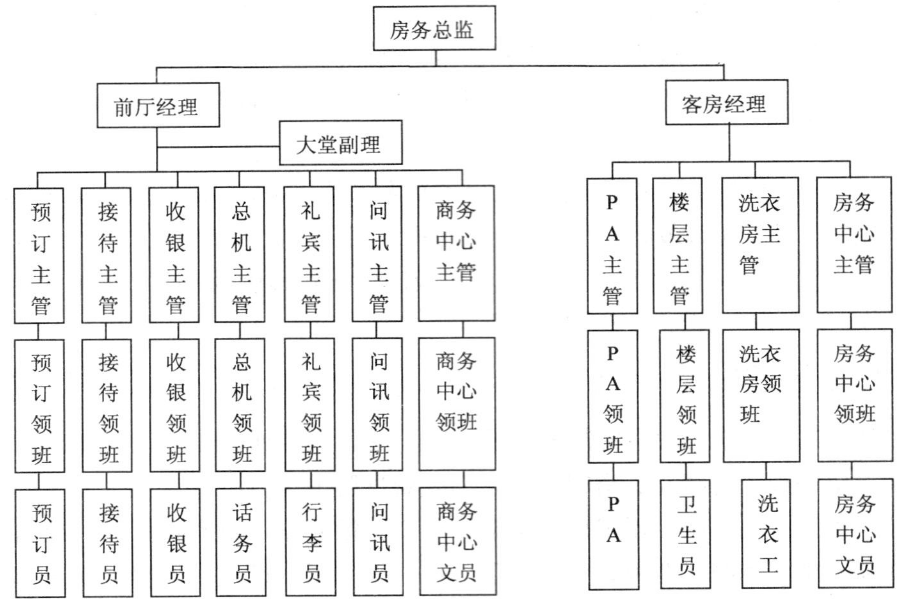

图1－6　大型饭店房务部组织机构

（二）中型饭店房务部组织机构

中型饭店客房数量相对较少，人员配备少些，但设置的岗位与大型饭店相比没有变化，只是减少了总监一个管理层级，以提高管理效率。目前，中型饭店普遍采用经理、主管、领班和基层员工四级管理模式（见图1－7）。

（三）小型饭店房务部组织机构

小型饭店客房数量少，服务内容少，部分岗位在大中型饭店的基础上整合、简化，而且管理层级进一步减少，以提高管理效率。目前，小型饭店普遍将前厅和客房整合为一个独立的部门，以加强合作和沟通，并采用经理、领班和基层员工三级管理模式（见图1－8）。

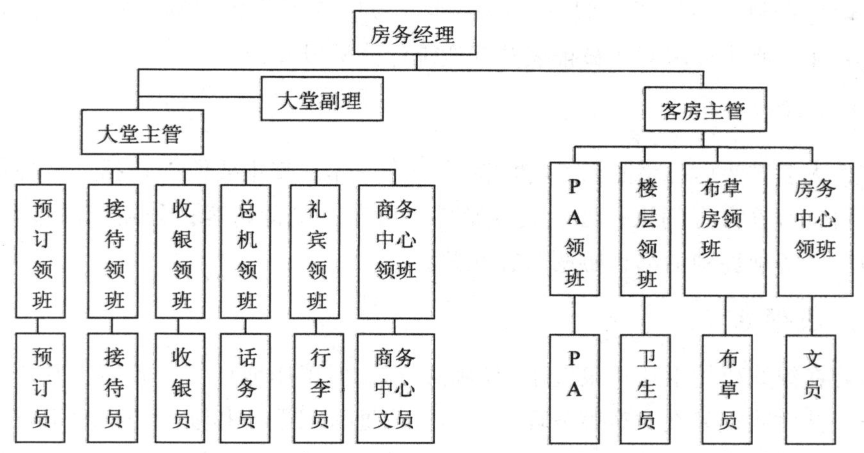

图1－7　中型饭店房务部组织机构

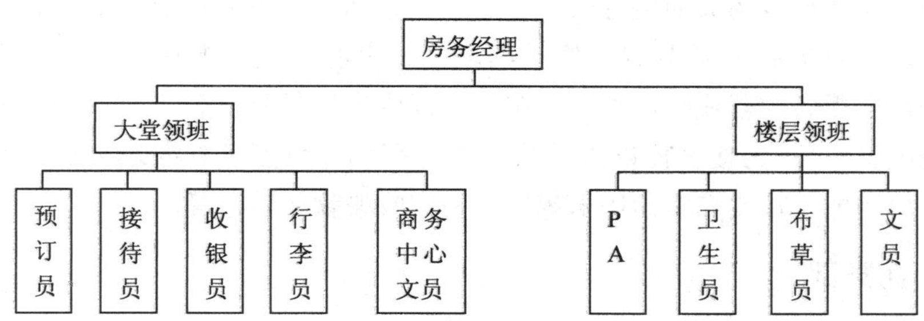

图1－8　小型饭店房务部组织机构

二、前厅部的主要组织机构及其职能

（一）预订处

随着饭店业竞争的加剧和市场开拓力度的加大，客房预订的职能逐渐从前厅部剥离出来，转而归属于销售部或独立的预订部，这是现代饭店市场运营职能提高的具体表现之一。传统意义上，客房预订处的主要职能包括：负责饭店的客房预订业务；受理并确认各种来源的预订，处理预订的更改、取消；与接待处保持密切联系，提供最新的预订信息；参与客情预测，及时提供 VIP、团队、会议客人抵店信息；参与前厅部对外预订业务谈判及签订合同；制作预订报表（每月、半月、一周和次日），参与制作全年客房预订计划；确保预订系统的准确性，完善预订记录和客史档案。

（二）接待处

接待处的主要职能包括：推销客房，接待住店宾客（包括团体宾客、散客、常住宾客、预订宾客和门市客），办理入住登记手续；准确控制客房状态，有效排房；掌握住房动态及信息资料，协调对客服务；积极参与饭店各项促销活动；确定宾客的付款方式，建立客账；制作客房营业日报表及其他统计分析报表。

（三）问讯处

目前，大多数饭店已将问讯处与接待处合为一体，其主要职能包括：掌握住客动态及信息资料，解答宾客问讯；处理宾客邮件、留言；接待访客；分发和保管客房钥匙；积极参与饭店各项促销活动；协调对客服务。

（四）收银处

收银处在组织机构上通常隶属于饭店财务部，但工作地点位于饭店大堂，直接参与对客服务。前厅收银处在对客服务环节上与接待处、问讯处和预订处有着不可分割的联系，对客服务质量有着共同标准。一些饭店鼓励前厅部参与、协助对前厅收银处员工的管理和考核，实行双重管理。前厅收银处的主要职能包括：受理入住饭店宾客的预付担保手续；提供宾客消费构成的信息资料，建立数据库；提供外币兑换服务；管理住店宾客的账卡；密切与饭店各营业点收银员的联系，催收、核实账单，监督宾客的赊账限额；夜间审核全饭店的营业收益情况，制作全饭店当日营业报表（有些饭店专设夜间审计员从事此项工作）；为住客提供贵重物品的寄存和保管服务；办理离店宾客的结账手续、收回客房钥匙、核实宾客信用卡等；负责应收账款的转账等。

（五）礼宾部

礼宾部一般由礼宾服务主管、领班、机场代表、门童、行李员等组成（一些大型豪华饭店特设有“金钥匙”）。其主要职能包括：在门厅或机场、车站迎接宾客；负责宾客的行李运送与寄存，并确保行李安全；引领宾客进房并分别介绍酒店、客房服务设施；分送客用报纸、宾客信件与留言；在饭店公共区域提供找人服务；代客召唤出租车，协助管理和指挥门厅入口处的车辆停靠，确保饭店门厅入口处的道路畅通和安全；回答宾客问题，并为宾客指引方向；传递饭店有关通知单；负责宾客的其他委托待办事项。

（六）总机

总机的主要职能包括：转接电话；提供叫醒服务；回答电话问讯、电话找人，受理电话留言；办理长途电话事宜；提供“请勿打扰（DND）”电话服务；受理电话投诉；传递或消除紧急通知或说明；播放背景音乐，保守通信机密。目前，越来越多的饭店要求总机提供更多的咨询服务，如饭店各部门的所在位置、营业时间、经营项目、收费标准等，以便为宾客提供更快捷的优质服务。

（七）商务中心

商务中心的主要职能包括：提供文字处理、文件整理、装订、复印服务与长途电话、传真及国际快运服务；提供秘书、翻译服务；提供手机电池服务；提供会客洽谈服务（配有专门的洽谈室）；提供互联网商务服务；提供计算机或笔记本电脑租用服务。

（八）大堂副理

在我国，三星级以上饭店一般都设有大堂副理。大堂副理的主要职能包括：代表总经理做好日常的贵宾接待工作；代表总经理受理宾客对饭店内各部门的投诉并且进行高效处理，解答宾客的一切询问并提供一切必要的协助和服务；征求宾客意见，沟通饭店与宾客间的情感，维护饭店的声誉；负责检查大堂区域的清洁卫生及各项设施设备的完好情况；联络和协调饭店各有关部门的对客服务；巡视和检查饭店公共区域，以消除隐患，确保安全；出席饭店的各项例会，对加强管理、改进服务、增加收入等提出建议；定期检查饭店各部门的清洁及维修保养水准；检查员工着装、仪表仪容及守纪、履行岗位职责等状况；处理各类突发事件；协助保安部处理异常事件；协助前厅部员工处理好日常接待中出现的问题（如超额预订处理，宾客丢失保险箱钥匙和签账超额而无法付款问题，逃账事件及其他账务等方面的问题）；详细记录值班时间内所发生和处理的任何事项，将一些特殊的、重要的及具有普遍性的内容整理成文，交前厅部经理审阅后呈交总经理批示，并整理存档；负责协调处理宾客的疾病和死亡事故；确保饭店重大活动的正常接待。

三、客房部的主要组织机构及其职能

（一）客房服务中心

客房服务中心一般位于客房楼层办公室区域，它的基本职能包括传递信息、协调工作、控制出勤、管理钥匙、管理遗留物品等。其中，传递信息是指客房服务中心承担着房务部内部及与饭店其他部门交流信息的中心职能，同时承担着客房楼层对客服务的指挥中心职能，所有的楼层对客服务及管理信息都汇集于此；协调工作是指客房服务中心代表客房楼层负责人协调部门内部的工作，并与相关部门联络、协调各方面的工作；控制出勤是指客房楼层所有员工均在客房服务中心签到、签离，中心负责对该工作的监督，并对出勤情况进行统计和整理；管理钥匙是指客房楼层所有钥匙的发放、收回及保管；管理遗留物品是指饭店所有区域内的遗留物品全部交由客房中心登记、保管和领取等。

（二）楼层

客房通常是饭店最主要的产品，客房楼层也自然成为房务部组织机构的重要部分，其职能包括：为客人及时提供符合饭店质量标准的客房；为宾客提供礼貌、周到的服务；管理楼层区域的设施、设备等。

（三）公共区域

公共区域通常被称为PA组，其职能包括：负责除客房单元与厨房以外所有开放区域的清洁卫生和保养；负责楼层的地毯及软面家具的定期清洁和保养；为全饭店提供绿色植物及花卉的布置，负责庭院绿化；为宾客提供公用卫生间的服务。在一些饭店，公共区域还负责客房及其他部门家具的搬运及布置。

（四）洗衣房

洗衣房的主要职能包括：负责全饭店棉织品及员工制服的洗涤；为住店客人提供洗衣服务等。洗衣房的归属，在不同的酒店有不同的管理模式，大部分酒店洗衣房都归客房部管理，也有的酒店洗衣房作为一个单独的部门，而且对外服务。小酒店可不设置，洗涤业务可委托社会上的专业洗衣公司负责。

（五）布草房

布草房的主要职能包括：负责全饭店棉织品及制服的日常收发、保管和修补；负责全饭店棉织品与制服的定期盘点、补充，以确保棉织品及制服达到饭店定额标准；负责棉织品的报废工作。

四、饭店房务部从业人员的素质要求

房务部的大部分员工直接面向客人服务，工作繁杂，与客人接触机会较多，处于对客服务的最前线。因此，在仪容仪表、语言表达、动手能力、学识智力等方面有着较高的要求，总体上可以概括为“秀外慧中”四个字，即外形俊美、头脑聪明。

（一）身体健康，外形匀称、俊美

房务部的大部分员工提供面对面的服务，良好的个人形象展现了饭店的精神风貌，会给客人留下深刻的印象。因此，房务部的员工要身体健康，四肢健全，不能有身体上的明显缺陷。另外，在身高上不能太矮，体形上要匀称，不能太瘦也不能偏胖，肤色以白皙为宜。

（二）良好的仪表、仪容

房务部人员要着装整洁、大方，面带微笑、主动热情，讲究礼仪、礼貌，彬彬有礼地接待客人。一般酒店都规定，房务部员工上岗前要洗头、吹风、剪指甲，保证无胡须，发型大方得体，化淡妆。容貌端庄，妆饰整洁得体，举止大方的房务部工作人员能给人以热情好客、训练有素、可以信赖的感觉。良好的仪表、仪容代表了房务部工作人员对酒店和工作的热爱，对宾客的尊重，反映了酒店高品质的服务水准和追求卓越的服务精神。

（三）勤奋好学，有较宽的知识面

饭店接待的宾客来自不同国家和地区，具有不同的职业、身份、文化背景和风俗习惯。在对客服务中，服务人员可能会碰到客人各种各样的提问或服务要求，可能涉及政治、经济、文化、地理、历史、风俗等各方面。要为宾客提供满意的服务，服务人员就要在工作之余多阅读，多积累知识，不断拓宽自己的知识面。

（四）较强的人际关系处理能力

酒店属于服务业，离不开与人打交道，尤其是房务部工作人员，几乎每天都要与来自不同国家或地区，具有不同文化背景、不同生活习惯的宾客打交道。因此，房务部服务人员必须具有开朗的性格，喜欢并善于与人相处。同时，房务部员工还要有耐心，有容忍、合作的精神，能够处理好与同事、上下级的关系，互相理解、互相合作，以顺利地完成工作。

（五）较高的语言表达水平

房务部人员应具有较强的语言表达能力。一方面，“会说话”。能够用宾客使用的语言与宾客交流，要能听懂酒店主要客人的方言，面对客人时普通话发音准确、标准，此外还必须熟练地掌握一门以上的外语，特别是口语方面要达到相当的水平。在一些沿海地区的酒店，由于经常接待许多港澳同胞和海外华侨，房务部人员还必须能听懂广东话、闽南话等方言。另一方面，“说话好听”，讲究语言的艺术性。房务部员工在接待宾客的过程中，如果不掌握语言艺术，不知不觉就会得罪宾客，甚至“刺伤”宾客，根本谈不上使宾客满意。因而，房务部人员还应掌握语言表达技巧，具有幽默感，具有说服别人、打破僵局的语言表达能力。

（六）机智灵活，有较强的应变能力

房务部是酒店的业务中心，工作十分繁杂，每天会接触到各种各样的客人，要及时当面处理各项对客服务，甚至会碰到失窃、火灾、客人意外伤亡等意外的事情，都必须予以妥善处理。房务部服务人员必须具有机智灵活的应变能力，才能有针对性地提供服务，并处理好各种突发事件。在任何情况下，房务部人员都应沉着冷静，灵活处理好各种服务问题。

（七）吃苦耐劳，且细心、责任心强

不管是房务部前厅工作人员，还是客房的工作人员，都是一线对客服务人员，体力劳动强度大，所处的工作压力也大。首先要吃苦耐劳，前厅工作人员一站就是 8 小时，客房楼层每天有繁重的“清洁整理客房”工作定量，房务部的任何一个岗位都有较重的体力劳动；其次工作要心细，有责任心，能够主动、及时发现客人需求，想客人之所想，急客人之所急。

（八）自我控制能力强

房务部员工接触的宾客来自五湖四海，客人职业、文化背景、生活习惯，以及性格各异，最可怕的是客人极具情绪化。因此，房务部的员工应具有控制自己情感和调节心

境的能力，既不能把生活情绪带到工作中去，也不能受客人情绪化的影响，要有涵养，有耐心，善于控制自己的情绪，不卑不亢，不能被宾客的情绪所左右，任何时候不与宾客争辩，理智对待个性强的客人。

【练习与思考】

一、单项选择题

1. 饭店内涉及客房产品的生产、销售的各个部门的组合是指饭店内的(　　)。

A. 房务部　　B. 餐饮系统　　C. 营销系统　　D. 工程系统

2. 前厅部的首要功能是(　　)。

A. 订房推销　　B. 接待有无预订的客人，办理入住登记

C. 排房　　D. 确定房价

3. 随着饭店业竞争的加剧和市场开拓力度的加大，其职能逐渐从前厅部剥离出来，转而归属营销部的机构指的是(　　)。

A. 前厅接待处　　B. 前厅问讯处　　C. 前厅预订处　　D. 前厅收银处

4. 前厅收银处在组织架构上通常隶属于饭店的(　　)。

A. 前厅部　　B. 市场营销部　　C. 财务部　　D. 客房部

5. 前厅部在饭店运行中的作用主要是推销、沟通和(　　)。

A. 清洁　　B. 协调　　C. 决策　　D. 财务管理

6. 客房部在饭店的运行中，主要承担清洁保养、为客服务、为饭店其他部门服务的工作，因此又被称为饭店的(　　)。

A. 管事部　　B. 服务部　　C. 房务部　　D. 管家部

7. 客房产品具有时间属性是由于其(　　)。

A. 使用权　　B. 所有权

C. 使用权和所有权的分离　　D. 随即性

8. 客房的销售是(　　)。

A. 客房部的首要功能　　B. 前厅部的首要功能

C. 房务部的首要功能　　D. 前厅部和客房部的首要功能

9. 客房走廊的宽度一般为1.4米~2米，从交通枢纽电梯到最远客房距离一般不超过(　　)。

A. 30米　　B. 10米　　C. 60米　　D. 50米

10. 客房室内功能布局中最基本的空间是(　　)。

A. 起居空间　　B. 盥洗空间　　C. 娱乐空间　　D. 睡眠空间

二、多项选择题

1. 客房部的主要工作是指(　　)。

A. 销售客房　　B. 对客服务

C. 清洁保养　　　　　　D. 为其他部门提供服务

2. 下列属于前厅部工作范畴的是(　　)。

A. 销售客房　　B. 协调对客服务　　C. 控制客房状况

D. 提供各种前厅服务　　E. 提供信息

3. 下列属于礼宾部岗位的是(　　)。

A. 金钥匙　　B. 机场代表　　C. 预订员

D. 门童　　E. 行李员

4. 下列属于客房部的组织机构的是(　　)。

A. 客房中心　　B. 楼层　　C. 公共区域

D. 布草房　　E. 洗衣房

5. 完成房务部的对客服务工作的主要是(　　)。

A. 客房部　　B. 前厅部　　C. 餐饮部

D. 工程部　　E. 安保部

6. 客房的功能空间包括(　　)。

A. 起居空间　　B. 睡眠空间　　C. 办公空间

D. 盥洗空间　　E. 贮存空间

7. 构成客房楼层的功能区包括(　　)。

A. 客房单元　　B. 客房交通　　C. 服务功能区

D. 公共区域　　E. 员工餐厅

三、名词解释

1. 饭店房务部

2. 总服务台

四、思考题

1. 简述饭店房务部的主要功能。

2. 谈谈饭店房务部对客工作过程。

3. 饭店房务部提供的主要服务有哪些?

4. 谈谈饭店房务部的机构组成。

五、案例分析

7 月上旬的一天，有一个很重要的会议计划早上 9 点开始，负责会务工作的李先生早上 8 点就搬着一箱资料来到酒店，并想最后再查看一下会议室有没有问题。

李先生来到酒店门口时，发现门边正好站着一个行李员，就对行李员说:“请帮我把资料搬到会议室。”行李员微笑着对他说:“对不起先生，我们不为会议客人搬资料。”

李先生顿时很不高兴，将手中的资料往地上一放，对行李员说:“行李员不搬谁搬?”

然后，李先生走向前台。前台服务员微笑着询问:“请问我能为您做点什么?”

李先生说："我想再查看一下会议室，麻烦你们开一下门。"

服务员非常客气地说："对不起，先生，会议室不归我们管，您打电话到营销部问问吧。"

李先生压住心里的火气，板着脸对服务员说："那么，请你打电话通知营销部人员开门。"

服务员看李先生满脸怒气的样子，只得打电话到营销部，然后告诉客人："请您稍等一下，掌管会议室钥匙的人吃早餐去了。"

李先生再也按捺不住心头的火气，愤然责问服务员："那么，我来这么早干什么？3分钟之内，让他到会议室门口，否则……"说完朝会议室走去。

看着离去的李先生，前台服务员连忙打电话叫同事去员工食堂找人。当拿着钥匙的服务员赶到会议室门口时，李先生正看着自己的手表，对气喘吁吁的服务员说："开门。"然后走进会议室仔细检查起来。

会议之后，李先生代表会议主办单位向酒店投诉，声称再也不会把会议放在服务如此糟糕的酒店。

问题：根据文中案例，分析酒店应如何提高自己的服务水平，并谈一谈你对李先生的看法。

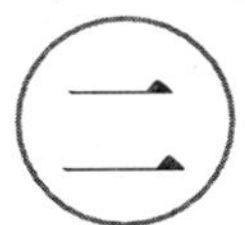

第二章 住宿客人和客房产品

饭店客房是住宿客人的“家外之家”，因此，饭店房务部必须努力为客人营造一种宾至如归的感觉，让客人在饭店内能够真正享受到家的温馨、舒适及便利。为了更好地、有针对性地为饭店顾客服务，必须了解和识别顾客的需求。饭店客人千千万万，每位客人的需求既有个性，更存在共性。一般来说，具有相同旅行目的、身份或职业、组织形式的客人，在住宿需求上有共同的特点。因此，了解饭店住宿客人的类型，识别他们的住宿需求特点，是进行客房产品设计、生产和销售的前提。

客房产品是联系饭店和客人的纽带。通过客房产品，客人接受饭店提供的各项住宿服务，满足自身的住宿需求；而饭店则通过为客人提供服务，收取房费，实现客房产品的周转生产。客房产品是饭店作为经济性营利组织存在的工具。同时，我们也应该看到饭店客房产品具有“以无形性服务为主、生产和消费的同时性、不可储存和异质性”等与传统商品相异的自身特性，因此客房产品在类型与特征设计、价格策略和客房销售等方面也有着明显的特征。了解和认识这些客房产品知识，有助于房务部更好地做好客房产品的生产和销售工作，不断改善房务部的对客接待工作。

【学习目标】

1. 认识饭店住宿客人的类型和需求特点。
2. 了解客房的基本类型和主要特征。
3. 掌握客房价格的特点、计价方式，以及房费的计算方法。

【导入案例】

改睡床、定浴袍，迎接 NBA 球星

某年 8 月，拥有众多 NBA 超级巨星的美国“梦之队”访问广州，并与中国国家篮球队进行对抗赛。负责接待的广州某酒店为此做了充分而又特别的接待准备。

1. 加长睡床

为了迎接篮球明星，酒店房间最大的改动就是要加长睡床，以便让身高超过 2 米的球员能够睡得舒服。酒店为此定做了一些宽 0.5 米、高度和床一样的长凳，到时把长凳拼在床脚，就相当于把床的长度延至 2.5 米。

2. 定做喷头浴袍

NBA 的考察官员在考察酒店的时候对淋浴的设施要求最高。因此，酒店对浴室的装修非常讲究，每个房间的浴室大小都在 15 平方米左右，另外，浴室和房间之间用一扇透明的玻璃隔开，这让浴室显得格外光亮通透。最奢侈的是，浴缸旁边还安装了一台小小的液晶电视，这意味着球员届时可以一边泡澡一边看电视。

酒店的工作人员十分细心，他们甚至考虑到浴袍和拖鞋这样的细节问题，特别定做了大号浴袍和大号拖鞋。

3. 100 多名保安人员随时待命

面对如此多的篮球巨星，安全保卫问题也是本次赛事的一个重点。除了与公安部门协作外，酒店内部也准备了保卫方案，有 100 多名酒店的保安人员负责球队在酒店的安保问题。

而为了能及时了解球星的需求和回应他们的咨询，酒店方面还专门从高校聘请了一批外语水平较高的在校大学生，在经过专门的培训后，他们将守候在餐厅、酒吧间、楼层、前台等球星们有可能涉足的地方提供服务。

分析：饭店客房产品是满足住宿客人需求的，饭店要根据客人的职业、收入和偏好等特点，识别其住宿需求特征，并有针对性地设计客房内的陈设和布置，以及相应的配套服务，精准地迎合住宿客人的需求。

第一节　住宿客人的类型及需求

客房存在的原因就是为人们提供服务，不管是满足人们对夜晚住宿的需要，还是提供各类会议设施满足人们对举办活动的需要。饭店的住宿客人，可能来自世界各地和社会各个阶层，他们的身份地位、宗教信仰、文化修养、兴趣爱好、生活习惯、社会背景等各不相同，他们对客房类型、价格、销售方式，以及相应前厅和楼层服务也就不同。

因此，有效掌握住宿客人的特征，进而识别客人的住宿需求特点，有利于房务部员工有针对性地做好销售和接待工作。住宿客人的类型有如下划分：

一、按组织方式划分

饭店住宿客人从用房数量上可以将之划分为团体客人和散客。其中团体客人是指一次性用房在10间（包含10间）以上的住宿客人，低于10间的则为散客。团体客人和散客在客房销售和服务过程中有不同的需求特征。

（一）团体客人

团体客人因订房数量大，会迅速提高饭店客房销售收入和客房出租率。另外，团体客人通常还能给餐饮、宴会、会议展览、娱乐等服务设施带来收入，所以团体客人是饭店客源的重要组成部分。团体客人根据旅行目的的不同，可细分为以出差公干为目的的商务团队、以旅行游览为目的的旅游团队，以及以休闲、度假、娱乐为目的的休闲度假团。

1. 商务团体

商务团体通常在每周的工作日到饭店来入住和活动，他们人数多、用房量大，常常租用会议设施和设备，在饭店举办各种研讨会、签字仪式、产品展示和推广等会议，通常还会在餐厅用餐，举行宴会和酒会，因此，能给饭店带来客房以外的营业收入。这类商务团体都是组织类消费，都有专人负责与饭店联络，沟通信息，并要求提供结算票据。常见的有公司商务团体、政府代表团，以及科研教育团等。

此类客人人数较多，住店时间长，活动集中，有规律，会场使用多，时间抓得紧，客房服务任务重，要求严格。这类客人身份地位较高，有专长，多属高级知识分子或政府官员，生活上要求高级享受，爱买旅游纪念品，会议间隙或晚上要求有娱乐活动。

分房要根据主办单位要求，尽量售出高级客房，但要集中，一般要安排在同一楼层或按照组别安排房间。会议期间，要分派有关人员和客房班组专门负责，讲清任务、要求、方法等，妥善安排好会议或会场出租。有时一天同时召开若干小组讨论会，会出现会议室周转不开的情况，酒店客房要充分挖掘潜力，利用客房或公共场所临时布置代替。要根据人数和需要，安排好茶水，放好桌椅，布置好主席台，做好通信和扩音机设备工作，清扫整理好会议室。两次会议间隙，要做好清扫工作，保持会议室清洁整齐。客房布置打扫要及时，保证茶水供应和房间整洁，室内信封、信纸、笔芯等要保证供应，便于客人会议期间使用。客人使用过的会议文件和抄件要严格保密，不得随便乱翻乱动。遇有会议室或客房签订合同，服务员要事先布置好，主动增添桌椅。夜晚有娱乐活动不要忘记告诉他们，以便调节客人生活。平时多介绍名胜古迹、旅游纪念品和其他高档商品。

另外，会议结束，众多客人几乎在同一时间回到房间。此时，服务要求较多，设有房务中心的饭店最好能提供短时的楼层值台服务，对回到楼层的客人表示欢迎，同时回答客人的问讯，并应客人的要求提供各项服务。

2. **旅游团体**

旅游团体是指通过旅行社或其他渠道组织多名人员进行集体旅游的一个团体。在饭店住宿的团体旅游客人，房费一般由旅行社代付，其他费用多由客人自理，因此，在接待中，不要谈及有关房价、餐费问题，以免使客人与旅行社之间产生纠纷；为降低住宿成本，多安排“标准间”给旅游团体客人；旅游团体客人的出行活动都是统一的，早出晚归，并希望提供叫醒服务。

3. **休闲度假团体**

休闲度假团体包括因休闲、度假、娱乐、宗教、社交等为目的入住饭店的团体客人。这类客人通常在周末或节假日入住饭店，常见的有体育团体、文艺团体、宗教团体和社会联谊团体等。

（二）散客

饭店的散客市场就像零售市场，饭店零星地出售客房，客人零星地预订房间。散客在饭店滞留时间较长，平均消费水平较高，因此，房价通常比团体房价高，相应地，其为饭店带来的毛利率就高。散客越多，对饭店客房收入和毛利率越有好处，所以，绝大多数饭店都非常重视散客市场。

1. **商务散客**

商务散客因出差公干要入住饭店，一般在工作日入住，周末和节假日一般不入住。此外，商务散客一般消费能力较高，对房价不敏感，并要求房内提供办公、会客等服务设施。所以，有的饭店为了更好地服务商务散客，特地开辟若干楼层为独立的商务楼层或行政楼层。

据统计，全世界所有饭店客源中，商务散客所占比重很大，其支出占全球旅游观光消费的比重也很大。因此，了解商务散客在商务旅游中的需要和偏好，对饭店经营者至关重要。随着我国国民经济的迅速发展，国内商务散客逐渐成为饭店业的重要客源之一。

这类客人对饭店的设施设备要求很高，如完备的商务中心、先进的通信设备等，喜欢高档单人客房，同时希望房间的布置有特色而非千篇一律。此外，这类客人有公务在身，注重仪表仪容，希望饭店能提供擦鞋、洗衣等服务。此外，他们还具有以下特点：常常要早出晚归；有的在客房办公，住店时间一般较长；文件较多，且要求严格保密；来访客人较多；最怕打扰，工作时要求安静；晚上需要娱乐活动，常利用公务之余外出游览参观，委托服务多。

对于商务散客的房间来讲，设备设施应充分考虑办公条件，如宽大的办公桌、舒适的座椅、明亮的灯光、种类齐全的文具用品和个人卫生用品、先进的通信设备、传真机。尽量向他们推销高档客房，要为他们提供优质的洗衣服务和美容美发服务，洗熨衣服、擦皮鞋等服务速度要快。服务员不要翻动他们放在房内的文件，否则会引起抱怨。

有客人来访，必须事先征得其同意。敌对国家或商业竞争对手，不要将他们分在同一楼层。茶水供应要及时。不要轻易进房打扰他们。有舞会或其他夜间娱乐活动不要忘记告诉他们。

目前，国内商务散客有相当一部分为企业、公司的营销人员和老总。他们对饭店客房档次的要求因职别的不同而不同，需要能解决各种不同交通工具的订票业务。他们喜欢住熟悉的饭店和曾住过的房间。

【相关链接】

国际商务旅客的需求特点

美国运通公司对来自14个国家及地区的1400名商务旅客进行了调查，结果表明：整体而言，受访者认为房间设有上网服务和免费早餐几乎具有同样的吸引力，其中29%表示上网设施是酒店最具有吸引力的增值服务；26%则选择免费食物；16%选择商务中心；13%喜欢贵宾式的入住/退房办理手续服务；12%喜欢免费使用健身中心。

调查显示，欧洲人比较喜欢免费早餐，42%的瑞典人、36%的德国人和34%的法国人选择此项为他们最喜爱的酒店增值服务。相对所有专访者，美国人（40%）、墨西哥人（39%）和日本人（35%）最欣赏有上网设施；而非洲人则比其他各国受访者更重视商务中心设施，29%的新加坡人、24%的中国香港商务旅客和23%的日本商务旅客选择此项为最具吸引力的服务。另外，18%的加拿大人和德国人以及17%的美国人特别希望可免费使用健身房。

2. 长住客人

长住客人是指在饭店住宿达两周以上的客人。这类客人很受饭店欢迎，因为他们能给饭店带来稳定、长期的收入。

一般来说，居住时间超过一个月的客人都称为长住客人。他们大多为一些国内和国外商社客户。这些公司在饭店长期包租一些客房来建立办事机构，派有常驻人员，有些甚至提出特别的设施摆设和安装要求，希望一切都要舒适方便。长住客人不仅将客房作为住宿场所，而且作为接待客人、办公、商务洽谈的场所，期望得到清洁、舒适、安静、安全以及热情周到的服务，希望有“家”一样的感觉。

对于长住客人，要细心观察客人的生活习惯，熟知他们的房间、姓名、性格和爱好等；服务人员要相对稳定，以便客人熟悉，产生亲切感，如员工有替换或新员工上岗，也要做好交接和培训，不使客人感到陌生；要做好来访客人的接待工作，要像对待住店客人一样热情有礼，如来访客人多时，要主动送上座椅，并主动询问被访的住客还需要提供什么服务，同时迅速提供，要记住“尊重来访客人，就是尊重住店客人”。

3. **背包客人**

这类客人以旅行游览为主要目的，多自费出行，对房价较敏感，有的客人还愿意同其他客人合住，以分担房费支出。他们同行人数少，希望在酒店住得舒适，餐饮要求不高，喜欢购买旅游纪念品，早出晚归。因此，应根据其进出店时间，注意做好早晚服务工作。如早上叫醒服务要准时，提前送水；晚上客人进店前要备足开水和冷开水，调节好室温。另外，要主动介绍自然风光、名胜古迹、风味餐馆和本地区、本城市及酒店商店的工艺美术品、土特产品和旅游纪念品等，便于客人购买。

4. **蜜月客人**

此类客人要求住“蜜月房”（大床间）；要求房间干净、卫生、僻静，不受打扰，而且对当地风景名胜及旅游纪念品感兴趣。为他们安排“大床房”，千万不能安排有两张床的“标准间”。客房整理一定要做到整齐、美观。必要时，按照客人的要求和风俗习惯，布置好“洞房”，房间布置要气氛热烈、美观、大方。

5. **休闲度假客人**

休闲度假客人入住的时间是周末或其他节假日，他们住店时间相对较长，消费水平较高，比较喜欢房间布置有家居氛围，服务要求比较多，洗衣、客房送餐、小酒吧、委托代办、托婴服务等均会出现。喜欢有丰富多彩的娱乐项目，喜欢同服务员打交道，希望得到热情、随和而非呆板、规矩的服务。另外，度假饭店多为开放式建筑布局，客人来度假都很放松，希望饭店在为宾客提供一个轻松自由的休闲环境的同时，能保证客人的人身财产安全，因而要求客房服务和管理工作外松内紧，防止不法分子混入饭店给客人造成伤害。

二、按宾客身份划分

饭店客人的身份多种多样，其中以下几类客人在住宿上有个性需求，需要饭店在为他们提供服务时予以特别关注。

（一）体育代表团客人

随着各种国内、国际体育赛事的频繁举行，运动员也成为饭店经常接待的客源之一。体育代表团是客源类型中比较特殊的一种。这种特殊性主要是他们所从事的职业造成的。运动员入住一般人数较多，行动非常统一，他们在参加比赛前一般要聚集在一起进行战术讨论，观看比赛录像，因此需要有宽敞、配备录像设备的会议室。另外，紧张的比赛会使他们特别需要一个安静、舒适的休息环境，这就需要服务人员在工作中坚持“三轻”，减少进入客房的次数，打扫房间要及时，同时还应配合饭店保安人员保护他们免受记者、球迷及“追星族”的骚扰。

（二）新闻记者

由于职业关系，新闻记者的生活节奏比较快，因此要求服务讲究效率，并且对服务比较挑剔。他们把房间既当卧室又当办公室，各种稿件、传真机、复印机比较多，东西摆放得比较杂乱。此外，他们希望房间里有完备的通信设施、齐全的办公用品、准时拿到当天的报纸等。考虑到这类客人一般都比较敏感，酒店在服务方面要特别留意。

（三）政府官员

政府官员入住，服务及接待标准要求很高，重视礼仪，店外活动比较多，店内活动较少，服务要求一般由随行人员传达给饭店，且经常会出现一些即时需要，要求饭店尽快做出反应，安排妥当。这类客人住店期间不希望服务人员过多进入房间，对安全要求极高，任何安全隐患都应绝对避免，因此，酒店要提供高质量的个性化服务。

（四）外国专家

这类客人一般受国内学术机构邀请来华做学术报告或有其他科研任务，有的则与国内厂家、企业有合作项目而长期住在酒店。他们多属高级知识分子，接触上层人士多，工作废寝忘食，对图书馆及有关科研机构和科技报刊感兴趣，平时话不多，但风趣幽默，一般住店时间较长，对礼仪要求严格，讲究身份地位，住房条件要求甚高。

因此，酒店应尽量安排高级僻静的客房给他们，最好带有会客室。平时不要打扰他们，尽量保持安静，用餐时要注意提醒他们。这类客人的写字台和书房一般较乱，书籍很多，但服务员在整理房间时未经客人要求不要随便动；科技杂志和寄来的图书资料要及时送入客房；平时可告诉他们有关图书馆、外文书店或新华书店的地理方位和路线，以便他们购买书籍；他们外出活动时要注意叫醒；有客人来访要事先通知，做好茶水、毛巾供应。

三、按年龄划分

客人按年龄，一般分为儿童、青年、中年和老年等类别。其中，青年客人和老年客人在住宿需求上比较有特点，具体如下：

（一）青年客人

这类客人一般以观光、修学和增长见识为目的，暑假期间来得最多，往往三五人结伴而来。他们精力旺盛，白天多外出活动，晚上也有喜欢出去走走看看，对饮食和住宿条件要求不高，一般要求参观游览的地方较多，客房为他们服务的速度要快。

因此，酒店要特别注意叫醒服务。另外，服务员要有多方面知识，能够正确回答他们的各种问题。

（二）老年客人

这类客人一般行动迟缓，出行不便，要求安静、舒适，服务上要求热情、周到、亲切。对于此类客人，客房楼层要保持绝对安静，住店期间要热情迎送、帮拿行李；上下楼时服务员要多搀扶，多介绍著名历史古迹和美酒佳肴。

四、按性别划分

按性别划分，可以分为男性客人和女性客人。酒店在为女性客人提供服务时，要注意以下几点：

——除住客事先约定同意接听的电话外，总机为每位女性住客提供电话保密服务。

——在女性楼层内配备女性服务员和女性保安人员。

——告诫员工不向外界透露有关本酒店接待的单身女性客人的饮食、住宿、娱乐等方面的习惯、爱好，切实维护住客的个人隐私和人身安全。

——对有需求的女性客人选派经验丰富的服务人员提供“贴身管家”服务。

——举办各种生活时尚派对。单身职业女性热衷于参加各种社会活动和社交活动。因此，酒店可举办各种生活时尚派对，定期邀请著名专家、学者开设系列讲座，内容包括个性化形象设计、社交礼仪、美容健身、家庭园艺、厨房烹饪等，甚至还可延伸到心理咨询、医疗保健、家庭理财、法律顾问等。

五、按国别划分

（一）外国客人

这类客人文化修养较高，注意礼貌礼节，彬彬有礼；多有晚睡晚起的习惯，比较随意；对客房卫生及设施非常敏感，尤以年长一些的女宾最为突出；消费水准高，服务要求也较多，如洗衣服务、擦鞋、房内送餐服务等，房内小酒吧消耗量较大，美国客人还特别喜欢喝冰水；习惯电话服务，希望服务要求能尽快满足；注重个人隐私，不希望看到有楼层服务台（有受到监视的感觉），希望保持楼层绝对安静。

因此，为客人服务时注意尊重客人的隐私，注意服务时的各种礼貌用语，在服务过程中要注意做到“三轻”。还要注意服务的效率问题，客房部还应注意为客人供应冰水（外宾楼层可设制冰机）。另外，在为外国客人服务时，还应注意语言沟通艺术，避免因文化背景的差异，引起客人误会。

（二）国内客人

大部分国内客人对楼层服务台的依赖性较强，不善于使用房内的服务指南——通过电话要求酒店提供服务，而是希望有楼层值台服务员，并希望服务员随叫随到。特别是因公出差的国内客人，常常需要会客服务，因此，对于国内客人住宿的房间，要注意多观察，随时准备为客人提供服务。

此外，国内客人大都有午睡的习惯，因此在这段时间，绝对不要进房打扰客人，以免引起客人不满，甚至惹怒客人，影响客人一天的学习、工作和生活。

六、按是否预订划分

（一）上门散客

上门散客和饭店之间没有签订任何协议，到饭店来入住带有一定的随机性，选择饭店的动机或者是交通便利，或者是对饭店早有耳闻，抑或是受到朋友的影响等。这类客人到达饭店时，总台人员要结合客人住宿需要和饭店实时的客房状态，有针对性地为客人推荐合适、中意的房型。这类客人由于没有预订，入住时房价优惠少，所以上门散客能给饭店带来较高的利润，提高这部分客源的比例，对提高饭店的平均房价和客房毛利至关重要。只是随着饭店的分销渠道越来越广，这类客人的比例正逐年下降。

（二）预订客人

预订客人是指客人在抵达饭店前，通过电话、传真或网络等方式向饭店提前预订房间的客人。根据客人选择预订的方式不同，该类客人又可细分为电话预订客人、网络预订客人等类型。当前饭店预订客人中电话预订客人仍占主流，但随着互联网，尤其是移动互联网的迅猛发展，网络预订客人比例快速提高，相信网络预订将是未来饭店客人最重要的选择。

网络预订客人是指从第三方网站订房的客人，如携程网、艺龙网和去哪儿网等。由于饭店通常要支付第三方网站营销 10% ~20% 的返佣，所以饭店实际得到的部分只有饭店直接卖给散客公共价格的 80% ~90% 。但是，由于网络营销具有一些饭店不具有的优势，如广告和潜在顾客的数据，以及强大的电子预订功能等，因此饭店必须适当借助它们来获得客源。值得注意的是，通过网络订房的客人比例近年来提高很快，通过网络预订获得的客房收入通常占到客房总收入的 15% ~25% ，而且比例还在逐年提高。

以上只是对饭店常见的客源类型及其住宿需求做一简单分析，随着饭店业的发展，客人的需求会呈现更复杂化、多样化的趋势，需要从业人员不断地总结经验，真正站在客人立场上准确把握客人需求，为客人提供更完美的服务。

第二节　客房的基本类型

客房是饭店必不可少的基本设施，由于宾客身份、消费需求、同行人员数量及构成、旅居原因不同，宾客对饭店客房类型与大小有不同的需要，因此，饭店应合理配置不同类型的客房，以满足不同宾客的需要。饭店客房大致可分为单间客房和套房两种类型。

一、单间客房

由一间客房所构成的“客房出租单元”，称为单间客房。根据房内的配置情况，又可细分为下列几种。

（一）单人间

单人间是放有一张长 2 米、宽 1.2 米左右单人床的客房。单人间又可叫单人房，适合于消费相对较低的单身旅行客人入住，是饭店中空间最小的客房。饭店单人房数量一般不多，且常常把面积小或位置偏僻的房间作为单人房。但由于这种客房的隐私性强，近年来颇受单身旅游者的青睐，不少饭店增加了此类房间的数量，而且在面积和装饰布置的档次上也有所提高。单人间如图 2 – 1 所示。

图 2 – 1　单人间

图 2 – 2　大床房

（二）大床房

通常配备一张长 2 米、宽 1.5 米左右的双人床。这种客房比较适合旅行夫妇或商务客人居住，新婚夫妇使用时，又称“蜜月客房”。大床房如图 2 – 2 所示。

（三）双床房

通常配备两张长 2 米、宽 1.2 米左右的单人床。这种客房普遍受到团队旅行或会议客人的欢迎，并风靡于全世界，在客房类型中占比较高，因此，在饭店业界又称为“标准间”。这种客房在饭店业界占绝大多数。近年来，有些新开业的高档饭店中，由于单间客房的面积达到 50 平方米以上，因此也有在双床房内配置两张长 2 米、宽 1.5 米左右的双人床，以显示较高的客房规格和独特的经营方式。这种有两张双人床的客房称为“double-double room”，可供两个单身旅行者居住，也可供一对夫妇或一个家庭居住。双床房如图 2 – 3 所示。

（四）三人间

通常配备三张长 2 米、宽 1.2 米左右的单人床，或一张长 2 米、宽 1.5 米左右的双

图 2－3　双床房

人床和一张长 2 米、宽 1. 2 米左右的单人床。这种客房比较适合对价格比较敏感的青年旅行或家庭旅游客人居住，可以供 3 位客人同时住宿的房间，属经济型房间。这类客房在饭店，特别是高档饭店很少见，多见于一般的旅馆或招待所。我国的高档饭店一般不设置这类客房。

二、套房

由两间或两间以上的客房构成的“客房出租单元”，称为套房。根据其使用功能和室内装饰标准又可细分为下列几种。

（一）普通套房

普通套房又称标准套房，通常为两个相对独立开间的客房组合，其中一间为配备一张长 2 米、宽 1. 5 米左右的双人床的卧室，另一间为附带有卫生间的起居室。这类客房比较受从事商务活动的客人欢迎。起居室在下，卧室在上，两者用楼梯连接的套房称为双层楼间。普通套房如图 2－4 所示。

图 2－4　普通套房

（二）商务套房

商务套房是指酒店专为商务旅客而设的，房间宽敞（一般在40平方米以上）、舒适，格调高雅，计算机办公等配套设施完善的豪华居所。商务套房多包含有客厅、卧室、卫生间等居住空间，一般高级酒店才提供商务套房。

（三）豪华套房

通常为至少有三个独立开间的客房组合，其中一间为配备一张长2米、宽1.5米左右的双人床的卧室及卫生间，一间为独立的书房或餐厅，另一间为附带有卫生间的客厅。若是四开间的豪华套房，则在三开间的基础上增加一间配备一张长2米、宽1.5米左右的双人床副卧室及卫生间。此外，豪华套房还重视客房装饰布置、房间氛围及用品配备，以呈现豪华气派。

（四）总统套房

通常为五间以上相对独立开间的客房组合。包括主卧室及卫生间、副卧室及卫生间、书房、餐厅、客厅、步入式更衣间等，并且可根据需要增设随从房及卫生间、康乐用房等功能空间，而且还可配置直达该区域的专用电梯。此外，这类客房装饰布置极为讲究，造价昂贵，一般高档、奢华饭店才配置，它标志着该饭店已具备了接待总统的条件和档次，且房间数量都不多，2～3套。总统套房并非只有国家元首才能住，一般来说，只要付得起房租，谁都可以入住。总统套房如图2－5、图2－6所示。

图2－5　总统套房1

图2－6　总统套房2

第三节　客房的特征

客房特征是指客房除内部空间布局、设施配置外的一些诸如是否禁烟、临街、面景等特征，以满足某些客人特殊偏好。饭店客源的多元化需求使饭店除拥有各种基本房间类型以外，还必须配置各种特殊房间或楼层来满足不同客人的要求。近几年，国内外饭店中出现了各种具有不同特征的房型，既满足了客人的特殊要求，又体现了饭店客房产品应市场之需而变的经营理念。

一、行政楼层

通常配备一张长2米、宽1.8米左右的大床，以及宽带上网，且客房面积普遍较大，特别适合商务客人入住，一般位于饭店大厦的最上部两层，相对独立。由于行政客房多集中分布，设有专门的接待大厅，由专职人员负责登记开房、结账退房等前厅综合服务，故称为“酒店中的酒店”，又称为商务楼层。行政楼层根据商务客人需求，设有专门的商务中心、商务洽谈室、行政酒廊等，有的还为客人配有秘书和翻译服务，大多数提供免费甜点和下午茶，以及免费洗衣、延迟离店等受商务客人欢迎的服务，有效提高了商务客人的办公效率，越来越受商务客人所欢迎。

二、女士客房

女士客房，是饭店为了方便女性客人，专门向女士开放的客房。随着单身女性宾客的快速增长，此类客房需求量越来越大。为了让女性客人住得更有安全感，更加舒适，女士客房需特别关注以下几点：

——尊重女性的隐私权。

——提供与女性感性相符的室内装饰、设计以及适宜女性需求的家具、日用品等。女士客房的室内装饰应富有浪漫情调，室内气氛温馨雅致，悉心考虑女性的心理特点，充满女性气息。女性客房里的灯光、色调、设备都应从女性的爱好与实际生活需要出发。Mini吧的小食品多为甜点和具有爽口减肥功效的食品。

——提供女性必需的化妆品、服饰衣物用设备等。女性天性爱美，很注重细节，所以客房内应配有穿衣化妆镜、化妆用品用具、挂裙架、卷发器、针线包和其他妇女专用卫生用品以及妇女杂志等。

——提供安全警卫服务。女性缺少安全感，尤其是单身女性，出于最敏感的安全考虑，房间号码应对外严格保密，不经其同意外来电话不随意接进。

三、残障人客房

专为残障人特别设计和布置的客房，充分考虑残疾人的生理特征，一般都在较低的楼层，进出方便，地面无障碍。房间的把手、窥视镜、扶手的位置应方便坐轮椅的客人，房间内还设有与客房中心相连的呼叫按钮等。同时，在房间内配置有能满足残障人生活起居一般要求的特殊设备和用品。残障人客房充分体现了饭店以人为本，注重人文关怀的经营理念。残障人客房设施设备的主要指标如表2－1所示。

表 2－1　残障人客房设施设备的主要指标

设施设备名称	要求
客房门	宽不小于 900 毫米，采用长柄把手，不安装闭门器，分别在 1.1 米和 1.5 米处安装门窥镜，门链高度不超过 1 米
卫生间	门宽应不小于 900 毫米，淋浴间面积不小于 1200 毫米 × 1200 毫米，应设置安全洗浴座凳和安全抓杆，水流开关的安装高度为 900 毫米
空间	床位一侧应留有宽度不小于 1500 毫米的轮椅回旋空间，床面高度为 450 毫米
挂衣杆	不高于 1400 毫米
电器开关及插座	低位电器开关、插座高度不低于 600 毫米，高位电器开关、插座高度不高于 1200 毫米
其他	卫生间及卧室应设置紧急呼叫按钮，配置数字拨号触发的语音服务，以及具有更大且更亮的数字显示时钟

四、无烟客房（楼层）

20 世纪 80 年代早期，饭店已开始把它们的一部分客房转变为永久禁烟房。饭店对这些客房定期进行深度清洁、更换通风口处的过滤物并且净化空气；在无烟客房房间门上有禁烟的标志，房间内不放置烟灰缸，不接待吸烟客人入住，有些高星级饭店还专门设有无烟楼层，深受不吸烟客人的欢迎，而且也体现了饭店绿色、环保的理念。这一趋势刚出现时，不吸烟的客人甚至愿意为入住这样的房间支付更高的房价。

自从禁烟房出现以后，饭店开始把越来越多的客房设计成禁烟房。把整个楼层的客房设计成禁烟房的饭店比比皆是。许多饭店中的客房至少有 50% 被设计为禁烟房。在某些市场中，这一数字甚至高达 80%。

五、其他客房

（一）内景房

是指窗户朝向饭店内，能看到酒店服务设施及公共空间的客房。

（二）外景房

是指窗户朝向饭店外，能看到酒店周围风景的客房。根据周围景色特征的不同，又分为山景房、海景房和湖景房（见图 2－7）等。

（三）临街房

是指位于繁华都市区的酒店客房一侧面临街道，此类客房就称为临街房。由于面向闹市街道，楼层较低的客房则噪声较大，临街房大多不受住客的欢迎。

图 2－7　湖景房

（四）角房

是指在空间上位于酒店楼层走廊过道尽头的客房，大多处于楼层的转角处，故又称转角房。角房在空间展布上多不规则，大多不受客人欢迎，但角房由于两面开窗，在入住时也有采光佳和视野开阔的优点。

（五）连通房

是指两间客房除了分别有单独房门外，彼此之间还可通过可以开闭的门连通，宾客可以不经外走廊就可以到达另一房间。连通房可根据用房需要，很方便进行房间类型的转换。例如，将连通两间客房的门打开，此时两间客房就可以较方便地设置为套房；如果将连通两间客房的门关闭，则这两个客房就彼此独立，互不联系，形成各自相应的客房类型。连通房的平面布局如图 2－8 所示。

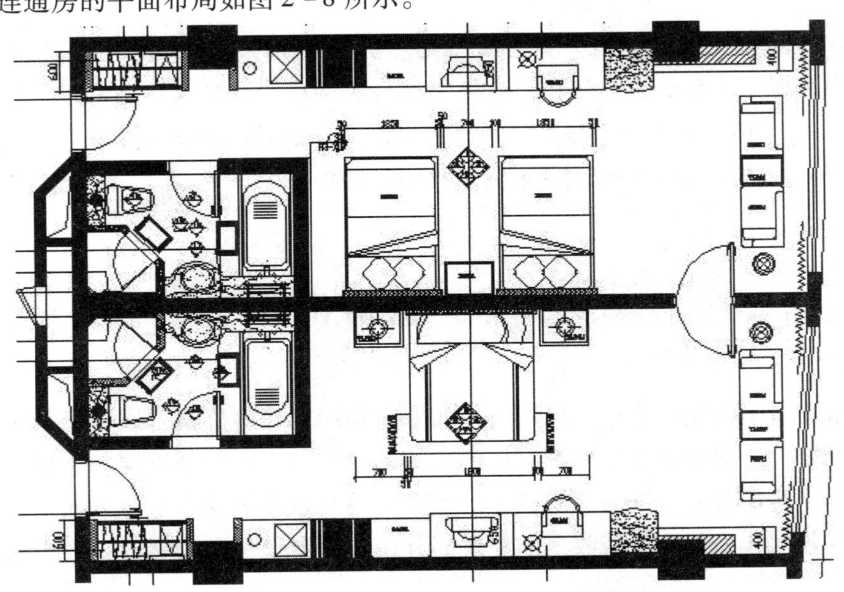

图 2－8　连通房的平面布局

【相关链接】

客房编号

饭店识别客房的方法是给每间客房分配一个号码，这种方法已被饭店使用了很长一段时间。每家饭店分配号码的方法都相当简单明了。房间号码的第一部分表明楼层，剩余部分按顺序被分派给该楼层的各个房间。例如，三楼所有房间的号码都以一个3开头，以此类推。典型的情况是，该层的某一边客房都使用奇数号码，另一边则使用偶数号码。给首层客房实际分配的号码与饭店总台和大堂的位置相关。一些饭店把它们的大堂建造在地表一层以上。如果大堂建在三楼，那么饭店的客房就从四楼算起，以此类推。无论首层客房从哪一层算起，剩余楼层的客房都应该按同一模式进行编号。这样可以帮助饭店人员只通过号码就知道客房的位置。

例如，一家度假饭店可能把所有朝向海的客房都编排为偶数号码，而且首先从建筑物的北边开始计数，客房号码的编排沿着走廊由低到高依次推进，并且在南边最终以高位的偶数号码结束。行李员、客房送餐服务员、楼层清扫服务员和其他人员能够根据号码准确地知道房间的位置，他们就能更容易地找到房间。按顺序对客房进行编号如图2－9所示。

<table>
<tr><td>301</td><td>303</td><td>……</td><td>327</td><td>329</td></tr>
<tr><td colspan="5">三楼客房的走廊</td></tr>
<tr><td>302</td><td>306</td><td>……</td><td>330</td><td>332</td></tr>
</table>

图2－9　按顺序对客房进行编号

与欧洲部分地区的情况一样，在北美，客房楼层的编号去掉了第13层，即使饭店有13层或者更多层。由于认为13是不吉利的数字，饭店将它们的楼层计数为11、12、14、15。对于一个楼层中的单间客房也是如此。亚洲的饭店去掉带有4的编号有点类似西方国家的饭店去掉带有13的编号。

第四节　客房价格

客房价格，是指宾客住宿一夜所应付的住宿费用，客房价格是饭店经营过程中最为敏感的问题之一，对宾客和饭店都有很大的影响。它是客房商品价值的货币表现。据有关统计显示，客房收入占饭店所有收入的48%，客房成本及支出占所有成本支出的10%左右，客房收入作为饭店经济收入的主要部分，它决定于一定时间内客房出租率和每间客房以间/夜计算的房费的乘积。

从总体上讲，客房价格的高低是由饭店内外两方面因素所决定的。从饭店角度看，房价越高，获利越多。但是，房价又受到同行业竞争的制约，饭店盲目制定过高的房价，不顾市场竞争，必然会导致客房出租率下降，利润也就会相应减少。从宾客的角度看，客房价格越低越好。但客房价格又必须保证能够在抵偿饭店前后台各部门的各项费用支出后略有盈余，否则饭店就可能亏损。此外，客房价格还受到季节、客房出租率、费用支出、优惠政策等多种因素的影响。所以，最优化的客房价格是既能最大限度赢利又能最大限度吸引宾客的价格。

一、客房价格构成

同普通商品一样，客房价格也是由其成本和利润构成的。

（一）成本

客房成本，包括建筑、设施设备的折旧费、日常维修费、客用品、房务人员工资福利、管理费和营业税金等。客房成本按运行方式可分为固定成本、变动成本和半变动成本三类。其中客房固定成本是指客房在接待客人住宿业务中不随客房出租数量增减的相对固定成本。无论客房出租数量上升还是下降，固定成本总是不变的，如客房建筑费用、设备折旧、贷款利息、企业管理费、办公费、差旅费、管理人员工资等都是固定成本；客房变动成本则是指客房在接待客人住宿业务中随客房出租数量增减而呈正比例增减的那部分成本，如客房易耗用品、楼层基层人员工资、营业税金等；客房半变动成本兼有固定和变动成本的特点，其大小虽也随着客房出租数量的增减而增减，但不成完全的比例关系，如供水、供电、中央空调运转等。

（二）利润

利润是指客房总收入扣除客房各项固定成本、变动成本、半变动成本，以及税费后的余额。客房利润是房务部经营管理中最重要的指标，其比率大小一般为5%～15%。客房利润率受饭店市场定位、客源结构，以及饭店档次等因素影响，高档高星级饭店，由于客房定价较高，利润率相对要高些。

二、客房价格特点

客房的特殊性，决定了其价格的自身特点，正确认识这些特点，有助于科学制定客房价格的优惠体系，做好房价管理工作。

（一）时间与空间上的补偿性

客房作为一种特殊的商品，它的使用价值在于为消费者提供住宿环境，满足客人物质和精神享受的需要，并通过在一个特定的时间和空间内出租客房的使用权，从而实现其价值，客人要想重复消费就必须重新购买时间和空间的使用权。

（二）价值的易流失性

一般产品的买卖活动会发生产品的所有权转让，但饭店出租客房、会议室等其他综合服务设施，并不发生实物转让。客人买到的只是某一段时间的使用权，而不是所有权，以每晚租金380元/间的饭店客房为例，如果此房全天租不出去，那么，这380元的价值就无法实现。也就是说，它的价值具有不可储存性，价值实现的机会如果在规定的时间内丧失，便一去不复返。它不像一般的产品那样，一时卖不出去，可以储存起来以后再销售，所以饭店业的行家把客房比喻为“易坏性最大的商品”、只有24小时保值期的商品。这就是为什么饭店业普遍以“顾客第一”为经营信条，并在经营中有时甚至以低于成本的价格销售饭店商品而不愿饭店设施闲置的根本原因。客房商品的服务价值在规定时间内不出售，当天的效用就自然失去，客房当天的服务价值也永远不会实现，客房作为综合性的商品，其基本内涵就是服务，客人消费服务过程与服务员利用客房各种设备为住客服务的过程是统一的，即在时间上是不可分离的，客房商品的价值随时间而消失。

（三）使用价值的共享性

人们外出旅行就要住宿，就要购买客房商品。从这一意义上讲，客房是人们住宿活动的物质承担者，是满足其生存的基本条件，如果客人要求有舒适或豪华感，可购买更高价格的高档次客房，因为它可以满足客人更高层次的精神上的享受需要。客房产品具有满足客人生存需要、享受需要和发展需要的共同性，这一特点决定了客房商品价格应具有多样性。

（四）易受影响性

新酒店在开业时扔掉钥匙是一种传统惯例，这意味着酒店永远不会关门，然而酒店业，即使是商务酒店也是极具季节性的行业，分淡季、旺季、平季。客房出租受季节、气候、环境、疾病、战争与恐怖活动，以及节假日等众多因素的影响，表现为出租率在时间上具有明显的阶段差异，特别是观光型饭店和度假饭店的客房出租率在时间上呈明显的季节差别，不论是商务型消费者还是会议型消费者都会在出游时机上有所选择。

（五）高比例的固定成本

现代饭店客房建筑成本高，一次性投入很大，而经营过程中的阶段性服务耗费相对较少，客房经营中的固定成本比重大。考虑到客房固定成本的负担，在确定客房价格时，必须衡量锁定房价能够实现保本点的最低出租率，从而决定客房价格一定要有一个最低价格限度。

三、饭店客房计价方式

（一）欧式计价

是指饭店的客房价格仅包括房租，不包含餐饮费用。在通常情况下，只要饭店未向客人做特别说明的报价，均为欧式计价形式。

（二）美式计价

是指饭店的客房价格包括房租以及一日三餐的费用。美式计价形式曾一度被几乎所有的度假饭店采用，但随着交通的发展，旅客的流动性增强，美式计价形式逐渐被淘汰，目前只有少数地处偏远地区的度假饭店沿用此种形式。

（三）修正美式计价

是指饭店的客房价格包括房租和美式早餐以及午餐或晚餐的费用。修正美式计价形式也称“半包餐”计价，它既可使客人有较大的自由安排白天的活动，又能为饭店带来一定的效益。其中美式早餐分量大，食品内容较丰富，包括果汁、谷类、蛋类、面包和饮料等食品。

（四）欧陆式计价

是指饭店的客房价格包括房租及一份简单的欧陆式早餐，即以面包、果汁、咖啡为主，不含鸡蛋，点蛋类食品要另外付费，分量比较小。欧陆式计价形式也称“床位连早餐”报价，此类报价形式较多地被不设餐厅的汽车旅馆所采用。

（五）百慕大计价

是指饭店客房价格包括房租及一顿丰盛的西式早餐。这种计价形式对商务旅客具有较大的吸引力。

四、饭店客房保本价格

客房保本价格是指在一定客房出租率水平时，客房利润为零时的客房价格。客房利润为零这一节点，就是客房“保本点”，又称“盈亏平衡点”。在固定成本、价格及变动成本率不变的情况下，保本点也保持不变，是个常量，它不会因每月（季）营业收入或总成本的变化而变化。在保本点上，客房利润为零，既不亏损，也无盈利。

假设房间价格为p，客房总数为N，计划期天数为n，客房固定成本为F，变动成本率为f，保本点时的营业收入、客房出租间天数和平均客房利用率分别为y、x、r，则根据保本点定义，我们有：

$$y = F + fy \longrightarrow y = F/(1-f) \qquad (1)$$

$$y = p \times n \times N \times r = F/(1-f) \longrightarrow p = F/[(1-f) \times n \times N \times r] \qquad (2)$$

由式（2）可知，在客房固定成本、客房出租率、客房变动成本率等一定的情况下，当客房的实际房价达到$F/[(1-f) \times n \times N \times r]$时，客房经营才能保本，即既不亏损，也无盈利。

【同步案例】

某酒店共有客房300间，2015年12月预测客房出租率为65.7%，该月固定成本为150万元，变动成本率为40%，则该酒店客房保本的客房平均价格为多少？

$P=F/[(1-f)\times n\times N\times r]=1500000/[(1-40\%)\times 30\times 300\times 65.7\%]=422.80$ 元

客房保本价格，其最大意义就是为酒店制订价格体系提供了价格参考。同时，它也是反映客房经营状况的重要指标。明确了客房保本价格，就知道了客房在一定时期（这一时期客房出租率可以预测）的客房价格优惠极限，为制订有效、灵活的客房价格策略提供了依据。此外，通过客房保本价格与相应时期平均价格的比较，可知该时期内客房的盈利情况，若平均房价高于客房保本价格，则客房盈利；反之，则客房亏损。

五、饭店客房的价格类型

（一）门市价

门市价是指饭店价目表上公开标明的各种类型客房的价格。该价格未含任何折扣或优惠，是饭店客房价格体系的基础，其他所有价格都是在此基础上给予一定折扣或优惠而形成的。由于该价目表常常标在一块木板上，悬挂在总台背景墙上，因此在饭店业内有时也称为柜台价。

（二）散客进店价

散客进店价会随客房租用情况而每天调整，每天前厅经理根据饭店剩余的未出租客房的数目设定这一价格。散客租用饭店客房有助于饭店把剩余房间售出从而避免客房空置。在饭店只少量拥有剩余客房的情况下，饭店可以把散客进店价设置得相对高一点以使客房收益最大化。一家客房出租率很低的饭店可以大幅度降低散客进店价。

（三）团体价

团体价是饭店为团体客人提供的数量折扣，其目的在于吸引大批量的客人，从而销售大批量的客房。由于团体客人已提前预订并受合同约束，同时团体客人还会给餐饮、娱乐等经营场所提供收入，饭店会在价格上给予团体客人一定优惠，因此团体价一般低于散客价。

（四）公司价

是指饭店为了鼓励某些长期合作的公司在某一时期内保证租用该饭店一定数量的客房而给予的客房价格优惠。如果旅行社保证在一定时期内租用饭店一定数量的客房，它们也能得到公司价。

（五）包价

饭店可以将几种产品和服务结合在一起，使新的组合产品更具有吸引力。饭店会将某种客房与另一种服务或便利设施组合在一起对外出售，这种方式往往要求组合产品的价格低于分别购买每一项产品所花费的成本之和。大多传统饭店的组合产品是将客房和一顿膳食（如早餐）组合在一起。这些组合产品带给客人的可感知的利益可以是省钱、方便，或者兼有。

（六）周末价

一般来说，周五和周六的晚上在饭店住宿的客人属于周末住店者，因为第二天早上是非工作日；而那些周日到周四晚上在饭店住宿的客人被看作工作日住店者，因为第二天早上是传统的工作日。对于度假饭店而言，周末时它的市场需求会上升，而在该周的其他时候需求则会下降；对于机场饭店而言，在一周的中间那几天由于商务客流增大，饭店的市场需求一般会上升，而在周末由于大多数商务旅行者待在家里，所以市场需求较低。因此，对于不同类型的饭店，可以根据一周内市场需求的变化规律，制订合适的、具有吸引力的客房周末价格。

（七）家庭租用价

指饭店为携带孩子的父母提供的折扣价格，如给予未满 6 周岁儿童免费提供小床等，以刺激家庭旅游者。

（八）会员价

会员价是酒店向常客、VIP 客人或长住客等客人提供的客房优惠价格。饭店常向特定客人发放不同类型的客户卡，有银卡、金卡、白金卡等之分，不同类型的卡享受的价格优惠各异。

【同步案例】

该不该享受公司合同价

一位自称是某公司员工的杨小姐入住饭店，由于没有预订，又不能出示该公司名片，或证明该公司人员的证件，前台接待告诉她不能享受该公司合同价，杨小姐不同意。经协商，杨小姐按当日饭店优惠价入住，待次日收到公司订房传真，或能证明公司身份的证件时再更改房价。

分析：在饭店销售工作中为吸引更多的固定客户，增加市场份额，销售部一般都以较优惠的价格与有一定客流量的客户签订合同价。公司合同价较前台门市价低，因此，经常有客人在没有公司有效证件或公司订房传真的情况下，而自称某公司的职员或某某公司客人，要求按该公司合同价入住。因此，前台接待员对要求按公司合同价入住的客人，一定要认真核实其信息，对没有订房传真或有效身份证明的客人，不能随意为其按公司合同价办理入住手续，以确保饭店利益不受损失。当然，前台接待员对没有订房传真或有效身份证明的客人应做好解释工作，在向客人说明时，一定要注意语言的艺术性，不要简单或生硬地回绝客人，争取客人的理解，以避免产生投诉。

（九）免费

免费即酒店免收住客房费。为了促进客房销售，建立良好的公共关系，饭店为某些特殊客人提供免费房。这些特殊的客人主要包括社会知名人士、酒店同行、旅行代理商、会议主办人员等。按惯例还需对满 15 名付费成员的团队，免费提供双人间客房的 1 张床位，即所谓 16 免 1。饭店免费提供客房要严格控制，通常只有总经理才有权批准。

【相关链接】

当前饭店业常见的折扣方法

1. 数量折扣

数量折扣即根据购买饭店客房产品数量的多少实行一定比例的折扣。购买数量越多，折扣也就越大。具体还可分为累进折扣和非累进折扣。

累进折扣是在规定时间内同一购买者累进购买达到一定数量时，可给予一定的折扣优惠，通常折扣随购买数量的增加而增大。这种方式有利于建立饭店与客人之间长期固定的合作关系，有利于稳定客源渠道，保证销售量的稳定增长。

非累进折扣是规定购买者每次达到一定数量或金额时所给予的价格折扣，购买数量越多，折扣越大。它有利于鼓励和刺激购买者扩大购买量，同时减少交易成本。

数量折扣通常是指降低售价，但许多饭店并不一定降低售价，而是给予达到数量折扣要求的购买者一定数量的免费产品。如饭店通常会向组团的旅行社领队提供免费客房。饭店业常用的数量折扣方法有公司价、团队价、常住旅客价和会议价等。

2. 季节折扣

季节折扣是指根据饭店客房产品经营季节性波动较大的特点，在淡季给予客人价格折扣。它有利于饭店的设施和服务在淡季可被充分利用，有利于饭店的正常经营。

为了提高商务饭店周末的客房出租率和风景区的度假饭店淡季的客房出租率，不少饭店加强了淡季促销活动，吸引家庭旅游者来店居住就是其中一个组成部分。这些饭店制定了家庭房价，如周末度假特别房价、周末折扣房价等。为了招徕客人，这类房价比正常房价要低得多。但是，在制定这类家庭房价时，饭店经营者必须进行仔细的分析研究，只有在降低房价能够增加销量，从而增加的营业收入额高于所需变动成本时，这种价格才是可行的。

3. 现金折扣

现金折扣是指为了鼓励客人以现金或提前付款，而给予现金付款的客人一定折扣的优惠，以加快饭店资金的周转，减少资金的占用成本。许多国外饭店采用赊销方法，客人如以现金或提前付款，饭店可以给予他们一定的折扣。饭店通常在交易条款中注明“1/10，净价30”，即客人在成交后10天内付款的话，就可以得到1%的现金折扣，但最迟也必须在30天内付清全部欠款。

4. 同业折扣

同业折扣是指饭店给予旅游批发商或零售商的折扣，比如旅游目的地饭店给予旅行社的折扣房价和一定的佣金，同业折扣可以充分发挥中间商的销售职能作用，是稳定销售渠道的重要措施之一。

加强与旅行社的合作，是饭店经营活动的重要组成部分。饭店给予旅行社的折扣或佣金数额的高低，是决定这些旅行社是否向客人介绍某一饭店的重要标准之一。许多饭店制定了通过旅行社向客人进行推销的规划。饭店除了给予旅行社优先订房权外，还给予它们一定的佣金或折扣，具体做法各饭店有所不同。美国希尔顿国际旅馆公司给予旅行社批发商15%的佣金，以便招徕来店的商务旅行客。大部分饭店则规定：旅行社为客人每预订15间客房，饭店就免费向旅行社提供1间客房。

饭店实行折扣房价或佣金，必须在事前作出计划安排。由于折扣或佣金的实行会使饭店的平均房价下降，因此，饭店经营者必须根据本饭店的经营目标来决定饭店的房价结构，并仔细研究采用哪些折扣或佣金方法。折扣房价一经确定，就应当在实际中执行。如果情况发生了变化，饭店经营者应重新审议房价，制定新的折扣政策。

六、关于房费的计算

（一）一天房费

以客人住宿一“夜”为单位，至于何为一“夜”，没有明确的说法。《中国旅游饭店行业规范》规定“饭店应在前厅显著位置明示客房价格和住宿时间估算方法，或者确认已将上述信息用适当方式告知客人”。

（二）白天租用价

客人退房超过了规定时间，饭店将向客人收取白天租用费。许多饭店一般退房时间定为中午 12 点或下午 2 点，如果到时未退房，推迟到下午 6 点前退房，则要加收半天房费；在下午 6 点后退房加收一天房费。

（三）日用房价

日用房价是指客人凌晨抵店或入住与离店发生在同一天时的房费计算方式。此时，饭店可向客人收取一天或半天房费。部分饭店出于吸引客源考虑，将日用房价规定为半价，即只收取客人的半天房费。

（四）加床费

加床费是饭店对需要在房内临时加床的客人加收的一种房费。

（五）服务费

酒店一般在房价基础上加收 10% ~15% 的服务费。

（六）钟点房费

钟点房费即酒店按住店的时间长短计费，一般有起步价，起步价之外按每小时收费。

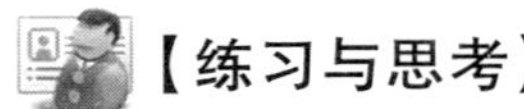

【练习与思考】

一、单项选择题

1. 按组织方式划分，客人可以划分成(　　)和散客。

A. 团体客人　　B. 公司客人　　C. 商务客人　　D. 观光客人

2. (　　)类型的客人人数多，用房多，活动有规律且时间集中。

A. 商务散客　　B. 商务团队　　C. 度假散客　　D. 蜜月客人

3. (　　)类型的客人对饭店服务及设施要求较高，忌讳服务人员挪动他们的办公用品、办公资料等物品。这些客人因工作关系对自身形象也较注意，他们要求饭店提供高质量的洗衣、擦鞋服务等。

A. 度假客人　　B. 观光客人　　C. 商务客人　　D. 竞赛演出型客人

4. 配备一张双人床，较适合夫妇旅行者居住的客房是(　　)。

A. 单人房　　B. 双人房　　C. 角房　　D. 大床房

5. 既可以作为两间独立的单间客房出租，也可作为套间出租，灵活性较大的房间类型是(　　)。

A. 总统套房　　B. 立体套房　　C. 普通套间　　D. 连通房

6. 被称为“酒店中的酒店”的特殊客房类型是(　　)。

A. 女士楼层　　B. 行政楼层　　C. 无烟楼层　　D. 全套房

7. 位于走廊、过道尽头的客房，称为(　　)。

A. 内景房　　B. 连通房　　C. 转角房　　D. 外景房

8. 客房商品的服务价值在规定的时间内不出售，当天的效用就自然失去，客房当天的服务价值也永远不会实现，这是指客房的(　　)

A. 固定成本的属性　　B. 不可转移属性

C. 使用价值共享属性　　D. 价值易流失性

二、多项选择题

1. 按组织方式划分，客人可以分为(　　)。

A. 商务客人　　B. 度假客人　　C. 团队客人

D. 散客　　E. 会议客人

2. 按房间位置，客房可以分为(　　)。

A. 连通房　　B. 外景房　　C. 内景房

D. 角房　　E. 大床房

三、名词解释

1. 连通房

2. 行政楼层

3. 门市价

四、思考题

1. 饭店如何满足蜜月类客人的住宿需求？

2. 客房的基本类型有哪些？

3. 客房的价格类型有哪些？

五、案例分析

客房虚拟 VIP 接待小组

某大酒店根据客源市场的分析，定位于商务会议型酒店，按照该酒店原有的服务模式，VIP 的接待只有个别优秀的服务员才能担任，这容易造成工作被动的局面。酒店专门召集了曾经担任过数次重要 VIP 接待的服务员进行商讨，经过 2 个月的酝酿，客房楼层正式确立了 VIP 接待小组，成为一支重要的“虚拟团队”。在接到会议接待通知后，VIP 接待小组在组长的规划下进行接待预案的制订，着力于对宾客需求的了解，由小组成员各尽其责，有的收集宾客的个人喜好，有的负责房间的艺术插花，有的负责水果的包装，还有的进行房间个性化的布置。根据酒店所提供的宾客入住时间表，每个 VIP 服务员都被分配在贵宾所下榻的楼层做好专项服务。

问题：饭店为何如此重视 VIP 客人，该饭店又是如何为 VIP 客人提供有针对性的服务的？

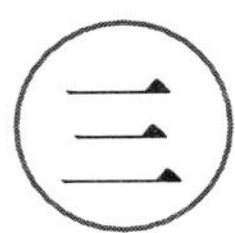

第三章 客房预订及管理

现代社会，随着工作和生活节奏的加快，越来越多的旅行者，尤其是商务和青年时尚旅行者为了有效地安排自己的行程，保证旅行的质量，在出行前会预先向目的地城市所在饭店提出订房要求，以确保抵达该地后住房要求得到饭店保证。同时，对饭店来说，客房预订业务，不但满足了客人住房要求预先得到保证的心理需求，而且有利于饭店搞好客房销售和客人接待工作，因此，开展客房预订是饭店和客人“双赢”的工作。

【学习目标】

1. 了解客房预订的渠道、方式和类型，理解客房预订的工作意义。
2. 掌握受理预订、取消预订、更改预订等基本预订操作程序。
3. 熟悉预订核对、超额预订等预订管理和控制的方法。

【导入案例】

是王先生还是汪先生

2014 年 11 月 25 日，一名上海的王先生打电话给武汉香格里拉饭店订房处，声明：“我是你们饭店的一名常客，我姓王，想预订 11 月 29 ~ 30 日 2916 号房间两天。”预订员小张当即通过系统查阅了 29 ~ 30 日的预订情况，表示饭店可以给他预留 2916 号房至 11 月 29 日下午 6 点。

11 月 29 日下午 3 点，王先生和他的一位朋友来到饭店，出示证件要办登记手续。接待员小刘查阅预订后说：“对不起，王先生，您没有预订啊？”

“怎么可能，我明明在四天以前就预订了。”“对不起，我已经查阅了，本饭店的2916房间已出租，入住的是一位汪先生，请问您是不是搞错了?”“不可能，我预订好的房间，你们也答应了，为什么这么不讲信誉?”接待员小刘一听，赶紧核查预订。原来预订员一时粗心把“王”与“汪”输入错误，当汪先生登记入住时，小刘认为这就是预订的客人，随手就把汪先生安排进了2916房间。接待员小刘向王先生抱歉地说：“王先生，实在抱歉，您看这样行不行，您和您的朋友就入住2919房间吧，2919房间的规格标准与2916房间完全一样。”王先生很生气，认为饭店有意欺骗他们，立即向大堂副理投诉……

分析：汉字具有音同字不同的特点，而且同名同姓的人也较为普遍，这些情况给客房预订带来一定的麻烦。因此，预订员在受理客人预订时，要想准确获取客人基本信息，绝对不能想当然；对于不能确定的信息，如客人姓名的拼写、联系方式，以及入住的天数和抵店的时间等关键信息，要及时向客人明确核对，稳妥后再进行预订信息的录入。本案例中，预订员将客人姓氏由“王”误录入为“汪”，造成客人预订不能查找到。当然，后期接待员没有仔细核对预订信息，就为客人办理登记入住，也实属不该。

第一节　客房预订概述

客房预订，是指客人向酒店预订未来某一时间租住客房服务的业务，对酒店来说也是对客房产品的预销售。在得到酒店的预订确认后，酒店与客人之间便确立了一种合同关系。据此，酒店有义务以预先确定的价格为客人提供他希望使用且已得到酒店确认的客房。

预订是酒店的一项重要业务，酒店一般都在其前厅部（或销售部）设有预订处，专门受理预订业务。前厅部的预订工作由预订处主管负责，一般通过计算机系统对酒店的订房实施控制；此外，为了实施对客房预订的控制，提高酒店的开房率和经济效益，还要与酒店市场营销部进行充分、有效的沟通，掌握预订规律，合理控制团队与散客的预订比例。

一、客房预订的意义

饭店开展客房预订，一方面可以方便客人，满足客人在开始旅行之前，对整个行程所需的住宿设施预先得到安排，以免在到达入住时因客房设施得不到保证而带来麻烦。另一方面，也有利于饭店有计划地开展客房销售，提高售房率，以及提前了解客人需求，做好接待准备工作，为客人提供满意的服务。

二、客房预订的渠道及方式

（一）客房预订的直接渠道及方式

客房预订的直接渠道是指客人或客户不经过任何中间环节直接向饭店订房。客人通过直接渠道订房，饭店所承担的成本相对较低，且能对订房过程进行直接有效的管理与控制。直接渠道的订房大致有下列几类：客人本人或委托他人或委托接待单位直接向饭店预订客房，旅游团体或会议组织者直接向饭店预订所需的客房，旅游中间商作为饭店的直接客户向饭店批量预订房间。

直接渠道订房的方式有以下几种：

1. 面谈

即客人直接来酒店，当面商谈客房预订。它能使酒店有机会更详尽地了解客人的需求，并当面回答客人提出的任何问题。同时，也能使预订员有机会运用销售技巧，必要时，还可通过展示客房来帮助客人做出订房决策。

对于客人的当面口头预订，预订员应注意客人的姓名不能拼错，必要时可请客人自己拼写。另外，对于不能确定抵店时间的客人，一定要明确告之客人，预订只保留到抵店当天下午 6 点。

2. 电话

电话订房在目前较为普遍，它的特点是速度快、方便，而且是酒店与客人之间的双向即时沟通，客人能够根据酒店客房的实际情况，及时调整其预订要求，从而订到满意的客房。但同时，由于语言障碍、电话通话效果，以及受话人的听力水平等影响，电话订房也容易出错。因此，预订员必须将客人的预订要求认真记录，并在记录完毕后，向客人复述一遍，以得到客人的确认。

在接受电话预订时，要注意不能让对方久等。因此，要求预订员必须熟悉本月、本季可提供客房的情况，如不能马上答复客人，则请客人留下电话号码和姓名，待查清预订情况后，再通知客人是否可以接受预订。此外，预订员还要提醒客人，一般预订只保留至预抵当天下午 6 点，如客人过了该时点还未到酒店，则该预订自动取消；并适时引导客人做担保类预订，以保证客人的订房要求。

3. 传真

传真订房是一种较为先进的订房方式，其特点是方便、快捷、准确、正规，它可以将客人的预订资料原封不动地保存下来，有效避免出现订房纠纷。传真预订多用于公司、旅行社等会议团、旅行团的订房。这些团体订房，由于用房数量多，客房类型多，以及其他特殊要求，预订信息相对较大且易多变，为了避免不必要的订房纠纷，酒店多选择以“传真”这种书面的形式来进行预订信息的交流。

4. 国际互联网

通过国际互联网进行客房预订，是目前最先进的预订方式，也是当前发展最为迅猛的预订方式。随着计算机的推广使用，越来越多的散客开始采用这种方便、快捷、廉价的方式进行预订。在美国，40% 的旅游产品是在网上预订出去的。据 2014 年的一项调查表明，2014 年整个中国网上旅行预订市场继续保持增长态势，增长比例为 63%，市场规模达到 485. 2 亿元。

一方面，酒店可以通过饭店连锁集团公司的中央订房系统（CRS）向客人开展客房预订。当前，随着我国饭店业连锁化、集团化进程的加快，不少饭店纷纷加入了国际或国内饭店集团。有的大型饭店集团拥有中央预订系统（CRS），如马里奥特饭店集团的MARSHA预订系统连接了全球近千家马里奥特饭店，需要订房的客人或旅行社可以直接使用该系统进行在线客房预订。另一方面，饭店也可以自设网站，提供预订网页界面，供客人进行客房预订。目前，一些大型饭店已自设了网站，实行全方位的在线订房，但对大多数中小饭店来说，尚在逐步推广和普及中。

5. 手机WAP

手机WAP预订是一种最新的订房方式，它同时结合了电话预订和互联网预订的特点，既有电话的便利，又有互联网的查询和搜索功能。

手机上网订房受到酒店追捧的原因是其突破了传统的订房方式。当前通信技术已跨入4G时代，同样，订房方式也从有线时代跨入无线时代。考虑到这点，包括M2旅行网在内的一些网络公司结合了传统的呼叫中心、互联网和手机上网三大平台，以人性化的服务让客户在旅途中享受高科技带来的快捷和便利。人们将不需要坐在计算机前游览纷繁的网页或在电话中耐着性子回答呼叫中心服务人员的一大堆问题，只需拿出手机登录相关网站，选择出行目的地，再选择适合自己需求的酒店星级和客房价格，输入日期及入住天数，系统就会列出符合要求的酒店；进而人们可根据提示选定酒店和客房，输入个人资料，即可完成预订，整个过程只需几分钟。而使用手机上网的费用也很低，真正做到了个人计算机与手机的互补。在不影响用户使用互联网习惯的前提下，作为面向4G时代的最新订房平台，这一新的订房方式为长期出差的商务人士、自助旅游爱好者开辟了快捷、便利的无线订房的崭新领域，可全方位个性化地搜索酒店信息，随时随地在线预订各类酒店。

（二）客房预订的间接渠道及方式

饭店总是希望将自己的产品和服务直接销售给消费者。但是，由于人力、资金、时间等资源的限制，往往无法进行规模化、有效的销售活动。因而，它们往往热衷于利用中间商与客源市场的联系及其影响力，利用其专业特长、经营规模等方面的优势，通过间接销售渠道，将饭店的产品和服务更广泛、更顺畅、更快速地销售给客人。

通过间接渠道订房的方式有以下几类：

1. 通过旅行社订房

旅行社作为顾客与各类旅游产品之间的销售中介，具有专业性强、市场接触面广等优势，是饭店当前开展订房业务的主要间接渠道。通过旅行社向饭店订房的既有散客，又有团体和会议客人。旅行社订房的特点是房价低、订房时间集中、订房数量多等。另外，饭店通过旅行社订房，必须向旅行社提供折扣或支付佣金。这样才能促使旅行社积极开拓市场，为酒店拓展客源，从而达到饭店与旅行社的“双赢”。

2. 通过GDS系统订房

GDS系统是以航空公司的中央预订系统为基本框架，并整合了酒店、旅游公司、铁路公司、旅行社等相关其他旅游企业而形成的，面向全球的、多层次预订系统。通过该系统，航空公司的CRS与饭店的CRS联通，为航空公司和饭店提供双向预订界面。当航空公司的预订员接到订房要求后，即通过网络转到饭店的预订系统中，饭店能否接受预订的信息又反馈给航空公司的预订员，保证即时给顾客答复。我国不少航空公司和饭店，如具有国际品牌酒店香格里拉、洲际和万豪等已加入该系统，成果颇丰。

【相关链接】

全球分销系统（GDS）

全球分销系统（GDS）全称为Global Distribution System，由美国Sabre公司于1960年创立。Sabre是美国美洲航空公司American Airline Company的子公司。

GDS包含Amadeus、Calileo/Apollo、Sabre、Worldspan四大系统。其中Sabre股份有限公司是美国股票上市公司，全球员工约1万人，是全球旅游业和运输业信息技术的领导者，每年通过Sabre系统成交的旅游订单金额超过750亿美元。欧美及其他国家的旅行社均通过此平台预订机票、酒店，在欧美国家它是旅行社必备的工具之一，其重要性如同电话、传真、计算机一样。通过Sabre电子预订系统完成的预订约占全世界预订总额的40%。

GDS是第一个在全球国际旅游行业使用的预订系统，并且是全球旅游行业主要的预订系统，因此全球旅游行业的酒店预订GDS的占有率为50%，加入GDS等于直接与全球50万家旅行社签订了订房合作协议。现在，很多酒店已经开始建立自己的订房系统，但大都属于网络订房，其之所以能被广泛应用，主要是因为网络订房（投资）成本较低。然而，那些真正关注酒店长远发展的领导者、决策者以及国际连锁型的酒店管理集团更愿意加入GDS系统中来提高自己的订房效率。因为一般网络订房大多数局限于国内旅客，且是酒店与一般散客通过因特网的随机接触或通过订房中心打电话预订，旅客预订不到的情况比较普遍，且这部分客人的消费能力相对较低。而GDS系统在一般网络订房的基础上，通过多年培育的全球50万家旅行社将酒店预订与机票、租车、邮轮预订等业务联成一体。加入该系统的酒店将获得更大范围、更为紧密的客户群，特别是能够保证旅客的入住。因为旅客通过GDS向酒店订房，GDS提供入住旅客住宿信息及信用卡信息向酒店订房，因此GDS为旅客提供的是有保证的订房。当然，透过此平台游客也可以通过全球知名网站查找到酒店的所有信息，客人也可直接与酒店预订。其实，网络订房与GDS最主要的不同在于GDS平台全球性的推广作用，它能在无形中提高酒店在游客心目中的地位，与境外旅行社建立合作关系。

3. 通过网上订房中心订房

专门的网络订房中心组织招揽世界各地的饭店加入其预订系统，并为有订房需求的客人办理订房事宜。国际上著名的Summit公司是全球最大的销售订房中心，代理了全球主要航空公司、旅行社和跨国商务公司的预订系统，遍及全世界50多个订房中心与之合作，客户可以通过电话、传真等方式向其订房，也可以通过GDS系统、Internet和Travel Web向其订房，广州花园酒店、上海华亭宾馆等五星级酒店已加入该组织。此外，我国目前规模较大且具影响力的携程网、e龙网等代理商，也凭借先进的网络对接技术，预订者可以直接登录酒店网站，了解相关信息。为了使预订者获得最大的优惠，系统还会在各个海外订房资源库中对预订酒店自动比价，这个价格较比价之前平均降幅达10%。

三、客房预订的类型

（一）临时类预订

临时类预订是指客人在即将抵达酒店前很短时间内或在到达酒店的当天向酒店预订房间，酒店口头确认，向客人承诺把房间保留到预抵当日下午6点的预订。如客人在预抵日下午6点还未到酒店，则该预订自动取消。

（二）确认类预订

确认类预订是指饭店已接受了客人的订房要求并通过书面的方式向客人承诺把房间保留至某一事先声明的规定时间的预订。如到了这一规定时间，宾客仍未抵店，也未与饭店联系，饭店则可将所预订的客房出租给等候预订名单（Waiting List）宾客或其他有需要的宾客。

（三）等候类预订

客房预订已满的情况下，再将一定数量的订房客人列入等候名单（Waiting List）。对这类订房客人，饭店应事先向客人说明，如果有人取消预订，或有人提前离店，饭店就会给予优先安排，通知等候客人来店。

（四）保证类预订

保证类预订是指宾客通过预付定金或订立合同等方式来保证自己前来酒店住宿的预订。对于此类客房预订，酒店无论在任何情况下都要优先落实，否则要承担相应的经济责任。若酒店没有接到预订人的取消预订通知，应为预订客人保留房间到入住次日的退房时间为止，预订客人则应付给酒店一天的房费；若客人通知取消预订，则酌情收取一定费用。

四、客房预订单

饭店为客人提供客房预订，要记录客人的个人信息和住店信息，客房预订单便是记录这些预订信息的媒介工具。

（一）散客预订单

散客预订单主要包括客人的基本信息，如姓名、性别、联系方式、人数，以及客人住店信息，如客房类型及数量、房价、抵离店时间、航班或车次和付款方式等。此外，预订单还应有预订员和预订联系人的相关信息，如预订联系人的联系方式就不可缺失。散客预订单如图 3－1 所示。

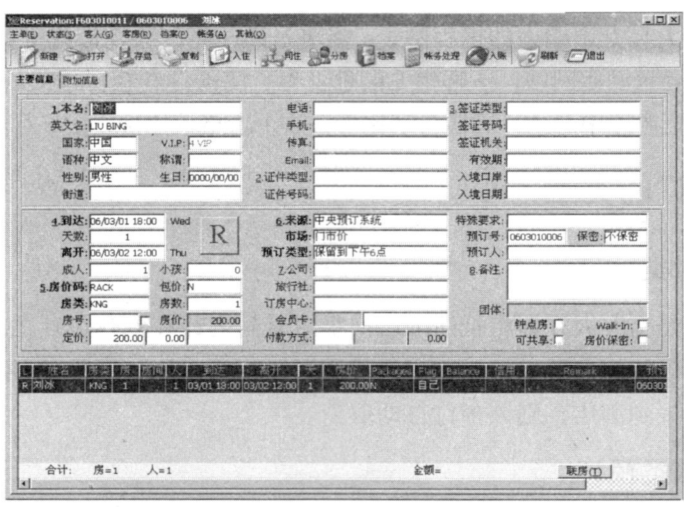

图 3－1　散客预订单

（二）团队预订单

团队预订单与散客相比，稍显复杂，主要增加了免费房、团队用餐信息，以及房价及结算等信息。团队预订单如图 3－2 所示。

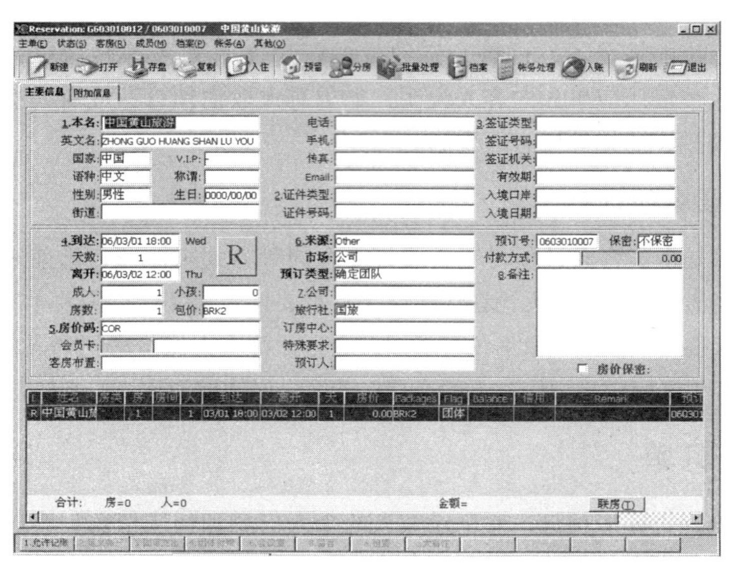

图 3－2　团队预订单

第二节　客房预订操作

客房预订操作主要包括受理预订、确认预订、婉拒预订、等候预订、查询预订、取消预订、更改预订等业务操作。

一、受理预订

散客通过电话向酒店预订客房，仍是当前客人进行客房预订的主要选择；此外，散客电话预订操作也是其他客房预订操作的基础。因此，本教材以散客电话预订为例，来讲述饭店客房预订受理的全过程。

——接听电话并问候客人。

——聆听客人预订要求。

——结合当前酒店可出租房情况，有针对性地向客人推荐客房。

——向客人明确房价及结算方式。

——询问客人抵店情况，包括乘坐航班号或车次，以及是否需要接车服务等。

——通过向客人复述，并获得客人明确答复，以核对所有预订信息。

——提醒客人本预订的客房保留时间，超过此时间客人未到，该预订将自动取消，并适时引导客人做担保性预订。

——预订后与客人道别，并填写预订单，以及录入计算机系统。

二、确认预订

预订员在接到团队客人，以及订房中介等客户的预订要求后，要立即将客人的预订要求与饭店未来时期客房的利用情况进行对照，决定能否接受客人的预订，如果可以接受，就要对客人的预订加以确认。

确认预订的方式通常有两种，即口头确认（包括电话确认）和书面确认。现在书面确认有传真、邮件和短信等多种形式向客人发送确认函。实际上，订房书面确认函不仅向客人确认了订房基本信息，如客人姓名、电话、客房类型及数量等，可以减少差错和失误；而且还写明了房价、为客人保留房间的时间、预订订金的方法，以及取消预订的规定和付款方式等。因此，订房确认函是饭店与客人所达成的书面订房协议，对饭店和客人均具有一定的约束力，从而提高了客房预订的法律效力。

总之，书面确认比较正式。对于大型团体、VIP 客人，特别是一些知名人士、政界官员、国际会议等订房的确认函，要由前厅部经理或饭店总经理签发，以示尊敬和重视。

三、婉拒预订

对于订房已满，或者客人更改预订时无法满足等情况，饭店无法接受客人的预订，就要对预订加以婉拒。婉拒预订时，不能因为不能满足客人的最初要求而终止服务，要主动提出一系列可供客人选择的建议，如更改房间类型、修订抵离店时间等；或者将该客人预订转为等候预订，告诉客人，饭店一旦有空房，会立即通知客人。总之，用建议代替简单的拒绝是很重要的，它不但可以促进酒店客房的销售，也有助于维护良好的客户关系。

四、等候预订

在预订客满或者因超额预订产生订房违约时，饭店不能马上满足客人的订房要求，但仍可将客人的订房要求归为"等候预订"。一旦饭店有空房，如其他客人取消预订或提前离店，就可立即通知客人，满足客人的订房要求。

五、查询预订

饭店成功受理客人的客房预订后，因各种需要，客人会查询有关预订信息，那么这项对客操作，就是预订的查询。一般查询预订的步骤操作如下：

——接受客人的预订查询要求。

——向客人询问有关预订信息，如住店客人姓名、预订日期、抵店日期、预订号、预订人信息等其中的一项或多项。

——根据预订信息，进行手工或系统关键词搜索查询。

——找到客人原预订单后，向客人确认有关预订信息。

——根据客人要求，提供相关信息服务。

——预订查询结束后，向客人道别。

六、取消预订

种种原因，客人可能在预订抵店前取消预订。接受预订取消时，不能在电话中表露出不满，而应使客人明白，他今后随时都可以光临本饭店，并受到欢迎。正确处理预订取消，对于饭店巩固自己的客源市场具有重要意义。在国外，取消预订的客人中有90%以后还会再次预订。

——接受客人提出取消预订的要求。

——询问客人有关原客房预订的有关信息。

——进行预订查询。

——找到客人原预订单，与客人确认有关预订信息。

——确认后，取消原客人的客房预订。

——取消预订后，与客人道别。

为了防止因客人临时取消预订而给饭店造成损失或使饭店工作陷入被动，饭店可根据实际情况予以应对。比如在旺季时，引导客人预先支付一定数额的订金，尤其对团体客人，可以预收相当于一天房费的订金，并在客人抵达前一个月通知对方付款，收款后将有关资料送交前台收银处，待客人结账时扣除。

七、更改预订

预订的变更是指客人在抵达饭店前临时改变预订的日期、人数、要求、期限、姓名和交通工具等信息，饭店对原客人预订单进行相关信息修改的操作。

——接受客人提出更改预订的要求。

——询问客人有关原客房预订的有关信息。

——进行预订查询。

——找到客人原预订单，与客人确认有关预订信息。

——根据客人预订更改要求，查看房态图，确定是否能够满足客人的变更要求。如果能够满足，则予以确认，并填写“预订更改表”，并在计算机系统中修正原预订主单。

——如果客人的变更要求不能直接满足，则同客人协商，建议客人更改房间类型，修订抵离店时间等；或者将该客人预订转为等候预订，告诉客人，饭店一旦有空房，会立即通知客人。

——结束更改预订后，与客人道别。

【相关链接】

团队预订

团体预订流程与散客预订基本相似，但不管是会议团队，还是旅行团队，预订客人多，用房量大，信息量相对复杂些。例如，团队预订一般要考虑团队用餐、房价优惠策略，以及房费结算方式等信息，因此，也有需要特别注意的事项。

——接受团队客人的预订。一般团体客人预订会选择传真等书面形式，向酒店发送有关预订信息，如客人人数、用房类型及数量、抵离店日期，以及用餐情况、房费结算等。

——收到团队客人的订房传真后，检查相关信息是否齐全、清楚和完整。

——查阅饭店房态图，确定是否能够满足团队预订要求。如果能满足，立即给团队组织单位发送“订房确认函”。

——如果不能满足，与团队组织单位联系，建议更改团队房间类型、用房数量等。否则，婉拒该团队的订房要求。

——团队预订信息确认后，填写团队预订单，并录入计算机系统。

在受理团队预订时，一定要搞清团队的抵店时间和团队领队的联系电话。一般团队都要提前预分房，掌握了团队的抵店时间对于团队预分房是至关重要的。由于团队订房数较多，它的变化对饭店当天的房间供给与销售量影响较大，留下团队领队的联系电话，可以及时地与团队领队联系，了解团队的信息变化，以便饭店及时作出调整和应对。

第三节　客房预订管理

一、预订核对

在实际的客房预订工作中，一些客人有时会因各种状况无法按期抵达酒店或者取消订房，这其中有相当一部分客人不会将预订变更信息及时、主动地通知酒店。因此，在客人预订完成后，到抵达酒店之前的时间内，预订员要通过电话或者书信等方式主动与客人进行定期核对预订信息，一旦获悉预订变更信息，应及时调整并通知相关部门，以便将闲置的客房预订给其他客人，以达到最大的客房出租率。

（一）第一次核对

在客人抵店前一个月进行，预订员主动与预订人进行联系，询问预订是否取消或变更，如有预订信息变化，要根据情况更改原预订单信息，或取消原客房预订。第一次核对操作流程见图 3－3。

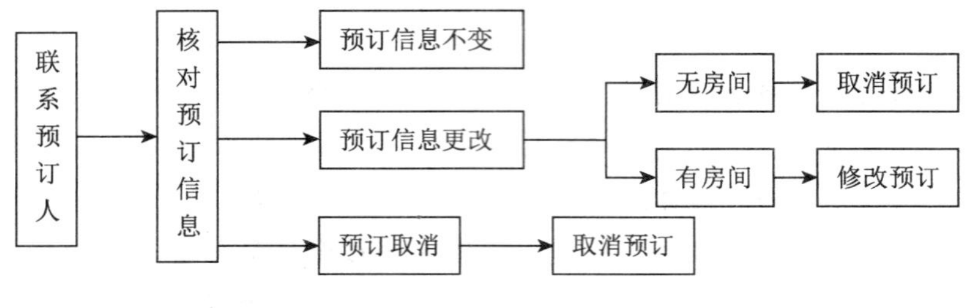

图 3－3　第一次核对操作流程

（二）第二次核对

在客人抵店前一个星期进行。对还没有明确的预订信息内容，要尽快联系预订人进行落实；再次核对预订是否取消或变更，如有预订信息变化，要根据情况更改原预订单信息，或取消原客房预订。另外，还要检查所有 VIP 客人预订的有特殊要求的房间是否锁好。第二次核对操作流程见图 3－4。

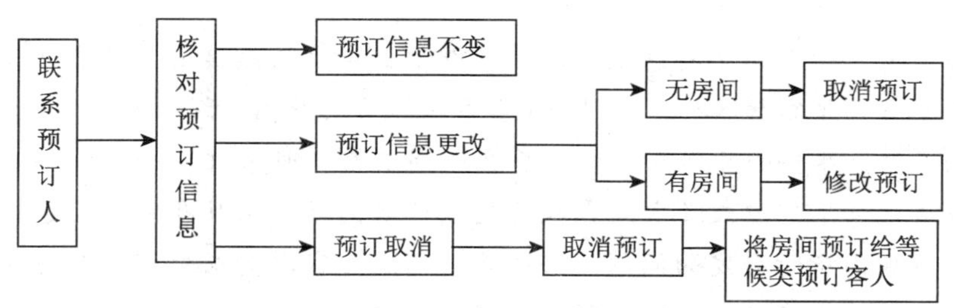

图 3－4　第二次核对操作流程

（三）第三次核对

在客人抵店前一天进行。找出所有非保证类预订客人，主动联系，核对姓名、房数、人数、客房类型、价格、抵店时间、航班号或车次、付款方式等信息，使每个预订都清楚、准确、完整和可靠。此外，还要核对所有来往传真与预订单内容是否一致，避免客人入住登记时质疑。第三次核对操作流程见图 3－5。

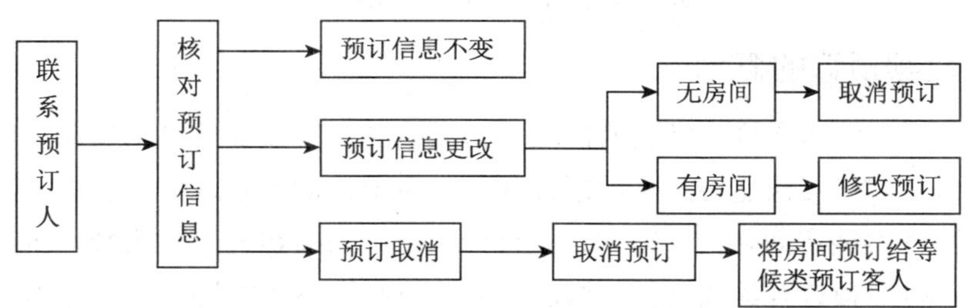

图 3－5　第三次核对操作流程

以上是针对散客预订而言，对于大型团体客人而言，核对工作还要细致，以免因团队临时取消或更改预订而造成大量客房闲置，使饭店客房延误出租而蒙受重大经济损失。

【同步案例】

“婚房”不能入住

王先生在新婚之日来到饭店，要求办理在一个月之前预订的新婚套房的入住手续。接待员查看后发现他所预订的套房住着一位一周前抵店而延期离店的李先生。王先生一听在一个月前预订的房间居然落空，情绪激动，在总台大闹。接待员请来经理，经理了解情况后，立即将王先生请入办公室，送上饮料和毛巾。对饭店的抵店准备工作的疏忽向王先生表示深深的歉意。补救方法是以原房间对折的价格另准备一间更高档次的豪华套房作为王先生的新婚套房，并且在王先生的婚宴上每桌免费赠送一个特色菜，以表歉意。王先生虽然接受了这个建议，但又要求饭店给当日婚宴打八折，否则一定要原来预订的房间。经理陷入两难境地。

分析：这个事件的原因在于接待员在一周前排房时未注意一周后的房间预订情况，或者注意了，但未考虑到客人的延期住店问题，而且在前一天也未及时发现客人的延期离店所引发的问题。若发现，可以在客人要求延期离店时要求客人换房，或者提前想好应变之策。所以，接待员需要对一个月后、一周后及一天后的订房情况做仔细的检查，以防万一。

二、超额预订及处理

饭店实现了客房预订，但并非所有的客人都能按约如期抵达酒店入住。大多数酒店的预订情况表明，即使饭店的客房全部预订出去，仍会有一小部分订房者因各种问题不能按期抵达或临时取消，使饭店出现空房而造成一定的损失。由于客人的预订不可能都是保证类预订，为了尽量获得较高的客房出租率，就有可能实施超额预订。

（一）超额预订的概念

超额预订是指饭店在订房已满的情况下，仍接受一定数量的订房要求，使得饭店客房预订数超出其客房接待能力的一种预订现象。由于超额预订现象的存在，就不可避免地存在“饭店的某些房间在同一时间，预订给两个不同的客人”的现象。如果最终这两个预订客人都按照预订合约如期抵达饭店，饭店势必因不可能同时满足这两个预订客人的用房要求，从而引起其中一个客人的不满或投诉。那么，饭店为什么要冒这种“风险”实施超额预订呢？

（二）饭店实施超额预订的原因

1. 存在预订取消

客人向饭店订房，各种原因，总有部分预订客人临时取消；而取消预订的客房不一定都能再出租给别的客人，从而造成饭店延误出租而出现客房的空置，形成饭店无可挽回的经济损失。

2. 预订客人减少预订客房数

预订客人也会因种种问题更改预订，其中就包括减少所预订的客房数量，那么所减少的客房不一定都能再出租给别的客人，也会造成饭店延误出租而出现客房的空置，形成饭店无可挽回的经济损失。

3. 客人订房无到

客人订房无到是指已预订的客人，在没取消的情况下，应该抵达酒店，却逾期未到的情况。在饭店的预订实践中，订房不到者一般占饭店总预订数的5%，这部分预订客人的客观存在，给饭店预订工作造成混乱。当前饭店业还缺乏对其进行有效控制的手段，这是造成饭店延误出租客房而形成客房空置的重要原因。

4. 存在住店客人提前退房

对于住店客人来说，由于行程更改，可能提前离店，此时，他所入住的客房便成为"空房"。如果饭店没有及时出租给别的客人，也会造成饭店延误出租而出现客房的空置，形成饭店无可挽回的经济损失。

以上四种存在的饭店客房预订现象，在饭店满额预订（100%预订）的情况下，都有可能造成一部分客房不能及时出租出去，从而造成客房的空置。因此，饭店为了最大限度地利用客房，提高客房开房率，在日常经营中就有必要实施超额预订了。但是在法律意义上，超额预订又是违约的。因为饭店接受了客人的预订，就意味着饭店与客人之间确立了关于客房出租的某种合同关系。如果饭店实施超额预订，势必造成在某个时间，某些客人不能按"合同"约定的条件（预订要求）入住，这就相当于酒店单方面撕毁合同。因此，客人有权进行索赔。对此，饭店经营者应当有清醒的认识，对于因超额预订而不能入住的客人，应该妥善处理。

此外，超额预订应该有个"度"的限制，饭店要合理控制超额预订率，既避免出现因"超额过度"而使大量客人不能入住的情况，又不能出现"超额不足"而使部分客房空置的情况。通常饭店接受超额预订的比例一般控制在5%～15%，具体而言，不同酒店因管理水平、客源状况，超额预订率的制定会所有差异。

（三）超额预订数或超额预订率的计算

做好超额预订工作的关键，在于掌握超额预订的数量和幅度。实施超额预订时，要重点注意团体预订和散客预订的比例，也要考虑临时类预订在总预订数中的比例。一般来说，散客由于是个人订房，一般不支付订金，预订取消或更改的随意性强，所以，当散客预订较多时，超额预订的幅度也相应高些。同理，临时类预订由于没有支付订金，预订取消或更改的随意性强，所以当临时类预订在总预订中较多，超额预订的幅度也相应高些。

超额预订数的计算，要受预订取消率、预订无到率、提前退房率，以及延期住店率等因素的控制。它们之间的关系存在如下公式：

超额预订数＝预计临时取消预订房数＋预计无到客人订房数＋预计提前退房客人订房数

预计延期住店客人订房数＝饭店应当接受当日预订房数×预订取消率＋饭店应当接受当日预订房数×饭店预订客人无到率＋住店客人房数×提前退房率－预期离店客人房数×延期住店率

备注：饭店应当接受当日预订房数＝饭店客房总数－住店客人房数＋超额预订房数

假设，X＝超额预订房数，A＝饭店客房总数，C＝住店客人房数，$r1$＝预订取消率，$r2$＝预订未到率，D＝预期离店房数，$f1$＝提前退房率，$f2$＝延期住店率，则：

$$X = (A - C + X) \times r1 + (A - C + X) \times r2 + C \times f1 - D \times f2$$

$= [C \times f1 - D \times f2 + (A - C)(r1 + r2)] / [1 - (r1 + r2)]$

设超额预订率为 R，则

$R = X/(A - C) \times 100\% = [C \times f1 - D \times f2 + (A - C)(r1 + r2)] / (A - C)[1 - (r1 + r2)] \times 100\%$

【同步案例】

某饭店有标准客房600间，预期10月2日住店客人房数为200间，预期离店房数为100间，根据该饭店以往预订资料，预订取消率通常为8%，预订未到率为5%，提前退房率为4%，延期住店率为6%。试问，就10月2日而言，该饭店：

（1）应该接受多少超额预订房数？

（2）超额预订率多少为佳？

（3）总共应该接受多少订房？

解：（1）该饭店应该接受的超额订房数为：

$X = [C \times f1 - D \times f2 + (A - C)(r1 + r2)] / [1 - (r1 + r2)]$

$= [200 \times 4\% - 100 \times 6\% + (600 - 200) \times (8\% + 5\%)] / [1 - (8\% + 5\%)]$

$= 62$ 间

（2）超额预订率为：

$R = X/(A - C) \times 100\% = 62/(600 - 200) \times 100\% = 15.5\%$

（3）该饭店总共接受的客房预订数为：

$(A - C + X) = 600 - 200 + 62 = 462$（间）

（四）饭店因超额预订违约的处理

如果因超额预订而不能使客人入住，按照国际惯例，饭店对此应负全责。因此，饭店应积极采取各种补救措施，妥善安排好客人住宿，消除客人的不满，挽回不良影响。

——诚恳地向客人道歉，请求客人谅解。

——如果饭店还有其他类型的客房，可为客人进行房间免费升级操作，即按照预订单上的房价入住更高一级的客房，直到饭店能够为客人提供其所预订的客房为止。

——如果是整个酒店无房间可住，则立即联系周边同等级的饭店，安排客人到该酒店同类型的房间入住，并且送客人抵达该酒店所产生的交通费由本酒店承担。如果房间价格有差异，高出部分也应由本酒店承担。

——如果客人入住天数多于1天，则送客人到其他酒店后，在本酒店为该客人做等候预订，饭店有空房时，第一时间邀请客人回酒店入住。

——在饭店存在空房时联系客人，询问客人是否愿意回酒店。如果客人愿意回，接回客人所产生的交通费由饭店承担，并且还要按 VIP 的规格接待客人，为客人办理登记入住手续。如果客人不愿意回酒店入住，则此后的房间价格差异酒店不再承担。饭店因超额预订违约的处理流程见图 3－6。

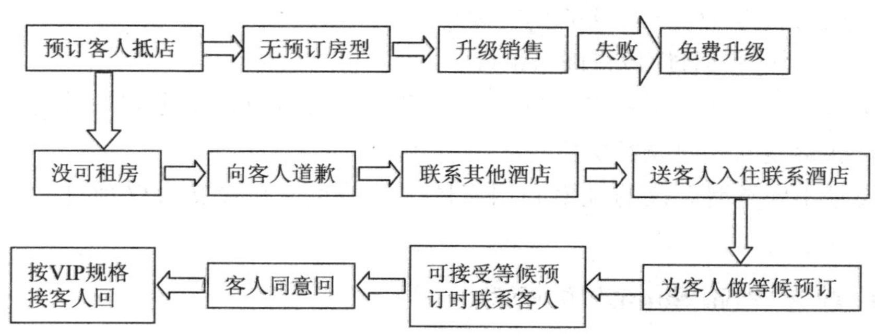

图 3－6 饭店因超额预订违约的处理流程

三、预订无到（No Show）的预防与管理

酒店经常在客房供应紧张的时候，遇到已经预订的某批客人却没有按时到店的情况，使酒店当日的出租率和经营收入受到不同程度的影响，这种情况叫“No Show”，对“No Show”现象实施控制，也是饭店收益管理的重要内容之一。

一般来讲，因不可控因素造成的“No Show”，酒店得不到赔偿。除此以外的其他原因造成的“No Show”，买方都应向饭店赔偿。但是，由于饭店市场长期处于买方市场，作为卖方的饭店在竞争中被迫放弃了应有的权利，使得“No Show”带来的损失有增无减。实际上，饭店通过自身的努力，可以使“No Show”情况的出现降到最低，损失也可减少到最小。

（一）旅行团队“No Show”的管理

——要求旅行社在团队抵达前 15 天给饭店发送接待计划，计划逾期未到，则视为该团队预订自动取消。

——旅行团队抵达前 5～7 天，饭店应与旅行社再确认核对预订信息。

——旅行团队抵达当日，预订员应随时掌握旅行团队的入住情况，并及时与旅行社联系，询问未到团队及人数的动向。

——在旺季，尤其是国家法定长假期间，对国内旅行团队的预订，要求旅行社交付足额订金，以防虚占客房。

——对“No Show”情况进行登记和分析，给各个旅行社预订信誉进行分级，为以后接受预订提供参考。

（二）会议“No Show”的管理

会议团队“No Show”与旅行团队稍有不同，主要出现在会议报到期间，一些会议由于会议主办方对会议规模和会议代表报到时间不能确切掌握，因而易出现部分预订不到的情况。

——会议预订必须签订协议，明确双方的权利义务关系及违约责任，同时应按会议预订在饭店消费额的30% ~50%收取订金。

——会议入住前几日应该再确认预订。

——会议报到当日下午 6 点前再与会务组确认核实当日用房数，对确认后仍出现“No Show”的客房按当日全额房费收取。

——总结不同类型会议的规模和用房情况的特点，在接受会议预订时尽可能减少“No Show”的发生。

（三）散客“No Show”的管理

——接受散客预订时，必须了解相关信息，如预订人的姓名、联系方式、入住客人的姓名、联系方式、预抵时间等。

——声明并坚持没有确切入住时间的预订只保留至当日下午 6 点，逾期不到则视为自动取消。

——视情况收取一定比例的订金，如在抵达当日才通知预订取消的，订金不予退回。

——建立散客预订信誉等级，让预订信誉等级与订金款额挂钩。

【同步案例】

“No show”客人又出现后带给小周的麻烦

小周是杭州某酒店的前厅接待员。2015 年国庆节期间，杭州几乎所有酒店客房都已爆满，而且房价飙升。10 月 1 日晚上 11 点左右，小周在工作繁忙之时接到一位潘先生预订客房的电话。潘先生是该酒店某协议单位的老总，也是常住客，所以小周格外小心。当时还剩下一间标准间，刚好留给潘先生，并与他约好抵店时间是晚上 11 点 30 分。在这半小时期间，有许多电话或客人亲自到酒店来问是否还有客房，小周都婉言谢绝了，但一直等到晚上 11 点 40 分，潘总还未抵店。小周心想：也许潘先生不会来了，因为经常有客人订了房间后不来住，如果再不卖掉，零点以后就很难卖了。为了酒店的利益，不能白白空一间房，到晚上 11 点 45 分，小周将最后一间标准间卖给了一位正急需客房的熟客。零点左右潘总出现在总台，并说因车子抛锚、手机无电，故未事先来电说明。一听说房间已卖掉，他顿时恼羞成怒，立即要求酒店赔偿损失，并声称将协议取消，以后不再安排客人来住。小周该怎么办呢？

分析：如果小周向客人作出严肃解释，指出是客人未按约定时间抵店，无房是自己造成的，不应怪罪酒店，从操作程序上来看，小周并没有错，但此法显然不够灵活，没有把酒店的长期商业利益考虑进去，很可能就因这一次事件潘总以后再也不会来酒店消费，甚至还会向亲朋好友做反面广告；同时也违背了“客人永远是对的”这一酒店服务理念。小周可以向客人致歉，并立即打电话联系其他酒店，为客人重新预订一间同档次的客房，尽量帮客人解决问题，而不再纠缠于“谁对谁错”的问题上。显然此办法较好，客人也容易予以理解。

因此，酒店要有一定的预见能力，考虑好接受客人预订后可能出现的各种意外情况，并搞好预订管理，以便处理问题时更加主动。

（四）慎重选择在线旅游供应商

在线旅游供应商是饭店预订的重要渠道，可以为饭店提供大量客源，但由于网络预订随意性较强，导致在线旅游供应商的“No Show”现象更为突出。为此，饭店应该选择那些为在线旅游预订提供担保的供应商作为合作伙伴。

【相关链接】

e龙旅行网为酒店提供预订担保

在线旅游服务公司e龙旅行网推出了饭店供应商房间预订担保政策。对于按照规定提出担保要求的饭店，如果客人预订房间后不来入住，e龙旅行网将替客人进行赔偿。

在饭店客房预订业务上，“No Show”现象一直令人头痛。尤其是在旅游旺季，到了约定的时间客人迟迟未到，已预订出去的房间是留还是不留？如果继续预留，很多想订房的顾客还在门外排队，万一客人没来，蒙受的损失只能酒店自己承担；而如果不留，万一客人最终来酒店，又会给客人带来不便。

在酒店明确自身能承受e龙旅行网公司客人最晚到店时间的前提下，对于超过此时间的订单，饭店只需在正常工作时间内，也就是e龙旅行网订单产生时刻之前，向e龙旅行网公司要求担保，e龙旅行网就可以提供书面的担保确认，担保内容包括日期、时间、房费、允许变更的时间等。不过，e龙旅行网对提供担保的顾客有着严格的审查，必须是使用信用卡担保或者在e龙旅行网的消费记录良好，没有预订饭店不良记录的客人才能优先享受预订服务。来自e龙旅行网的预测显示，此举有望在短期之内把“No Show”损失减少50%以上。

对于酒店而言，有了e龙旅行网方面的担保，可大大降低其风险，最大限度地减少客人行程变更或者恶意预订而造成的“No Show”损失，在面对“留与不留”的问题上将不再困惑。

【练习与思考】

一、单项选择题

1. 饭店所承担的成本相对较低，且能对订房过程进行直接有效的管理与控制的订房渠道是指(　　)。

A. 间接渠道　　B. 代理商渠道　　C. 直接渠道　　D. 批量订房渠道

2. 由于操作方便，传递迅速，内容详尽且能留下真迹的特点，所以，目前饭店与客人进行订房联系最常见的通信手段是(　　)。

A. 电话　　B. 信函　　C. 传真　　D. 面谈

3. 一般而言，饭店开展订房业务的主要间接渠道是(　　)。

A. 航空公司　　B. 旅行社　　C. 专业代理商　　D. 会议或展览机构

4. 客房预订效率和精确度最高，而且操作极为方便的预订是指(　　)。

A. 保证类预订　　B. 传真预订　　C. 电话预订　　D. 计算机系统预订

5. 做好超额预订的关键是(　　)。

A. 以往经验　　B. 领导决定　　C. 数量和幅度　　D. 预订类别

6. 订房不到者（No Show）是指(　　)。

A. 临时取消的客人

B. 有预订，但未到，且没有通知饭店的客人

C. 没有预订，但要求住宿的客人

D. 有预订，但委托他人取消预订的客人

7. 客人的预订要求已被接受，而且饭店以书面或口头形式予以确认的预订类别是(　　)。

A. 保证类预订　　B. 确认类预订

C. 非保证类预订　　D. 未付订金的保证类预订

二、多项选择题

1. 下列属于客房预订的直接渠道的是(　　)。

A. 客人本人直接订房　　B. 客人委托他人或接待单位直接订房

C. 客人通过旅行社订房　　D. 客人通过订房中心订房

2. 通过国际互联网向饭店订房的方式主要有(　　)。

A. 饭店自设的网站　　B. 饭店连锁集团公司的订房系统

C. GDS 系统　　D. 传真　　E. 电话

3. 通过间接渠道订房的主要方式有(　　)。

A. 旅行社　　B. 航空公司及其他交通运输公司

C. 订房中心　　D. 会议或展览组织机构

4. 保证类预订所采用的担保方式主要有(　　)。

A. 信用卡　　B. 商业合同　　C. 现金

D. 支票　　E. 汇款

5. 饭店在决定是否接受或婉拒客人订房要求时应考虑的因素主要有(　　)。

A. 客人抵店日期　　B. 客人所需客房种类和数量

C. 客人住店天数　　D. 客人某天抵达的具体时间

E. 客人能承受的客房价格

6. 下列因素对有效开展超额订房有关的有(　　)。

A. 订房不到者　　B. 临时取消者　　C. 提前离店者

D. 逾期住店者　　E. 提前抵店者

三、名词解释

1. 临时类预订

2. 超额预订

3. 预订无到（No Show）

四、思考题

1. 开展客房预订有什么意义?

2. 预订员如何引导客人做担保性预订?

3. 预订客满时，还要不要接受订房?

4. 对于客人的“No Show”，酒店该如何控制?

五、案例分析

住店客人毛先生通知前台，他们公司有几间房都在10层，明天他们的老板到店，订的套房能否也安排在同层。前台员工小焦经查询电脑后，答应客人没有问题，房号为RM1005。当天一位有预订的客人入住，订的是套房。另一位前台员工小钱查询电脑只有一间1005，查电脑看有第二天预抵客人占上了此房。于是就把此房号从该预订上解锁下来，先出租给当天到店的客人。待第二天毛先生带着公司老板到前台办入住手续时，前台给客人分了RM1522房，毛先生当时很是不解，讲昨天已订好住1005房。但前台一查电脑1005房已经出租给别的客人，于是毛先生由于无法向自己的老板交代，很是生气，马上要求找饭店负责人投诉。

问题：案例中，饭店预订操作有什么不妥之处?

第四章

前厅接待管理

前厅接待是指酒店在店外或店门迎接客人，并引领客人到前台登记入住，最后送客人进入客房的全过程，是房务部机场代表、门童、行李员、接待员等工作人员为客人提供住宿服务全过程中的关键阶段。主要包括站场迎接、店门迎接，以及登记入住和行李服务等环节。这一阶段，机场代表要掌握店外（接站）迎送客操作；客人到达饭店门厅后，门童和行李员能够提供开车门、手拉门和行李服务；接待员应提供住宿登记，客房分配、钥匙制作、预收押金等对客操作。其中登记入住手续是宾客与饭店建立正式的、合法的客房租住关系最根本的一个环节。

【学习目标】

1. 了解有效身份证件、住宿登记表、饭店黑名单和房卡等有关登记入住的基本知识。

2. 掌握迎送客人、行李、散客 Check In 等基本操作程序。

3. 能够处理“客人提前到店、续住和客人不愿翔实登记”等常见前厅接待对客问题。

4. 掌握分房和客房销售技巧。

【导入案例】

要的就是这种感觉

王小姐和她的朋友乘坐的出租车刚刚停在某国际大酒店大堂门口，面带微笑的门童立刻迎上前去，并躬身拉门问候道："欢迎光临！"王小姐和她的朋友们谈笑风生地走下了出租车。当门童正准备关门时，忽然发现前座上遗留了一部漂亮的手机，于是扭头对正准备进酒店的王小姐说："小姐，您是否遗忘了手机？"王小姐一听，停止了说笑，忙说："哎哟，是我的手机，谢谢，谢谢。"门童将手机递还给客人，同时又写一张小条子递给了王小姐，这张小条上写着这辆出租车的号码，然后门童迅速引领客人进了酒店大堂。王小姐来到前厅接待处，接待员礼貌地问候道："你们好，欢迎光临国际大酒店，请问有没有预订？"王小姐说："我们早在10天前已经预订了一个三人间。"接待员随即请王小姐出示证件，并熟练地查阅预订，立即为客人填写了入住登记表上的相关内容，并请王小姐预付押金和签名，最后说："小姐，你们住在1501房，这是你们的房卡与钥匙，祝你们入住愉快。"在王小姐办理入住登记手续时，行李员谦恭立在她们的身后，为客人看护着行李箱。行李员带着客人来到1501房间，将王小姐的行李放到了行李架上，同时发现王小姐将西装脱下随手扔在了床上，便走过去将王小姐的西装挂进了壁橱。行李员询问道："王小姐还有何需要帮助？"王小姐高兴地说："不用了，谢谢你。""祝你们在本酒店居住愉快！"然后行李员告辞退出。王小姐和她的朋友经过了一天的旅行，已经非常疲惫了。当她们躺在柔软的床上，听着悠扬的音乐，欣赏着舒适豪华的室内装潢，回忆着进入酒店的整个过程时，王小姐满意地对朋友们说："这真是星级酒店的服务啊！我们要的不就是这种感觉吗？"

分析：顾客对酒店服务工作的认识，是从感觉开始的。该国际大酒店通过从客人进入酒店直至进入客房，每一个环节都有服务人员随时为客人服务，从而让客人找到了一种满意的感觉。尤其是对第一次下榻酒店的客人来说，就是这些点点滴滴的细微服务，才给客人留下深刻的印象，为客人再次光临打下基础，从而产生了一种"星级酒店服务"的感觉，客人要的就是这种感觉。

第一节　迎送客人

一、店外迎送操作

店外迎送操作主要由饭店机场代表提供。饭店在其所在城市的机场、车站等场所，派出代表，接送抵离店的客人，争取未预订客人入住本饭店。这项对客服务既是饭店前厅对客服务的延伸，又是饭店根据自己的市场定位所做的一项促销工作。为了做好迎送服务工作，饭店为客人提供接车服务，一方面于旺季在饭店与机场之间开设穿梭巴士，另一方面可根据客人的要求指定专门的车辆服务。

——获取客人及抵达信息。饭店机场代表每天会从前厅预订处收到"客人接车通知单，从而掌握预抵客人中需要接车服务客人的姓名、航班（车次）、到达时间、车辆要求等信息。

——接车准备。首先要准备饭店接车牌、联系车辆，了解航班最新消息等。最好与客人取得联系，确认客人是否将如期抵达。

【同步案例】

在飞机场没有接到客人

一日，某饭店机场代表与车队司机按预订单到机场迎接客人，但预订单上标示的航班客人都走完了也没有见到要接的宾客，经机场代表与预订部联系才获悉原来预订已取消，但预订部忘记通知有关人员。

分析：接受预订和取消预订都有严格的操作程序，如果不严格执行规定，就会出现上述差错，为饭店造成直接经济损失或不必要的人力和物力浪费。首先，预订部预订员接到取消预订通知后，应根据该预订所涉及的部门、岗位和人员，及时通知客房部、餐饮部、礼宾部、车队、大堂副理等有关部门、岗位和有关领导。其次，接受预订和取消预订都需要高度的工作责任心，任何时候都不得马虎大意。

——赶赴机场迎接客人。在机场出站口，举着接车牌，随时迎接客人。注意机场出站口有国内旅客出站口和国际旅客出站口之分，要根据客人情况，选择合适的出站口，以免接误了客人。

——当没有接到客人，又与客人联系不上时，要及时通知饭店前台客人未接到，并随后关注客人是否已经自行抵达饭店。

——如果成功接到客人，则向客人表示欢迎，同时提供行李服务，指引客人上车。

——在赶往饭店的乘车途中，机场代表可以沿途向客人介绍城市景点、知名建筑及特色文化。

——抵达饭店时，配合门童向客人提供相关服务后，向客人道别。

在机场（车站）设点的饭店一般都有固定办公地点，并有饭店的明显标志，如店名、店徽等。饭店机场代表除迎接预订客人外，还应积极向未订房客人推销本饭店，主动介绍设备、设施情况，争取客人入住。有些饭店还利用穿梭巴士免费送客人到饭店。

饭店机场代表除迎接客人和争取订房外，还向本饭店已离店客人提供送行服务，为客人办理登记手续，提供行李服务等。见图 4 - 1。

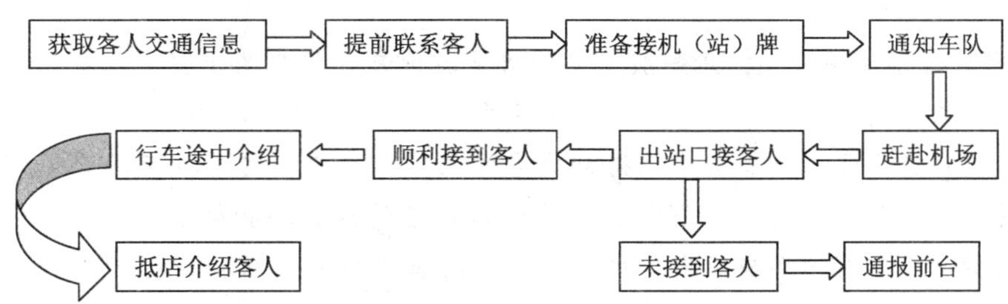

图 4－1　店外迎送客人的操作流程

二、店门迎送操作

客人抵达饭店时，有可能乘车抵达，也有可能是徒步抵达。对于乘车抵达的客人，一般还要向客人提供开车门服务，其他服务与徒步抵店客人相同。下面以乘车抵达客人为例，介绍店门迎送客操作。

（一）拉车门

当客人乘车抵达饭店时，门童首先要引导客人车辆在门前适当位置停稳，然后上前以右手拉开车门，左手放在车门框上“护顶”，并站在车门之后。拉门时用礼貌用语向客人问好（如果知道客人姓名，应用姓氏称呼客人，这样客人会有亲切感）。但遇到佛教、伊斯兰教和泰国客人时不可用左手为客人“护顶”，只用右手为客人拉门，否则是不礼貌的，这种情况也适用于客人离店。此外，当客人乘坐出租车抵达时，要等客人付完账后再把门拉开，尤其在冬天，更要注意。

【同步案例】

她为何不悦

在一个秋高气爽的日子里，门童小贺，穿着一身剪裁得体的新制服，迈着轻快的步伐，第一次独立地走上了门童的岗位。一辆白色的高级小轿车向酒店驶来，司机熟练而准确地将车停靠在酒店豪华大转门前的雨棚下。小贺看清车后端坐着两位身材魁梧体格健壮的男士，前排副驾位上坐着一位身材较高且眉清目秀的女士，小贺一步上前，以优雅的姿态和职业性的动作，为客人打开后门，做好护顶姿态，并目注客人，致以简短欢迎词以示问候，动作麻利规范，一气呵成，无可挑剔。

关好门后，小贺迅速走到前门，准备以同样的礼仪迎接那位女士下车，但那位女士满脸不快，使小贺茫然不知所措。

通常后排座为上座，凡一般有身份者皆就此座，优先为重要客人提供服务是酒店服务程序的常规。这位女士为什么不悦？小贺百思不得其解。

分析：女士优先，女士应该得到更多的关心和尊重，这是社交场合通常应当遵循的礼仪与习惯。门童小贺错在机械地执行了服务程序和标准，缺乏作为一名服务员所应当具有的反应能力和机智灵活，没有正确处理服务规范与文化传统之间的关系。当被服务对象发生某些变化时，服务人员应当能够在基本服务程序的基础上灵活应变，提供适时适度带有针对性的服务。因此，门童在工作中既要懂得如何执行酒店的服务规范，又要了解东西方不同的文化背景。只有这样，服务工作才能灵活自然、得心应手，并受到客人的欢迎。

（二）搬运行李

客人下车时，首先要提醒客人清点随身物品，注意车座上是否有遗留物；其次帮客人搬运行李，并确认行李件数。如果客人乘坐出租车抵店，门童还应快记出租车车牌号码，以备事后查询。

（三）拉门

客人到达饭店手拉门前 5 米内时，门童应面带微笑并用眼神关注客人；当客人距离手拉门 1.5 米时，迅速用标准规范动作为客人拉门，在客人通过门童面前时，面带微笑示意，微鞠躬，并用得体的语言问候客人。没有客人进出时，门童应保持手拉门关闭状态。

客人离店时，饭店也要提供相应的送客服务。当离店客人来到饭店大门前，首先应主动为客人安排车辆，并为客人装好行李，并请客人清点过目；紧接着为客人提供开启车门，协助客人上车；最后要为客人关车门，注意不能甩手关门，应先握住门把手关到离门框 30 厘米左右停顿一下，看看客人是否已将腿跨入车内，衣服是否被夹住，同时用敬语向客人道别，然后用适中的力量将车门一次性关紧。

此外，对于 VIP 客人的店门迎送操作，饭店也有专门的服务规范予以接待。一般来说，饭店会根据客人身份和重要程度，由总经理、副总经理、公关经理或前厅经理主持接送仪式；仪式在酒店大门前举行，客人到达之前，接送人员列队站好，客人到达举手致意，客人下车后，首席代表上前与客人握手表示欢迎；然后向客人介绍参加欢迎人员的姓名、身份，完后由礼仪小姐呈上鲜花；礼毕，送客人到房间，一般人员送到电梯门前，首席代表陪送客人到房间。

【同步案例】

小小的“提示卡”

某日上午，一位女住客急匆匆地来到酒店大堂的礼宾部，手里还拿着两张发票，她径直走到身着燕尾服的“金钥匙”服务员小方面前，“您是酒店的‘金钥匙’吗？有这样一件事请您帮一帮我，今天早上我是乘坐出租车来到你们酒店的，刚才我收拾物品时才发现我把摄影机的架子忘在出租车的后排座位上了，更可气的是司机撕给我的发票是长途汽车的发票，而不是出租车的发票，这让我回去怎么报销呢?”客人语气急促地说。小方说：“小姐，您别着急，让我们一起想一想办法。请问您早上大约几点到达我们酒店的?”客人说：“具体时间记不清了。”“请出示一下您的住房卡好吗?”小方接过客人递过来的住房卡并告诉客人在大堂稍候一下，随即到前台接待处，查询了这位客人办理入住的具体时间。又到大门口询问是谁帮助这位客人打开的车门。行李员小卢说：“是我接待这位女士的，当时我上前为这位女士拉车门、护顶，她示意让我到车后备厢取行李，打开后备厢后一共拿出了两个皮箱，当时我还仔细看了一下没有其他行李，这时后面又有其他的出租车来了，我就赶紧关了车门，并迅速在提示卡上记下了这辆出租车车号交给了她，帮她提着行李来到了前台。”小方分析，一方面，是客人自己遗失了一件行李，她可能怕把摄影架压坏弄脏，自己坐在前排，摄影架没有放在车后备厢而单独留在了车的后排，下车时忘了提醒行李员；另一方面，行李员也够粗心的了，一时疏忽也没有检查一下。现在唯一的办法是看能不能找到出租车司机，那就要通过行李员留给客人的那张提示卡了。小方快步来到大堂吧，那位女士充满期盼地迎了过来。小方说：“让您久等了，我问一下早上您下车时，行李员给您的那张提示卡还在吗?”客人：“好像还在，我找一下。”她在手提袋里翻找起来，终于找到了一张揉成一团的小小的提示卡。“就是这张小小的提示卡，上面有那辆出租车公司的名字和出租车牌号。给我吧，我马上去和该公司联系一下。”小方微笑着说。小方立即通过礼宾部联系到了出租车调配中心，找到了这家出租车公司的电话，在电话里向对方说明了情况，对方表示将以最快的速度赶到，并且态度诚恳地做出了口头承诺：“我们马上派人在半小时内把发票和摄影架送到酒店前厅部，绝不耽误客人的时间，抱歉了。”20分钟后，一辆出租车停在酒店门口，司机把发票和摄影架送到了前厅部。小方迎上前去，对司机表示了感谢，司机也向客人表示了歉意。拿到摄影架和发票的付小姐高兴地笑着说：“太谢谢你们了，谢谢你们的细心和周到，还有这张给我留下美好回忆的提示卡。”客人感激不已，脸上露出了灿烂的微笑。

分析：很多酒店在客人上下出租车时，都要作一个提示卡的记录，上面写有出租车公司的名字和车牌号。在本案例中，小方接到客人的求助之后，就是从一张提示卡着手打开了突破口，帮助客人拿到了摄影架和发票。这充分说明，小小提示卡在酒店服务中起着重要作用。虽然比较烦琐，但还应该坚持这样做。求方便、及时、急人之所急，是客人普遍的心理需求特征，无论是哪种服务消费目的的顾客，都希望酒店能够为他们提供尽量方便的条件和及时的服务。

第二节　行李操作

饭店的对客行李操作是由前厅部的行李员提供的。行李员在欧美国家又称为“Bellboy”“Bellman”，其工作岗位是位于饭店大堂一侧的礼宾部（行李服务处）。每天早班，行李员会从计算机系统中查询和分析“当日抵店客人名单”和“当日离店客人名单”，以便掌握当日客人的进出店情况，做好工作安排。以上两个名单中，尤其要注意“VIP”和团体客人的抵离店情况，防止出现差错。

行李员是酒店与客人之间联系的桥梁，他们的工作可以使客人感受到饭店的热情好客。因此，对于现代饭店而言，行李员是饭店的宝贵资产。

一、散客行李操作

（一）迎接客人

当客人抵达饭店时，主动问候客人。

（二）卸放行李

帮客人将行李从车上卸下，并检查、清点行李有无破损和缺少；大件行李装行李车，贵重及易碎物品应让客人自己拿好。

（三）引领客人至总台

引领客人时，应走在客人的左前方两三步远处，随着客人的脚步走，在拐弯和人多时应回头招呼客人。

（四）看管行李

客人在总台办理入住登记时，行李员站于客人身后 2 米左右处看管行李。

（五）引领客人至客房

当客人登记完毕后，应主动上前接过钥匙，引领客人前往客房；引领途中走在客人侧前方两三步远处，途中可视情况询问客人姓名、是否初次到达本店。搭乘电梯时请客人先上先下，根据客人是否初次入住本饭店，适时有选择地向客人介绍饭店的特色、新增服务项目、特别推广活动等。

（六）开房门进入客房

到达客人房间时知会客人，按“敲门—通报”程序将房门打开，立于一侧，请客人先进；将行李放在行李架上，打开窗帘后，针对客人特点，向客人介绍房内设施设备及其使用方法。

（七）与客人道别

询问客人是否还有其他需要，如果没有则应祝客人入住愉快；离开房间，退后一两步，然后再转身走出，面朝房内轻轻将房门关上，再迅速离开；从员工通道返回礼宾台，在“散客行李入住记录表”上逐项填写并签名。

对于离店散客行李操作，其过程与抵店行李稍异，且略显简单。住店客人离店时有行李需要搬运时，一般会电话通知，行李员接到客人电话要求提供行李服务时，要问清房间号码，立即赶到客人房间，按门铃或敲门进入客人房间，帮客人清点行李，并护送客人到达总台结账；待客人结账后，帮客人将行李装车，并向客人道别，祝客人一路顺风、行程愉快。最后填写“散客行李入住记录表”并签名。

二、团队行李操作

（一）准备迎接

了解当日抵店团队名单及相关行李通知单，提前初步填好进店行李牌，注明团队名称和进店日期。

（二）接收行李

团队行李到达后，快速卸下行李并检查、清点行李件数，对行李有破损、未上锁等异常情况，要在行李交接单上注明，并请送行李的负责人签字认可。

（三）分拣行李

行李接收后，应将行李码放整齐，并加盖网罩；在拿到分房表后，将行李系上填好房号的行李牌，以便准确地分送到客人房间。

（四）分送行李

将行李装上行李车，走专用通道到指定楼层，“敲门—通报”；进房后将行李放在行李架上，请客人清点及检查行李，无异议后道别。如客人不在房间，应先将行李放于行李架上，个别无房号的暂存楼层，与团队领队协商解决。

【同步案例】

行李丢失的虚惊

吴小姐为 CITC－20151007A 团的成员，在楼层，当行李员卸完车上的行李，吴小姐只找到了自己的一只箱子而另一件行李却不知去向，不免心中着急，在不安中等待 10 分钟后，终于在第二辆行李车中找到了另一件行李，这一经历给吴小姐带来不安全感。

分析：同一楼层如果需要两辆行李车，则应根据房号装车，房号在电梯右侧的，行李放在一车上；房号在电梯左侧的，行李放在另一车上；如果同一客人有两件以上的行李，应该把这些行李放在同一车上，不能分开装车以免客人只见到一件行李时误以为其他行李丢失而着急。行李分送服务应遵循“同团同车，同层同车，同侧同车”的原则。

（五）行李登记

每分送完一份行李后，应在“团队行李进出店登记表”上记录并签名，按登记表上的时间存档。

当团队离店需要提供行李服务时，团队领队会提前通知礼宾部行李员。行李员接到通知后，会找出该团队“抵店时团队行李登记表”，并按照团队名称、房间号，到相应楼层收取行李，并与客人一一核对；然后，将行李集中运送至大堂，清点后在“团队行李进出店登记表”上记录并签名；当运送团队客人的行李车到达后，协助将行李装车，并由团队领队当面清点行李件数，在“团队行李进出店登记表”上签字，并注明车号，结束团队离店行李操作。

三、行李存取操作

各种原因，有的住店客人委托饭店暂时存放行李。饭店为方便客人存取行李，保证行李安全，应开辟专门的行李房，并规范相关操作。

（一）行李寄存的要求

1. 时间要求

一般客人寄存行李，从时间上看，分短期行李寄存和长期行李寄存。其中短期行李寄存为在 24 小时内，超过 24 小时为长期行李寄存。但如果客人寄存行李后，30 天内未予以领取，饭店有权处理该行李，一般饭店会将该行李转送至当地社区或公安部门处理。因此，饭店寄存行李的最长时间为 30 天。

2. 不予寄存行李的物品范围

（1）对于易燃、易爆、易腐烂和有腐蚀性等危险物品谢绝寄存。

（2）对于枪支、弹药、毒品、淫秽物品等违禁物品谢绝寄存。

（3）对于现金、金银首饰、珠宝玉器、护照和身份证件等贵重物品要提示客人寄存在贵重物品保险箱内。

（4）对于易变质食品、易碎物品等谨慎寄存。如客人坚持要寄存，则应向客人说明饭店不承担赔偿责任，并做好记录，同时在易碎物品上挂上“小心轻放”的标识。

（5）对于客人携带的宠物，不予寄存。

（二）行李寄存程序

1. 礼貌迎接客人，确认客人身份

客人前来寄存行李时，行李员应礼貌查询客人姓名、房号等信息。

2. 检查行李

询问客人所寄存行李的种类，是否属饭店行李寄存的范围，如属行李寄存范围，仔细检查行李是否上锁、有无破损等情况。

3. 登记与收取行李

清点行李件数，询问客人寄存时间，并填写行李寄存牌后请客人签字认可，并将上联系在行李上，将下联交给客人。

4. 保管行李

将客人行李存放到行李房中，并填写行李寄存牌，注明行李存放位置。

5. 领取行李

请客人出示行李寄存牌下联，经核对无误后，当面清点行李件数，将行李交给客人，并请客人在行李寄存牌上签名。

（三）行李存取时的注意事项

——如客人丢失寄存牌，须请客人出示有效身份证件，核查签名，报出寄存行李的件数、形状特征、原房号等；确定是该客人的行李后，再请客人写一张领取寄存行李的说明并签名（或复印其证件）；将客人所填写的证明、证件复印件、“行李寄存单”上联订在一起存档。

——行李员在为客人办理行李的寄存和提取业务时，一定要按规定的手续进行，决不可因为与客人“熟”而省去必要的行李寄存手续。

——如住客寄存、他人领取，须请住客把代领人的姓名、单位或住址写清楚，并请住客通知代领人带“行李寄存单”的下联及证件来提取行李。行李员须在“行李寄存记录本”的备注栏内做好记录。当代领人来领取行李时，请其出示存放凭据，报出原寄存人的姓名、行李件数。行李员收下“行李寄存单”的下联并与上联核对编号，然后再查看“行李寄存记录本”记录，核对无误后，将行李交给代领人。请代领人写收条并签名（或复印其证件）。将收条和“行李寄存单”的上下联订在一起存档，最后在记录本上做好记录。

——对于由他人领取，又不能提供行李寄存牌的情况，饭店要拒绝客人的领取要求。

——客人的行李寄存时间早已过期，但无人领取时，行李员应及时汇报领班或大堂副理，并做好登记，由领班或大堂副理查找后联系客人，通知客人及时领取行李。

【同步案例】

行李箱上的小轱辘不见了

英国某酒店内，一位住店客人准备离店，行李员接到通知，立刻到该客人房间取走3件行李，推送至前厅行李间，随后系上行李牌，等待客人前来点收。

客人很快结好账。行李员看到客人已转身朝他走来，便请客人清点行李。客人朝行李打量时，好像忽然发现了什么。他颇为不悦地指着一只箱子说："这只箱子上的小轱辘被你碰掉了，我要你们酒店负责！"

行李员听罢感到很委屈，辩解道："我到客房取行李时，您为什么不讲清楚？这只箱子原来就是坏的，我在运送时根本没有碰撞过呀。"

客人一听火冒三丈，"明明是你弄坏的，自己不承认还反咬我一口，我要向你的上司投诉。"

这时前厅值班经理听到有客人在发脾气，马上走来向客人打招呼，耐心听取客人的指责，同时仔细观察了箱子受损的痕迹，向行李员询问了操作的全过程，然后对客人说："我代表酒店向您表示歉意，这件事自然应该由本店负责，请您提出赔偿的具体要求。"

客人听了这话，正在思索该讲些什么的时候，前厅值班经理接着说："由于您及时让我们发觉了服务工作中的差错，我们非常感谢您！"

客人此时感到为了一只小轱辘没有必要小题大做，于是不再吭声。前厅值班经理抓住时机顺水推舟，和行李员一起送客人上车，彼此握别。一桩行李受损的"公案"便这么轻而易举地解决了。

分析：案例中前厅值班经理的做法是十分明智的，他在没有搞清楚箱子究竟如何受损的真相之前，就果断地主动向客人表示愿意承担责任的态度，这是由于：第一，行李员到客房内取行李时没有查看行李是否完好无损，也没有当场绑上行李牌请客人核对行李件数，而是到了行李间才这么做。第二，在行李员已经和客人争辩起来时，这样做有助于缓和气氛，避免矛盾激化。第三，前厅值班经理懂得如何把"对"让给客人，把"错"留给自己。要明白，上述这种事件既然已经发生，那么谁是谁非的结论恐怕难以争得明白，或许也不存在谁是谁非的问题。相反，客人越是"对"了，酒店的服务也就越能让客人满意。从这个意义上来理解，客人和酒店大家都"对"了。

四、住客换房行李操作

客人入住饭店后，各种原因，要求换房，经饭店同意，可以进行换房操作。那么总台会通知行李员，帮客人搬运行李，这就是住店客人的换房行李操作。

——明确换房客人的姓名、原房号以及新迁入房间的房号。

——电话联系客人，问清客人的行李件数，确定是否准备行李车。

——进入客人房间，当面清点客人行李，经客人确认后，将行李装车。

——引领客人进入新房间，帮客人把行李安放好，并收回客人原房间的钥匙和房卡，以及将新房间的钥匙和房卡交给客人。

——向客人道别，退出房间，将客人原房间钥匙和房卡交回给总台。

对于客人换房时，客人不在房间的情况。行李员首先要联系客人，征询客人是否同意其不在现场的情况下进行换房行李服务；如果客人同意，在客人行李收拾完好的情况下行李员可以单独为其提供换房行李操作；否则不能单独进入客人房间，要报告大堂副理，由大堂副理、保安、楼层等相关人员在场，一起清点客人行李，然后再为客人提供换房行李服务。

第三节　总台登记入住

总台一般位于前厅最显著的位置，是房务系统对客服务与管理的中枢。总台对每位住宿客人都要依法办理登记入住手续，登记入住手续是整个房务系统接待客人住宿过程中最必要的环节，也是饭店客房实现最终销售的关键环节。具体来说，为客人办理登记入住手续，是由总台接待处负责，其工作主要有住宿登记、客房分配、修改客单、换房、续住、问讯、建立客史档案等。总台接待服务质量的好坏、效率的高低，直接影响饭店的形象和客人对饭店服务质量的评价，以及影响客房出租率和营业收入。

一、客人住宿登记的意义

为客人办理登记入住手续是饭店房务部对客服务全过程中一个重要的环节。不论饭店规模和档次如何，客人要入住饭店，都必须首先办理登记入住手续。“先登记，后住宿”，是国内外饭店通行的惯例。

（一）是客人和酒店建立住宿协议的书面凭证

客人在办理登记入住手续时，必须填写一张由饭店提供的临时住宿登记表。登记表上记录了客人姓名、入住房号、房价、住宿期限、付款方式等内容，以及饭店告知客人的退房时间、贵重物品保管等注意事项。最后，还有客人和饭店接待员双方在该登记表上的签名确认。总之，该登记表清晰地记录了客人在饭店住宿的行为事实，并初步界定了饭店与客人之间的住宿法律关系，具有住宿合同的法律效力。因此，只有完成入住登记手续，饭店与客人之间的住宿法律关系才能正式确立。

（二）是遵循国家住宿法律规定，维护饭店和客人安全的需要

我国相关法律规定，在我国的外国人及国内流动人口，在宾馆、饭店、招待所等场所临时住宿时，应当出示护照或身份证等有效身份证件，并办理入住登记手续后才能住宿。饭店不按规定为客人办理登记入住手续，如“一人登记，多人住宿”“一次登记，多次住宿”“不登记，就住宿”等，都是违反国家法律规定的。

同时，办理登记入住手续，还是维护饭店和客人安全的需要，尤其是维护客人的安全，但在酒店业未引起足够的重视。假如一个客人没有办理登记入住手续就住宿，这个客人就可能因饭店未办理登记入住手续，不了解其个人信息，而产生违法犯罪的动机，从而给饭店安全带来威胁；此外，假如一个客人没有办理登记入住手续就住宿，在饭店住宿期间发生生病、伤亡等意外，也会给客人自身权利维护带来麻烦。

（三）是酒店获取客人信息，完善客人档案的需要

客人办理入住登记手续，填写临时住宿登记表，饭店可以获得住店客人的有关个人资料，如客人的姓名、性别、国籍、住所、工作单位、抵离店日期、付款方式等基本信息。这些个人资料对于搞好饭店的服务与管理至关重要，它为房务部向饭店其他部门提供服务信息、协调对客服务提供了依据。同时也为饭店研究客情，建立和完善客人档案提供了依据。

二、客人住宿登记的基础知识

（一）有效身份证件

身份证件是能够证明客人身份的有效、合法证件。当前饭店可接受的有效身份证件主要有：

1. **对于中国大陆居民**

能够证明个人身份的有效证件包括身份证（含临时身份证）和户口簿（含带照片的户籍证明）。

2. **对于外国人**

能够证明外国人身份，并在国际上通用的身份证件是护照，护照由本国签发。因此，外国人在中国饭店住宿，首先要出示的有效身份证件就是护照。此外，能够证明外国人合法进入我国境内的证件为签证，为境外的外国人颁发签证经由我国驻外使领馆签发；为已在我国大陆的外国人颁发签证一般经由公安部门。所以，外国人在中国饭店住宿，还要出示由我国签发的签证。

3. **对于港澳台居民**

对于港澳居民，在我国内地饭店住宿，要出示由我国公安出入境管理部门签发的《港澳居民来往内地通行证》；对于香港、澳门签发的护照，在我国大陆不予认可。而对于台湾居民，在我国大陆饭店住宿，要出示由我国公安出入境管理部门签发的《台湾居民来往大陆通行证》；对于由台湾当局签发的护照，在我国大陆也不予认可。

4. **对于特殊职业人群**

如军官证、士兵证、警官证、海员证等。

5. **其他**

如边境地区居民使用频繁的“出入境通行证”，还有面向游客签发的旅行证等。

（二）旅客住宿登记表

要办理入住登记手续，饭店首先要提供和填写住宿登记表。不同饭店设计的住宿登记表形式、大小、内容各异。一般来说，有国内旅客住宿登记表（见表4－1）、境外人员临时住宿登记表（见表4－2）和团体住宿登记表（见表4－3）之分，还有些饭店是使用计算机系统的住宿登记表。但是不管怎样，住宿登记表上的项目必须符合两个方面的要求：一是要有国家法律规定的登记项目；二是饭店的运行与管理所需的登记项目。有些项目是符合以上两个方面的要求。

表4－1　国内旅客住宿登记表

<table>
<tr><td>姓名</td><td>年龄</td><td>性别</td><td>籍贯</td><td>工作单位</td><td>职业</td></tr>
<tr><td></td><td></td><td></td><td>省　市/县</td><td></td><td></td></tr>
<tr><td>户口地址</td><td colspan="3"></td><td>从何处来</td><td></td></tr>
<tr><td colspan="3">身份证或其他有效证件名称</td><td></td><td colspan="2">证件号码</td></tr>
<tr><td>来宿日期</td><td></td><td>退宿日期</td><td></td><td colspan="2"></td></tr>
<tr><td rowspan="3">同宿人</td><td>姓名</td><td>性别</td><td>年龄</td><td>关系</td><td rowspan="3">备注</td></tr>
<tr><td></td><td></td><td></td><td></td></tr>
<tr><td></td><td></td><td></td><td></td></tr>
<tr><td colspan="4">请注意：1. 退房时间是中午12点。
2. 贵重物品请存放在收款处之免费保险箱内，阁下一切物品之遗失，酒店概不负责。
3. 来访客人请在晚上11点前离开房间。
4. 离店请交回钥匙。
5. 房租不包括房间内的饮料。</td><td colspan="2">离店时我的账目结算将交付：
□现金
□旅行社凭证
□信用卡
客人签名：</td></tr>
</table>

表 4-2　境外人员临时住宿登记表

Registration form of temporary residence for visitors

IN BLOCK LETTERS:　　　　DAILY RATE:　　　　ROOM NO. :

<table>
<tr><td>SURNAME:</td><td colspan="2">DATE OF BIRTH:</td><td colspan="2">SEX:</td><td>NATIONALITY OR AREA:</td></tr>
<tr><td>OBJECT OF STAY:</td><td colspan="2">DATE OF ARRIVAL:</td><td colspan="2">DATE OF DEPARTURE:</td><td>COMPANY OR OCCUPATION:</td></tr>
<tr><td colspan="6">HOME ADDRESS:</td></tr>
<tr><td colspan="5">PLEASE NOTE:
1. Check out time is 12: 00 noon.
2. Safe deposit boxes are available at cashier counter at no charge, Hotel will not be responsible for any loss of your property.
3. Visitors are requested to leave guest rooms by 11: 00PM.
4. Room rate not including beverage in your room.
5. Please return your room key to cashier counter after check - out.</td><td>On checking out my account will be settled by:
□CASH:
□T/A VOUCHER:
□CREDIT CARD:
GUEST SIGNATURE:</td></tr>
<tr><td colspan="6">For clerk use</td></tr>
<tr><td>护照或证件名称:</td><td>号码:</td><td colspan="2">签证种类:</td><td>签证号码:</td><td>签证有效期:</td></tr>
<tr><td>签证签发机关:</td><td>入境日期:</td><td colspan="2">口岸:</td><td colspan="2">接待单位:</td></tr>
<tr><td colspan="6">REMARKS:　　　　CLERK SIGNATURE:</td></tr>
</table>

表 4-3　团体人员住宿登记表

Registration form of temporary residence for group

团队名称:　　　　日期:　年　月　日　至　月　日

Name of group Date　　　　Year　Mon　Day　Till　Mon　Day

<table>
<tr><td>房号
(ROOM NO.)</td><td>姓名
(NAME IN FULL)</td><td>性别
(SEX)</td><td>出生年月
(DATE OF BIRTH)</td><td>职业
(PROFESSION OR OCCUPATION)</td><td>国籍
(NATIONALITY)</td><td>护照号码
(PASSPORT NO.)</td></tr>
<tr><td></td><td></td><td></td><td></td><td></td><td></td><td></td></tr>
<tr><td></td><td></td><td></td><td></td><td></td><td></td><td></td></tr>
<tr><td></td><td></td><td></td><td></td><td></td><td></td><td></td></tr>
<tr><td colspan="7">签证号码:　　　　机关:　　　　种类:
有效日期:　　　　入境日期:　　　　口岸:</td></tr>
</table>

留宿单位: ____________　　接待单位: ____________

住宿登记表的基本内容和填写目的如下。

1. **房号**

注明房号是为了便于查找、识别住客及建立客账。所以，房号的填写必须准确无误，这对饭店的对客查询、夜审，以及安全保证也是非常重要的。

2. **房价**

房价是客人与接待员在饭店门市价的基础上协商而成的客房价格。房价是建立客人账户、预测客房收入的重要依据。

3. **付款方式**

请客人填写付款方式，是为了了解客人最终选择的结账方法，以便决定客人住店期间的信用额度，并有助于加快离店时的结账速度。

4. **抵离店日期、时间**

正确记录客人抵离店日期与时间，有助于结账及提供邮件查询服务，有助于客房预测及排房工作，还有助于房务部做好迎接与送别等接待服务工作。

5. **地址**

掌握客人完整的地址，有利于客人离店后的账务处理，客人投诉处理的后续跟踪，以及遗留物品的处理，还有助于向客人离店后的邮件服务及便于向客人邮寄促销活动信息。

6. **客人与接待员签名**

客人的签名，是为了让客人对所列项目内容的认可与保证，提高住宿关系的法律效力；接待员的签名，有助于加强其工作责任心，是控制饭店服务质量的措施之一。

7. **有关饭店责任的声明**

饭店的有关责任声明一般包括：贵重物品的寄存规定，结账离店的时间提示，会客须知，查验证件的要求等。这样有助于责任分明，减少矛盾纠纷，改善客户关系。

8. **客人账号**

客人账户在有计算机系统支持管理的饭店，由计算机系统自动生成。它有助于饭店迅速查找客人的账单，并进行入账、分账、结账等账务处理操作。

（三）房卡

总台接待员在给客人办理登记入住手续时，除了让客人填写住宿登记表外，还会给客人一个印有本饭店名称、标志、地址、电话，以及房号和客人签名等内容的折叠式卡片或小册子，这就是房卡。

房卡的主要作用是证明住店客人的身份，方便客人出入饭店。在一些饭店，房卡还可根据客人预缴押金及信用状况，具有签单消费的作用。客人可凭房卡去饭店消费场所签单消费，其账单会送至总台收银入客人房账，退房时一次性结账。但在给客人签单时，各消费场所的收银人员一定要注意核实客人身份及检查房卡是否有效。

房卡的内容主要包括饭店运行与管理所需登记的项目、住客须知及饭店服务设施的介绍，有的饭店还印有饭店总经理的欢迎词、饭店的电话指南、饭店所在城市的简易交通旅游图等。房卡如图 4 - 2 所示。

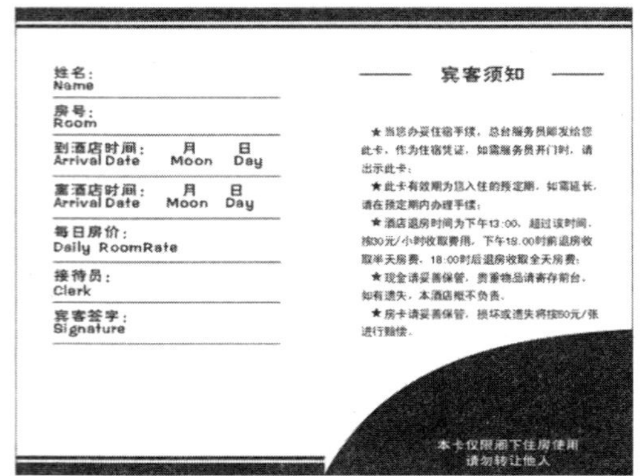

图 4-2　饭店房卡

（四）宾客关系

入住饭店的客人之间可能存在三种关系，即同住关系、联房关系和团体关系。客人登记入住时，应在客单中建立这种关系。

1. 同住关系

如果两个或多个客人同住一个房间，按国家规定应该为这两名客人分别进行登记，并建立客单，然后为同住一房的客人建立同住关系。对于同住客人，可以用“解除同住”功能来删除同住关系。同住关系如图 4-3 所示。

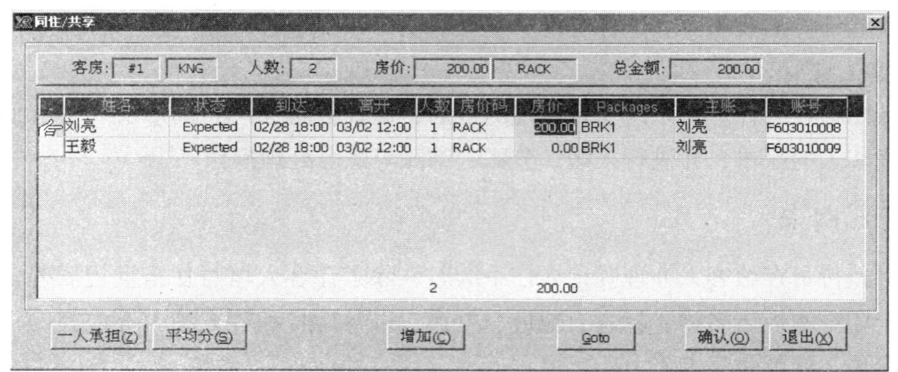

图 4-3　同住关系

2. 联房关系

联房关系是指账务上有联系的客人，如两个以上的客人同来酒店住宿，但住在不同的房间，则可以将这些客人设置为“关联”。这样在账务处理时调出其中任何一个的账单明细时均可看到其他相关的其他几个客人的账户余额，从而方便处理他们的账务和结账，避免遗漏。对于联房客人，可以用“解除联房”功能来破除联房关系。联房关系如图 4-4 所示。

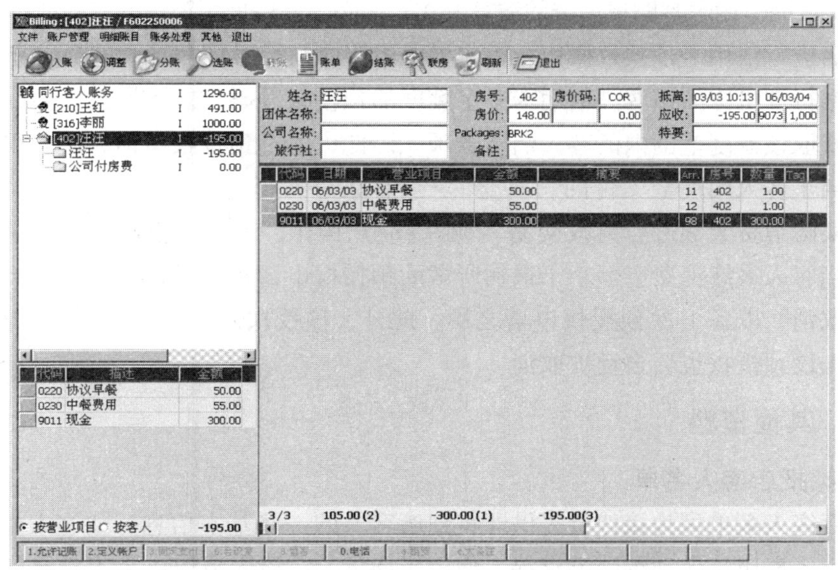

图 4-4　联房关系

3. 团体成员关系

团体主单与其团员之间的关系称为“团体关系”，在建立团体主单和输入成员资料时，系统自动建立这种关系。散客加入团体或成员脱离团体分别使用“散团转化”功能予以解除。

（五）饭店黑名单

饭店黑名单，是指不受饭店欢迎的人员名单。主要包括：

——被公安部门通缉的犯罪分子。

——被酒店或酒店协会通报的不良分子（或列入黑名单）的人。

——信用卡未通过酒店安全检查（如已被列入黑名单，或已过期失效，或有伪造迹象等）。

——多次恶意逃账的客人。

——无理要求过多的常客。

（六）信用卡预授权

信用卡（Credit Card）是由银行发行的、并给予持卡人一定信用额度、持卡人可在信用额度内先消费后还款的一种非现金交易付款方式。一般来说，信用卡的初始额度在持卡人向银行申请时决定，与个人收入和担保资产相关，并且信用卡额度会随着每一次的消费而减少，而随着每一期的还款而自动恢复。

对于饭店住宿客人来说，一般要在办理登记入住手续时先预交押金，在结账退房时最终结算整个住宿过程中的所有费用，实现多退少补。因此，利用信用卡进行预存押金，就不能采取一般的信用卡签购单消费的结算方式，而必须采用信用卡预授权的结算方式。

在饭店进行信用卡预授权操作，首先要由饭店向银行通过 POS 机进行在线预授权申请，获得银行许可冻结该客人信用卡一定额度的预授权号码，饭店据此预授权号可以向银行申请获取该额度范围内的客人消费款项。因此，通过预授权申请，所获得的预授权金额就相当于客人用现金支付的“押金”。当客人进行退房结账时，由客人签字确认，饭店会按实际消费金额进行离线交易（off - line）操作，银行才会最终将该消费资金转给饭店。当客人最终消费金额小于最初所做的预授权申请额度时，多余的预授权申请额度会自动取消，以备下次预授权申请之用。此外，预授权发生 30 天内，若饭店没有进行结算，则该预授权也会自动被取消。

（七）其他资料

1. 预期抵店客人名单

预抵店客人名单可为接待员提供即将到店客人的一些基本信息，如客人姓名、用房情况、房租、离店日期和特殊要求等。作为接待员，应该弄清饭店是否有足够的房间去接待预抵店客人，饭店还剩多少可出租的房间去接待无预订散客（Walk - in guests）。

2. 预期抵店的 VIP 名单

饭店必须对重要客人加以足够的重视。饭店常为重要客人提供特别的服务和礼节，如事先预留客房、免费接车，在客房办理入住登记及安排专人迎接等。

3. 预订抵店的有特殊要求的客人名单

有些客人在订房时，可能会要求饭店提供额外的设施或服务，接待员必须事先通知有关部门做好准备，恭候客人的到来。如预抵客人要求为婴儿配备婴儿床，接待员则应为客人预先安排房间，然后通知客房楼层准备婴儿床布并放到指定的房间；客房楼层还应适当为客人准备一些婴儿用品，如爽身粉等。这一切工作都必须在客人抵店前做好。

三、为客人办理住宿登记操作

（一）有预订散客入住登记

1. 询问查看

微笑问候客人，询问客人需求，如客人要开房，确认客人是否有预订。

2. 核实订房情况

确定客人有预订后，问询客人预订信息，帮客人查找预订记录；找到后向客人进一步确认订房关键信息，如房类、入住天数、姓名等。

3. 登记核对

核实预订信息后，先请客人出示有效证件并核对和复印，如使用第二代身份证阅卡器可直接录入客人有关信息；再请客人填写登记表，所有项目都要填齐全（服务员将验证的各项内容也应填齐全），如客人已有档案资料的，只需客人签名确认。

4. **确认房费、付款方式**

同时，应收取预付款。

5. **分配房间**

根据客人特点和要求，以及结合房间资源状况，给客人分配房间号码。

6. **制作钥匙、填写房卡**

利用钥匙系统，快速制作客房钥匙；拿出预先准备好的房卡，填写齐全后请客人签名，并介绍其用途和用法。

7. **与客人道别**

将装有钥匙的房卡交给行李员，由行李员带客人进房，祝愿客人住得开心。

8. **整理资料**

送离客人后，在登记卡上打时；整理客人的入住登记资料，将第一联的登记资料输入计算机。

有预订散客入住登记流程如图 4－5 所示。

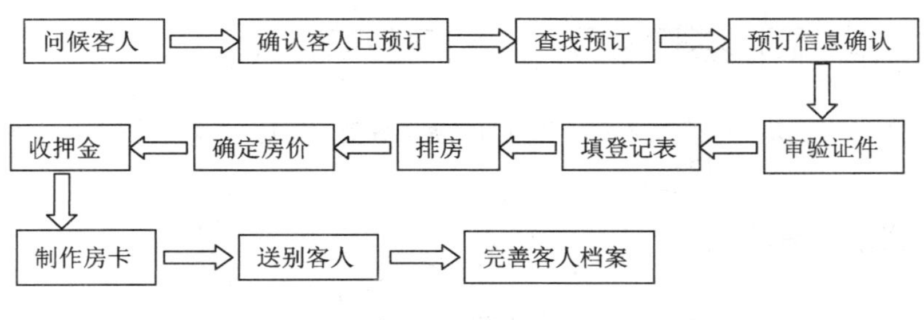

图 4－5　有预订散客入住登记流程

（二）无预订散客入住登记

1. **询问查看**

微笑问候客人，询问客人需求，如客人要开房，确认客人是否有预订。

2. **向客人推荐客房**

确定客人没有预订，先问清客人住房要求，在有房源的情况下向客人介绍饭店现有的可供出租的房间类型及价格，正确使用报价方式。同客人商定房型、房价、折扣及离店日期。

3. **登记核对**

先请客人出示有效证件并核对和复印，如使用第二代身份证阅卡器可直接录入客人有关信息；再请客人填写登记表，所有项目都要填齐全（服务员将验证的各项内容也应填写齐全），如客人已有档案资料的，只需客人签名确认。

4. **确认房费、付款方式**

同时，应收取预付款。

5. **分配房间**

根据客人特点和要求，以及结合房间资源状况，给客人分配房间号码。

6. **制作钥匙、填写房卡**

利用钥匙系统，快速制作客房钥匙；拿出预先准备好的房卡，填写齐全后请客人签名，并介绍其用途和用法。

7. **与客人道别**

将装有钥匙的房卡交给行李员，由行李员带客人进房，祝愿客人住得开心。

8. **整理资料**

送离客人后，在登记卡上打时；整理客人的入住登记资料，将第一联的登记资料输入计算机。

无预订散客入住登记流程如图 4 –6 所示。

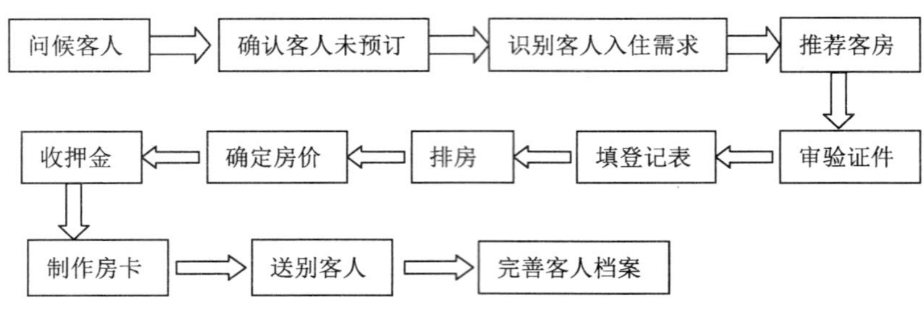

图 4 –6　无预订散客入住登记流程

（三）团队入住登记

1. **准备工作**

根据“团队接待通知单”中的用房、用餐及其他要求，在客人抵店前核准客房状况，并进行预分房；提前将团队客人用房的钥匙、欢迎卡、餐券、宣传品等分装入信封内，并预制“团队用房分配表”“团队客人登记表”。

2. **主动迎客**

团队客人抵达时，总台接待员主动上前招呼、问候，并主动与领队或陪同核对团队的名称、人数、房间数、用餐情况及叫醒和出行等事宜。

3. **重新检查房号**

请领队或地陪在团队入住登记表上签名确认，并将钥匙信封交领队或地陪分配房间，安排客人进房休息。

4. **复核住宿登记表**

向领队、陪同要回团体客人住宿登记表及全部有效证件，经核对和复印后还给领队或陪同；完成接待工作后，接待员要将团体接待单、更改通知单、特殊要求通知单、客人分房名单等资料尽快分送有关部门，将该团全部资料交给前台收银处。

5. **制作总账单**

制作团体主账单，将团体客人资料分类整理好。

【同步案例】

A、B 团的混淆

2014 年 10 月 18 日晚上 8 点，杭州一家四星级酒店大堂内，3 个旅游团同时抵店，散客在总台排队登记。前台接待员小马和小吴有条不紊、忙而不乱地分别接待散客和团队。小吴是一名老员工，接待团队特别有经验。她向陪同核对了团号、人数、国籍、地接社、组团社、用房数、抵离店时间。陪同拿走房卡后，逐一分给 20 位客人。小吴则马上通知房务中心、总机客人入住情况，以便做夜床和开长途；通知行李房按陪同的分房名单送行李，随后迅速做计算机录入。录毕，小吴再一次核对团队接待计划，发现计划书 HNWZJ－0915A 团号与陪同给小吴的订房单上团号不一致，陪同订房单上的团号为 HNWZJ－0915B。小吴顿时产生疑问，怎么会这么巧合，陪同订房单上的内容除团号有 A、B 之别外，其余均一样？此时小吴凭经验感觉不对劲，她怀疑是否预订部把 A 错写为 B。但与预订部核对后，发现旅行社传真上明白地写着 HNWZJ－0915B。小吴马上打电话到陪同房，与陪同再次核对团号全称。此时陪同才告诉小吴刚入住的是 B 团，并告诉小吴是他自己搞错了，本来这个团订的是另一家市中心的四星级酒店。他在旅行社时，计调部把接这个团的计划先给他，把另一份计划给了另一个陪同。他当时粗心，未仔细看团号，认为自己拿的肯定是 A 团，就来到了本酒店。碰巧除团号外其他内容两团一样，所以搞错了。此时小吴除了怪陪同搞错外，更怪自己接团时不仔细核对团号。她清楚地意识到，麻烦的事马上就要降临：A 团将很快也到酒店，B 团住了 10 间房后，已无法安排 A 团同时入住。如果让 B 团移团，显然不可行，因为客人玩了一天后很累，对酒店也相当满意。况且即使移团，房间要整理，也不现实。小吴想象客人一到大堂，因酒店工作失误而无房时的愤怒情形，顿时有点不知所措。她知道解决此事的唯一办法就是让已入住的 B 团陪同与 A 团陪同联络，让 A 团陪同立即改变方向，带团去住另一家四星级酒店。但小吴不敢擅自做主。

分析：小吴可以告诉住店陪同，因其错造成 A 团无法入住，应由旅行社自行协调解决。但这样把责任全推给了旅行社，不利于酒店和旅行社今后的合作。而且一旦 A 团到后，势必因无房可住而在大堂吵闹，给其他店内客人留下不良印象，最终旅行社和酒店都将遭受很大的损失。

小吴还可以立即查看房态，通知值班经理由其决定是否把酒店维修房、残疾人用房、豪华套房、总统随从房、值班房以及已过预订保留时间的房找出来，看能否达到或接近 10 间。即使这样可以解决，也很可能招致客人不满，因为凑起来的房间分布于多个楼层，标准不一致，房内设施不一致，临时投入使用的维修房也很难保证质量。第二天即使有房可换也会给各方面带来诸多不便。

所以，最好联系周边同类型其他酒店，尽量将A团转移出酒店。这样处理，表明酒店愿意主动解决问题，同时在A、B团的客人不知内情时，互换了同档次酒店，也不会引起客人不满。

因此，酒店接待员在接团时要逐项核对计划书与旅行社订房单是否相符，防止只报社名、人数、国籍而不详细注明其他订房要点的现象出现。此外，在办理入住时，接待员应核对入住登记客人姓名与团体客人分房名单上的姓名是否相符，提前发现问题，防患于未然。

（四）VIP登记入住

1. 准备工作

了解当班预期抵店贵宾的姓名、到达时间、职务等资料后，为客人预先分配同类型房间中最好的房间，提前将装有房卡、钥匙等的欢迎信封及登记卡放至大堂经理处，同时要通知有关部门按照接待规格做好准备；大堂经理在客人到达前1小时检查房间；客人抵达前半小时，大堂副理应准备好客房门卡、欢迎卡及住宿登记单，在门厅迎候客人抵店。

2. 办理入住手续

VIP抵店后，由大堂副理和相关接待人员在酒店门口亲自迎接，后由大堂副理亲自送至房间办理登记手续，并向客人介绍饭店设施和服务项目。

3. 储存信息

总台接待人员复核有关VIP资料，并准确输入计算机；在计算机中注明“VIP”以提示其他各部门或人员注意。为VIP建立客史档案，并注明身份，以备查询。

四、客房分配

分房，又称排房。接待员根据客人住宿的实际需求，考虑到客人的心理特点以及饭店可出租客房的实际情况（位置、风格特色、档次、价格、朝向等），尽可能将适合客人需要的客房分配给客人。正确、灵活的排房方法和技巧，不仅能满足客人的需要，而且能合理利用客房。

（一）分房的原则

1. 针对性原则

根据客人的特点（身份、地位、对饭店经营的影响、旅游目的、生理心理特点、人数等）进行有针对性的分房。

（1）VIP一般安排较好的或者豪华的客房。要求安全保卫、设备保养、环境方面处于最佳。

（2）尽量将同一团体的客人安排在同一楼层，同一标准的客房，并且尽量是双人房，采取相对集中的排房原则。

（3）同一团体的领队、会务组人员，尽可能安排与团体客人在同一楼层的出口处客房。

（4）新婚夫妇，应安排较安静的、带大床的房间。

（5）将残疾人、老年人和带小孩的客人尽量安排在较低楼层，并且离电梯口较近的房间。

（6）同行客人一般安排在连通房或相邻房。

2. 特殊性原则

根据客人的生活习惯、宗教信仰以及习俗来分房。

（1）内外宾有着不同的语言和生活习惯，应将内宾和外宾分别安排在不同的楼层。

（2）尽量不要将敌对国家的客人安排在同一楼层或相近的房间。

（3）注意楼层号和房号的忌讳。

3. 方便性原则

根据饭店经营需要来安排客房。

（1）常住客，尽可能集中在一个楼层，且在较低楼层。

（2）无行李且有不轨嫌疑的客人，尽可能安排在靠近楼层服务台的房间。

（3）在淡季，可集中安排朝向街道的客房，以及封闭一些楼层，集中使用几个高楼层或低楼层，以便于集中养护客房。

【同步案例】

小赵排房

总台服务员小赵，将同期抵店的几批客人作了以下的安排：

（1）商务客人（瑞士人）：大卫先生（1216 外景房，可见花园广场）；威廉先生（1213 内景房）；玛丽女士（1205 内景房）。

（2）华威先生一家三口，1212 和 1211，连通外景房，可见花园广场。

（3）台湾旅游团一行 10 人：1201，1203，1209，1214（外景房），1208（外景房）

分析：这样的安排不妥。商务客人对房价并不太在意，但对数字敏感，13 号房间正是客人所忌讳的；可见花园广场的外景房应安排给三位同行者的女士；商务客人喜欢安静，将性格外向、生活习惯不同的台湾观光客与之安排在同一层面，多有不妥；观光客对花同样的房价，却有内外景观的不同可能会心存不悦；观光客在房内时间短，晚间才归，朝向可差些；家庭最好能安排在连通房或相邻房里。

（二）分房顺序

接待员还应根据旅游淡旺季的特殊性来分房。旅游旺季，由于客人多，房源紧张，对不同客人的住房要求要采取不同的分房策略。如贵宾和一般散客，应优先满足贵宾的用房需求；对于有预订和未预订的客人，要优先满足有预订的客人；对于常客和新客人，则要优先满足常客的需求；对于难以满足其要求的客人，饭店要以诚相待，不要因旺季生意好而冷淡客人。一般来说，饭店的分房顺序如下所示：

贵宾→团队客人→常客→担保类预订散客→续住客人→临时类预订散客→无预订客人。

【同步案例】

丹尼尔先生的遭遇

丹尼尔先生按预订时间抵达某大酒店时，正逢入住登记高峰，柜台上站满了等候登记的客人。总台服务人员面对柜台前满满一排客人，不知所措，他们弄不清楚客人的先后顺序，不知应该首先为谁服务，总台前显得一片忙乱。丹尼尔先生见此情景，便在大厅休息处等候。15 分钟后，丹尼尔先生来到柜台，此时在柜台上登记的客人已经陆续办完手续离去，丹尼尔先生声称自己已有预订，并出示了酒店的预订确认书及订金收据，可总台服务员过了 5 分钟后才告诉他，由于酒店的超额预订以及丹尼尔先生上次的确认预订而没有来住店的行为，酒店刚才已经将为他保留的房间让给一位没有预订的常客。又过了 5 分钟，丹尼尔先生看到了前厅部胡经理，说明来由，胡经理向客人表示歉意，但同时认为酒店也是出于无奈，愿意立即将订金如数退还，同时为他联系一间更豪华舒适的酒店。然后胡经理指点客人去大厅服务处，那儿可以为他联系出租车。疲惫而愤怒的丹尼尔先生经过约半个小时的周折，最后还是离开了该酒店。

分析：总台接待员要注意为预订的客人做好充分的抵店前的准备工作，如打印入住登记单预排房、将客人按照有无预订进行分流登记。因为丹尼尔先生的预订房属于保证类预订房，应参照处理此类违约行为的惯例向丹尼尔先生启动超额预订处理程序。首先，就此事真诚致歉；其次，应迅速查看客房状况资料，看是否能为客人提供“免费升级”服务。如果酒店不能留宿丹尼尔先生，或者丹尼尔先生不接受调换客房类型的建议，则应迅速联系一家同档次的酒店，酒店免费派车专人（如大堂副理）护送其前往，并应及时、准确地为其作等候类预订。

五、为客人办理住宿登记具体问题的处理

（一）宾客入住客房时，发现房间已被占用

这一现象被称为“开重房”，是前厅部工作的重大失误。此时，首先，应立即向客人道歉，说明事实，求得客人谅解。其次，安置客人到大堂、咖啡厅或就近的空房入座，为客人送上茶，并快速为客人重新安排客房。等房间安排好后，由行李员亲自带客人进房，并采取“给客人送免费礼品”等补偿措施。

（二）客人不愿翔实登记

面对部分客人在办理登记入住手续时不愿登记或登记时有些项目不愿填写时。首先，要耐心地向客人解释填写住宿登记表的必要性。其次，还要分析客人不愿翔实登记的原因，灵活处理。

——若客人出于怕麻烦或填写有困难，则可代其填写，只要求客人签名确认即可。

——若客人出于某种顾虑，担心住店期间被打扰，则可以告诉客人，饭店的计算机电话系统有“DND”（请勿打扰）功能，并通知有关接待人员，保证客人不被打扰。

——若客人为了显示其身份地位，饭店也应努力改进服务，满足客人需求。比如充分利用已建立起的客史档案系统，提前为客人填妥登记表中的有关内容，进行预先登记，在客人抵店时，只需签名即可入住。对于常客、商务客人及VIP，可先请客人在大堂休息，为其送上一杯茶（或咖啡），然后前去为客人办理登记手续，甚至可让其在客房内办理手续，以显示对客人的重视和体贴。

（三）遇到有不良记录的客人时

接待员在遇到有不良记录的客人光顾饭店时，凭以往经验或客史档案，要认真、机智、灵活地予以处理。对于信用程度低的客人，通过确立信用关系、仔细核验信用卡、收取预付款等方式，确保饭店利益不受损失，及时汇报有关处理的情况；对于曾有劣迹、可能对饭店造成危害的客人，则应以“房间已全部预订”等委婉的说法，巧妙地拒绝其入住。

（四）客人要求用一个证件同时开两间客房

——与客人商量是否可以请其朋友出示证件办理入住登记；若客人表示其朋友将随后到达饭店，则应请客人先开一间房，另一间作保证类预订处理。

——若客人坚持要办理入住手续，则应请客人提供其朋友的有关信息，查看客史档案，办理入住；若没有客人的档案，为客人办理入住手续后，钥匙保留在总台，提醒客人请其朋友来后到总台取钥匙或通知接待员送到房间并补办手续。

——对客人表示感谢，并做好跟进服务工作。

【同步案例】

开房的抉择

2015 年圣诞前夕的下午，南京某酒店公关销售部施经理正在大堂忙忙碌碌地张罗圣诞节的环境布置，只见一位身穿西装的先生带着一位身穿夹克衫的男子急匆匆地走到他跟前，轻轻地对他说："施经理，有件事跟您商量一下。我是北京××公司的总经理，这几天和另一位同事住在贵店，开了一间房。这位先生是我的南京客户，刚才和我一起吃完饭，多喝了点酒，我想给他另开一间房，让他休息一下，晚上住一宿，顺便谈点生意。可总台服务员说我已经开了一间房，不能再开了。而这位客户正好没带身份证，也不让登记。这就麻烦了。施经理，您就帮忙再开一间房吧。您看，这是我的身份证。"他边说边递上身份证，下面还衬着一张没有填写的住房登记表。"施经理，您就行个方便吧。"旁边那位男子也递上名片求情。

此刻，施经理感到很为难：这位北京某大公司的总经理是本酒店的常客，他的要求应该尽量满足，如果处理不当，就会失掉一个很有潜力的常客，但如果答应让其客户无身份证入住，又违反了饭店住宿的一般规程。他试图找到一个变通办法，便询问那男子："您有没有证明你身份的其他证件？"男子摇了摇头。"那可不行啊。"施经理显得无可奈何。那位先生有点急了，赶紧说："这是特殊情况嘛，请允许用我的身份证来担保他入住吧。""好，就这么办吧。"施经理略一沉思，下了决心答应下来。两位客人喜出望外，连声道谢，表示今后有机会一定再住本酒店。

施经理领两位客人到总台办完入住登记后，又给楼层服务台挂了个电话，向值台服务员介绍了那位新入住客人的特殊情况，请她特别多加注意。

分析：施经理对客人特殊要求的特殊处理，既拉住了一个重要客源，又确保了酒店安全无恙。第一，施经理照顾的客人是一个信得过的大公司总经理，此事的基础是稳妥可靠的。第二，公司总经理以自己的身份证担保客户入住的安全，并办理了有效的登记手续，就正式承担了相应的责任，有据可凭，有案可查。第三，施经理最后又请楼层服务员对新入住客人特别多加注意，再增加了一条保险措施，可以说是慎之又慎，万无一失。

本案例实际上提出了酒店管理者和服务员如何在维护酒店利益的前提下灵活处理遵守规章制度的问题，值得引起酒店同行的思考。

（五）客用钥匙丢失

——客用钥匙丢失了，应马上检查丢失原因，采取必要的措施及时处理以保证客人的生命财产安全。

——如未找到，通知大堂副理，由其出面与客人交涉有关索赔事宜。

——报前厅部经理，由其签发配换钥匙卡的通知，并在钥匙记录簿中记录备案。

（六）延迟退房

根据国际惯例，客人退房一般为中午 12 点之前。有的饭店为吸引客人入住，允许客人延迟退房，但时间不会太长。如果时间过长，则必须考虑客房的占用情况，如果用房不是很紧张，则可以满足客人的延迟退房要求，接待员在计算机系统中为客人修改离店日期，并给客人制作新房卡，完成延迟退房再登记的办理；否则，不予满足客人的延迟退房要求。

（七）客人押金数额不足时

饭店坏账、漏账、逃账的现象时有发生。客人在办理入住登记手续时，常要求客人预付一定数量的押金，结账时多退少补，如首次住店的客人、无行李的客人、无客史档案的客人及以往信用不良的客人。押金主要是预收住宿期间的房租，还包括房间内长途电话（IDD、DDD），饮用房内小酒吧的酒水（Mini – bar）、洗衣费签单等额外支付的押金。

如客人押金只够房费，接待员要请示上级作出处理。如让客人入住，签发的房卡为钥匙卡（不能签单消费），应通知总机关闭长途线路，通知客房楼层收吧或锁上小酒吧。后两项工作一定要在客人进房前做好。客人入住后，客房楼层服务员对该房间要多加留意。

（八）前台当值时，客人有意缠着你聊天，怎么办？

应迅速摆脱客人的有意纠缠，并暗示其他当值人员前来与客人搭腔，自己借故离开。或礼貌地告诉客人“对不起，我现在很忙”。然后主动找一些工作做。

（九）预订客人提前抵店

酒店一般规定中午 12 点为结账离店时间，如果预订客人在此之前抵店，这时应向来客解释清楚，并建议客人在大堂等候，或把行李留在酒店，先去咖啡厅喝杯咖啡。但如果是“VIP”或特别刁钻的客人，可以建议他先在另一间客房等候，不过该客房的标准不应高于所预订或分配房间的标准，以免使客人住进“他的”房间时产生失落感。

（十）一位曾走单的客人又来入住，我们应如何处理？

首先，用提醒的口吻，礼貌地请客人付清欠款后再入住，如说：“对不起，上次您住某房，可能走得太匆忙，忘了结算费用，现在补交好吗？”并收取客人的消费保证金，然后，通知有关部门，密切注意此客动向，防止再次走单。

【练习与思考】

一、单项选择题

1. 客人在办理登记入住手续，行李员应等候站在(　　)。

A. 客人左侧　　B. 客人右侧

C. 客人身后 1.5 米处　　D. 与客人保持 5 米距离

2. 装行李时，注意要把(　　)行李放在下面。

A. 大的和重的　　B. 轻的和小的　　C. 大的和轻的　　D. 重的和小的

3. 当客人走进大门(　　)时，门童应拉开大门迎接客人。

A. 1 米左右　　B. 2 米左右　　C. 3 米左右　　D. 5 米左右

4. 客人抵店后，行李员为客人搬运行李时一般应走在客人(　　)距客人 2 ~ 3 步远。

A. 左前方　　B. 右前方　　C. 右后方　　D. 左后方

5. 店门迎送服务主要由(　　)提供。

A. 门童　　B. 行李员　　C. 饭店机场代表　　D. 大堂副理

6. (　　)通常站在饭店大门外侧，主要工作是指挥车辆，协助客人上下车。

A. 门童　　B. 行李员　　C. 饭店机场代表　　D. 大堂副理

7. 客人乘坐出租车抵达饭店时，(　　)应记下出租车的车辆号码，备查。

A. 门童　　B. 行李员　　C. 饭店机场代表　　D. 大堂副理

8. 客人乘坐出租车抵店时，一般由(　　)引领客人进入客房，放置妥当客人的行李，并向客人介绍客房设备设施情况。

A. 门童　　B. 行李员　　C. 饭店机场代表　　D. 客房服务员

9. 为客人办理登记手续时，应首先(　　)。

A. 验证　　B. 询问有无预订　　C. 确定房价　　D. 填写登记表

10. 一般 VIP 办理登记入住手续由(　　)完成。

A. 接待员　　B. 行李员　　C. 前厅经理　　D. 大堂副理

11. 在分房时，接待员应根据客人的特点及轻重缓急顺序进行。一般情况下分房顺序中优先考虑的是(　　)。

A. 有特殊要求的客人　　B. 团队客人　　C. 预订散客　　D. VIP

12. (　　)在分房时应尽可能安排在同一楼层同一标准的客房。

A. 同行客人　　B. 常住客　　C. 团体客人　　D. 领队、会务组人员

二、多项选择题

1. 预订客人抵店前的准备工作包括(　　)。

A. 客情预报　　B. 次日抵店客人名单的准备

C. VIP 接待通知单的准备　　D. 团队接待通知单的准备

E. 客房送餐通知单

2. 当接客车辆抵店时，门童应主动为客人开启车门并用右手挡住车门框上沿为客人护顶。但必须注意(　　)客人不能护顶。

A. 信仰佛教　B. 信仰基督教　C. 信仰伊斯兰教　D. 老年　E. 儿童

3. 为客人办理入住登记的目的有(　　)。

A. 遵守法律规定　B. 获得客人资料　C. 与客人签订住宿合同

D. 便于披露客人个人信息　E. 统计客房的收入

4. 住宿登记表的基本内容包括(　　)。

A. 房号及房价　B. 付款方式及地址　C. 抵离店的日期及时间

D. 客人与接待员的签名　E. 账单号码及有关饭店责任的声明

5. 可安排在较低楼层靠近服务台的客人包括(　　)。

A. 老年人　B. 残疾人或行动不便者　C. 无行李客人

D. 有不轨嫌疑的客人　E. 新婚夫妇

6. 在排房时，下列客人中应该分楼层安排的是(　　)。

A. 常住客　B. 竞争对手、敌对国家的客人

C. 同一团队的领队、会务组人员　D. 残疾人或行动不便者

E. 风俗习惯、宗教信仰及习俗不同的客人

7. 在帮助客人办理登记入住手续或分配房间之前，接待员必须掌握接待工作所需信息。这些信息包括(　　)。

A. 房态报告　B. 预抵店客人名单　C. 客史档案

D. 预抵店 VIP 名单　E. 黑名单

8. 行李寄存服务中，一般不寄存(　　)。

A. 金银首饰、珠宝、玉器

B. 易燃、易爆、易腐烂或有腐蚀性的物品

C. 易变质食品　D. 宠物　E. 易碎物品

三、名词解释

1. 联房关系

2. 房卡

3. 分房

四、思考题

1. 登记入住中的有效证件有哪些?

2. 何为酒店黑名单?

3. 从住宿的角度，宾客关系有哪几种?

4. 谈谈酒店一般的分房顺序和排房技巧。

5. 如何处理押金数额不充足的客人?

6. 对于提前抵店的客人如何处理?

7. 在客房紧张的情况下，如何处理续住的客人？

8. 饭店可以采用哪些方法来加快客人办理入住登记手续的速度？

9. 顾客抵达的接待流程中哪些步骤可以缩短？哪些可以去掉？

10. 有些饭店已经开始尝试采用自助式入住登记方法（与自动取款机相似），这种自助式入住登记方法只简单要求提前预订的客人刷一下信用卡就可以领到客房钥匙，请评述这种方法的优缺点。

五、案例分析

万先生是酒店一常客，平日没事，跟前台还很熟，但是一有点什么让他不满意，就大发雷霆。这天，万先生从外面回来就让前台给刷下房卡，前台没敢耽搁，因为是常客，也没查看计算机，直接按客人要求刷了房卡。过了一会儿，万先生打电话到前台，没等接待员开口就大骂一通，说为什么他的房间别人在住，赶快叫那客人离开，否则他就不客气了。更严重的是，万先生刚打完电话一会儿，计算机中登记的陈先生气愤至极地来到前台质问："你们怎么搞的，怎么随便让一个流氓进了我的房间，我被他打了，行李还被扔出来，你们一定要给我一个合理的解释，不然我立刻叫我的律师来起诉你们，住在你们这里太不安全了。"原来，万先生昨晚住这个房间，今天也没来退，前台催时，打了万先生电话，没打通，刚好押金又欠了一点点，就帮他退掉了。

问题： 1. 总台操作有不合理的地方吗？

2. 如何预防该类事件的再次发生？

第五章 前厅住店客人服务及管理

客人在饭店住宿期间，会接受饭店提供的各项服务。作为饭店对客服务的中枢，前厅提供给住店客人的服务，主要包括问讯与留言、邮件服务、总机、商务中心、贵重物品保管和委托代办等服务。问讯与留言服务主要包括访客查询住客信息，以及访客留言、住客留言等常见问题的处理；邮件服务的内容主要包括收发邮件和帮客人寄送函件等常见问题的处理；饭店商务代办主要包括由饭店商务中心负责的打印/复印、文件装订、接收传真、发送传真、Internet 服务、洽谈室出租、翻译服务的处理。由于前厅服务质量具有综合性及关联性特征，以上前厅对客服务在饭店缺一不可，共同为住店客人提供便利和方便。

【学习目标】

1. 了解并掌握问讯、留言、总机、邮件和商务中心等前厅综合服务的内容和流程。
2. 理解“金钥匙”的服务理念。
3. 掌握物品转交等委托代办操作流程，并能够及时、高效处理客人交办事宜。

发生在总台的“多角色”诈骗

一天傍晚，北京某饭店总台的电话铃响了，服务员小姚马上接听，对方自称是住店的一位美籍华人的朋友，要求查询这位美籍华人。小姚迅速查阅了住客登记中的有关资料，向他报了几个姓名，对方确认其中一位就是他找的人，小姚未加思索，就把这位美籍华人所在房间的号码818告诉了他。过了一会儿，总台又接到一个电话，打电话者自称818房的“美籍华人”，说他有一位谢姓侄子要来看他，此时他正在谈一笔生意，不能马上回来，请服务员把他房间的钥匙交给其侄子，让他在房间等候。接电话的小姚满口答应。又过了一会儿，一位西装笔挺的男青年来到服务台，自称小谢，要去钥匙。小姚见了，以为果然不错，就毫不顾忌地把818房钥匙交给了那个男青年。晚上，当那位真正的美籍华人回房时，发现他的一只高级密码箱不见了，其中包括一份护照、几千美金等。

分析：面对访客打听住客信息时，在未征得住客同意的前提下，要为住客保密。本案例中访客连住客的姓名都叫不出，令人生疑，还是接待员引导后提供给他的，实属不该。酒店一般情况下，不接受电话委托或授权，如果总台接待员小心一点，主动联系住客，予以证实，也不会受骗。

第一节　问讯与留言操作

一、问讯的信息内容

饭店问讯服务通常由问讯员提供。问讯员要做好问讯服务工作，前提是要熟悉掌握大量的信息，为客人解答有关饭店服务项目、设施，以及饭店所在城市的交通、天气、景点和其他银行、医院、邮局等公共设施信息。

（一）店外公共信息

主要包括国际、国内重要航空公司名称及主要航班的抵达时间，机场位置，火车站位置，本市主要出租车公司名称及预订车方式与电话号码等交通信息；近日及当天天气情况；本市乃至全国的各主要风景名胜点的名称、特色及抵达方法等景点信息，以及银行、医院方位等其他公共设施信息。

（二）酒店信息

主要包括本饭店的规模、档次；所处的地理位置；服务设施及服务项目；经营特色及风格；总机及主要分机号码；饭店及有关部门负责人姓名及工作场所等有关饭店的信息。

（三）住店客人信息

主要包括客人是否入住本酒店、房间号、住客个人信息、同住人信息等。

二、关于住客信息的问讯

总台问讯处经常会接到打听住客情况的问讯，如客人是否在饭店入住，入住的房间号，以及客人的单位信息、同住人情况等。问讯员应根据情况区别对待。

（一）访客询问客人是否住在本酒店的处理

访客询问如某位客人是否住在本酒店时，首先要访客提供所查询客人的基本信息，然后在计算机系统中查询，如查明客人还未到达，则请对方留言，或留下联系方式；如已退房，除退房客人有委托、留言外，一般不能告诉访客其有关具体情况；如住客有保密要求，且访客是在要求保密人员范围内的，应按照住客要求告知访客其还未在饭店登记，并可以请访客留言或留下联系方式。相关流程见图 5－1。

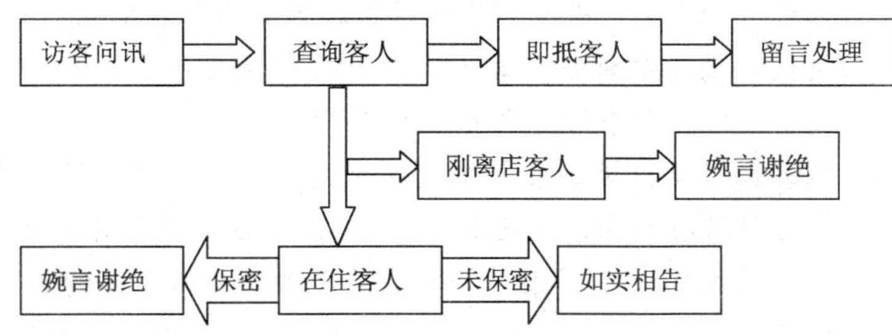

图 5－1　访客询问客人是否住在本酒店处理流程

（二）问讯住店客人房间号的处理

访客询问如住客房间号时，首先要确认所查询客人是否为住客；确认是住客后，且在住客没有提出保密要求时，则应先征得住客同意后，才能将房客的电话转入，或告诉其房号。如联系不上客人或客人不在房间，切不可将房间电话号码或房号告诉访客，更不可让其先行入房，应请访客稍后再来查询，也可让客人留言或留下联系方式。相关流程见图 5－2。

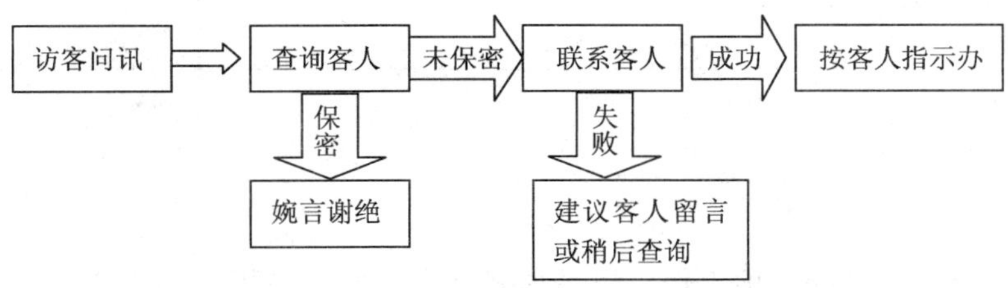

图 5－2　问讯住店客人房间号处理流程

（三）打听房间的住客情况

问讯员在未征得住客许可的情况下，不可随便将住客姓名及其单位名称，以及同住人信息告诉访客，除非是饭店内部员工由于工作需要的咨询。

【同步案例】

为住店客人保密

一天，有两位外宾来某酒店总台，要求协助查找一位叫柏特森的美国客人是否在此下榻，并想尽快见到他。

于是接待员立即进行查询，果然有位叫柏特森的先生住在酒店，但联系他时，客人不在。接待员便和蔼地告诉来访客人，确有这位先生入住本店，但此刻不在房间，该先生也没有留言，请来访者在大堂休息等候。

但来访的两位客人对接待员的答复不太满意，要求总台接待员告诉柏特森先生房间的号码。总台接待员和颜悦色地解释道："为了住店客人的安全，本店有规定，未征得住店客人同意时，不得擅自将客人房号告诉他人。并建议两位客人给柏特森先生留个便条，或随时与酒店总台联系，酒店乐意随时为你们服务。

来访客人接受了接待员的建议留了言。晚上，柏特森先生回到酒店，总台接待员将留言传给他，并说明安全起见，总台没有将房号告诉来访者，敬请谅解。柏特森先生当即表示理解，并表示这条规定很好，有利于维护住店客人的利益，值得赞赏。

分析："为住店客人保密"是酒店的原则，关键在于要处理得当。这位接待员始终礼貌待客，耐心向来访者解释，并及时提出合理建议。由于解释中肯，态度和蔼，使来访者提不出异议，倒对我们酒店严格的管理留下深刻印象。从这个意义上讲，维护住店客人的切身利益，以安全为重，使客人放心，正是酒店的一种无形的特殊服务。

三、留言

留言是问讯员受理的一项工作，也是加强客人之间，或饭店与客人之间信息沟通的一种有效方式。例如，访客有要事来访住客，住客又不在房间，问讯员可建议访客在大堂等候，或建议访客给住客留言，从而建立访客与住客进行信息沟通的渠道；再如，有邮件给预抵客人时，为了提示客人有邮件要接收，可以给该预订客人留言，这也可以加强饭店与客人之间的信息沟通。因此，留言的使用范围是比较广的，饭店留言可由人工或计算机系统处理，无论按何种方式处理，留言一定要准确及时地通知到相关客人，否则会导致客人的不满，甚至投诉。

（一）访客给住客留言

当访客来店拜访住客，或电话转接住客无人应答时，饭店问讯员或总机话务员均应征询访客意见是否需要留言；如需要，则要填写留言单，并请对方签名或复述确认。饭店为做好留言工作，专门设计了留言单（详见表5－1和表5－2），并在客房电话上设置了留言指示灯。有些饭店配置了高级的计算机管理系统，给住客的留言可从房间的电视荧屏上显示。

访客给住客的留言单一般为一式三联，第一联由行李员送入房间（住客在房时）；第二联放在总台留言架内留存；第三联送总机，由话务员打开该房间的电话机上的留言指示灯，客人一回到房间发现留言指示灯亮着，便可打电话向总机询问留言内容。此外，该类留言操作只针对住客或即将抵店的预订客人，对于刚结账离店的住客，问讯员一般不接受对该客人的留言（除非客人事先有委托）。相关流程见图5－3。

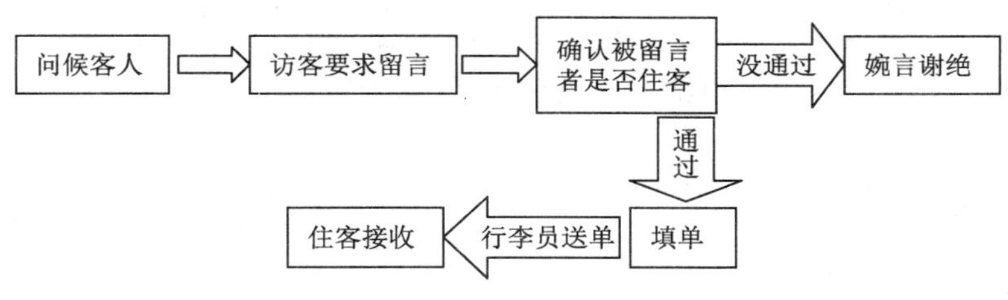

图5－3 访客给住客留言处理流程

（二）住客给访客留言

住客暂时离开客房或饭店，如想告知访客自己的去向，可填写《住客给访客留言单》。该留言单一般一式两联，总台和总机各存一联。这类留言具有较强的针对性和时效性，是住客留给特定访客的，并且当客人回店时，一般自动会失效。

如住客留言内容属允许某一访客在其外出时进入客房的，问讯员则应请住客填写授权单。授权单上要注明访客的姓名、性别及允许其进入客房的时间段，问讯员还应要求住客签名确认。接待该访客时，问讯员要确认其身份，并登记其身份证件信息。相关流程见图5－4。

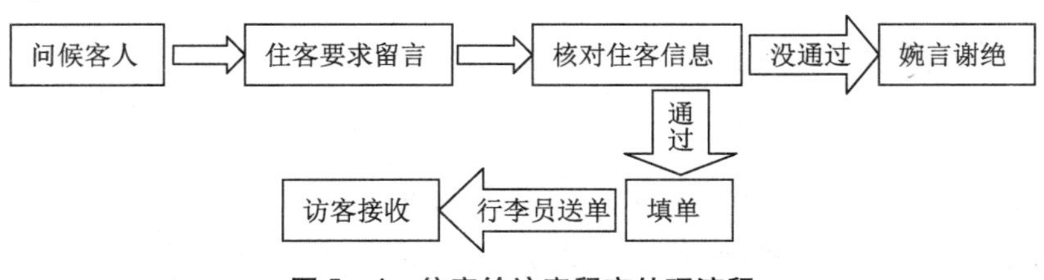

图5－4 住客给访客留言处理流程

（三）饭店给住客留言

饭店给住客留言，亦称住客通知（guest notice）。行李员收到住客较为重要的邮件等，一般填写《住客通知单》，请客人前来签名领取；或者前台向客人催缴押金、征询客人是否续住等事宜，通常通过电话、口头通知或电话留言等形式告知客人。

此外，对于有时效的重要留言，在所限时间前15分钟内仍无法联系到被留言住客，首先，及时上报，并采取查询客人档案方式查找被留言人。其次，应及时将留言未送达结果反馈给留言者，让留言者采取其他补救措施。

第二节　委托待办操作

饭店为客人提供委托代办服务范围较广，服务项目因饭店而异。一方面饭店要设置专门的表单，如委托代办登记单、物品转交单等；另一方面要制定委托代办收费制度，一般饭店内的正常服务项目和在饭店内能代办的项目不收取服务费。需付费的委托代办项目，应先填写委托代办书，再请客人签名确认。

一、委托代办的业务范围

当前饭店一般将委托代办业务归属于礼宾部的行李员来提供，因此，行李员在搞好日常大堂礼宾服务的同时，也要在力所能及的前提下，尽量帮助并完成客人交办的各项委托代办业务。

——转交物品。

——邮件收发。

——代客购物。

——代办小修小补。

——其他客人委托事项，如代客叫车、代客泊车等。

帮客人代办业务，要做到“一准、二清、三及时”。“一准”即代办事项准；“二清”即账目清，手续清；“三及时”即交办及时，送回及时，请示汇报及时。

【同步案例】

您的鞋修好了

付丽小姐是我们酒店的常住客人，每次她出差都要入住我们酒店，6月的一天，我在当班时，大堂副理的电话突然响了，原来是706的付小姐打来的电话，她刚才出去逛街了，可惜她的高跟凉鞋的跟断掉了，想让我们帮她找个能粘鞋的胶水，我说，这样吧，付小姐，您把鞋子给我吧，我帮您想办法，一会儿弄好后给你送到房间来。付小姐很不好意思地把鞋交给我，我说，付小姐，这都是我们应该做的，谢谢您一直这么青睐我们酒店。我马上找到工程部师傅，不一会儿，鞋子粘好了，我又找来鞋擦，为付小姐把鞋擦干净，并用透明塑料袋把鞋子包好后，亲自为付小姐送上了楼．从付小姐的眼神和感谢中我体会到了一种满足感。

分析：酒店的回头客，常客是酒店市场维护的重心，据统计争取一个新客户所花费成本是维护一个老客户成本的 5 倍。对于这类客人的服务，就要求我们在平时的服务中多留意，细心地观察和发现他们的特点，个人喜好，生活习惯等与之相关的客人信息，以便在日后的服务中预见他们的需要，为其量身打造个性化的服务，牢牢地加固酒店与客人的感情纽带。

二、邮件服务

当前饭店为客人提供的邮件服务以收客人邮件为主，寄发客人邮件为辅；而且邮件的种类随着社会物流技术的发展而变化较大，传统的信件类邮件逐渐趋于绝迹，而包裹类快递邮件则迅猛发展。

——接收邮件。这是邮件服务最基本的内容。

——分类登记。将所有收到的邮件，按客人邮件、租用饭店场所的单位邮件、饭店邮件、员工邮件在“客人邮件收发簿”上进行分类登记，并在有邮戳的邮件上打上“时间戳”。

——查找客人。根据邮件收件人姓名依次在饭店住店客人、预订客人中查找。如在住店客人中找到客人，在“客人邮件收发簿”上登记客人房号；如未找到，则在预订客人中查找，找到后，给该客人留言，等客人办理登记入住时再转交给客人。

——分发签收。由行李员根据“客人邮件收发簿”上登记的客人房号，进行投递。

——记录。无论是邮件转递给客人，或是无人接收，均应在“客人邮件收发簿”上做好记录。

【同步案例】

已离店客人的包裹

某三星级酒店行李房像往常一样，在上午 10 点收到了邮局送来的一批报纸、信和包裹。行李员小杨签收后立刻开始分发。在分类核对过程中，小杨发现516房张先生有一个包裹，但张先生此时有可能已经退房了。因为张先生昨天订的一张今早10点30分机票是小杨送去的，而此时已是10点15分了。小杨当即询问了收银处，得知客人已在9点退房离开了酒店。无奈之下他只能将此事汇报给上级领导。

分析：对于此类事件，可采取以下处理方式：

第一，既然客人离开了酒店，酒店可按“查无此人”将包裹退回邮局，由邮局处理。

第二，将包裹暂寄存于行李房，待一天后如没有客人的电话或消息，就将此包裹寄往客人的家里，地址可从客人入住登记的表格或计算机中查出。

第三，立即与客人联系（这样应该可以找到客人），按客人要求妥善处理 。如联系不到客人，就只能按第二种方法处理。

三、物品转交

工作情景：3208房间的客人罗伯斯先生要求给他的朋友安娜转交一个包裹，说安娜小姐今天下午3点左右会来酒店取走该包裹，试问：前台工作人员该如何处理?

当前饭店为客人提供物品转交业务时，对于违禁、危险和贵重三类物品是不予办理的，因此，当客人要求转交物品时，首先要查验所转交物品是否属于这三类物品；其次，饭店在具体操作这一业务时，也要登记，填写转交物品单，注明物品名称、数量、取物人姓名、联系地址等并签名；最后，待客人来领取物品时，应出示有效身份证件，写下收条，必要时可复印证件，以备后查。

（一）住客转交物品给访客程序

相关处理流程见图5－5。

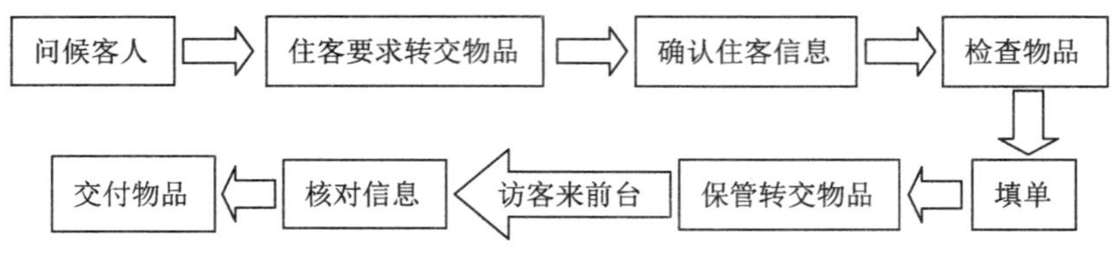

图5－5　住客转交物品给访客处理流程

【同步案例】

总台忘了转交客人的礼物

胡先生是青岛某四星级酒店的常客。一天，胡先生来到总台委托代办柜台，要求将一盒包装漂亮的礼物转交给次日将要从台湾来青岛并入住该酒店的方小姐。胡先生一再强调要在第二天送出，因为明天是他的女朋友方小姐的生日。总台接待员乐乐看到这么漂亮的礼物包装盒，觉得很新鲜，一边随口答应着客人，一边反复观看。等下班的时候，她不仅忘了与下个班次的服务员办理委托转交手续，也忘了在交班本上做记录并交接给下一班，甚至连礼物在哪儿都忘了。

次日，方小姐如期到达。听说胡先生去了美国，既没有在生日这天陪她，也不见留下什么礼物，生着闷气去了房间。

后来，胡先生从美国打来电话祝方小姐生日快乐，并问方小姐是否喜欢他的礼物。方小姐正生他的气呢，一听到礼物，更来气了，叫胡先生不用再编造诺言了，她根本就没有收到过礼物。胡先生解释自己的确准备了礼物并委托总台转交，请方小姐再去总台核实，并且要求总台立即归还礼物。此时总台当班的是领班小童，他既没有从交班本上得知这件事，也未曾见过什么礼物，当事人乐乐又不在，怎么办?

分析：案例中乐乐作为饭店总台员工，在为客人提供物品转交服务时，完全忘记了自己的身份和职责，是不可能为客人提供规范的物品转交服务的，不仅没进行物品转交登记，更没有保管好所转交的物品，给客人带来非常严重的后果，实属不该。因此，饭店前台员工服务无小事，任何的失误都可能给客人带来不可弥补的结果。

（二）访客转交物品给住客（或即将抵店客人）程序

饭店处理访客转交物品给住客业务时，首先要确认本店有无此住客（或即将抵店客人），若有此住客（或即将抵店客人），一定要站在保证客人安全的角度，认真检查物品，防止出现电子爆炸类装置危害住店客人的安全。

相关处理流程见图 5－6。

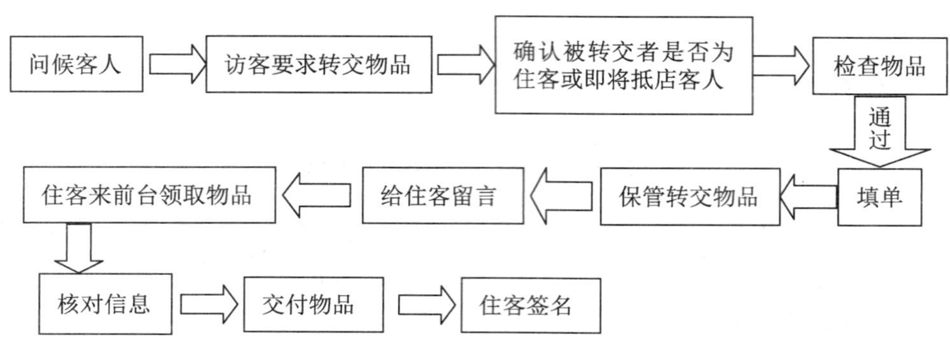

图5-6　访客转交物品给住客处理流程

【同步案例】

预抵客人不来了

北京某饭店的前台问讯处，几名年轻的员工正在忙于接待办理入住和离店手续的客人。此时，只见大门入口处走进两位西装革履的中年人，提着一个看上去有点重量的箱子径直往问讯处走来。

“您好，需要我效劳吗?”刚放下电话的小马很有礼貌地主动问道。

“有件事麻烦一下。”其中一位戴眼镜的中年人说话有点腼腆，他似乎不知从何说起，稍许停顿一下后，目光对着地上的那只箱子。

“我们一定尽力而为，请您说吧。”小马真心实意地鼓励他。

“我们是海南光明工贸公司的驻京代表，这里是一箱资料，要尽快交给我公司总经理，他定于今天下午3点到达这里。我们下午不能前来迎接，所以想把箱子先放在酒店里，待总经理一到，请你们交给他本人。”

“请放心，我们一定办到。”小马再三保证。

下午3点已到，海南那家公司的总经理还未抵达酒店，小马打电话到机场，获知飞机没有误点。但因那两位中年人没有留下电话和地址，所以小马别无选择，只能再等下去。又是两个小时过去了，那位总经理仍然没有来，小马不得不作好交接箱子的思想准备。就在这一瞬间，电话铃响了。

“问讯处吗?今晨我们留在前台的那只资料箱本是想交给我们总经理的。刚才接到总经理电话，说他被一位住在××饭店的朋友邀去，决定就住在那儿了，而那箱资料是他急用的。”还是那位戴眼镜的驻京代表的声音。

“您不用着急，我会设法把箱子立刻送到××饭店的。”

小马放下电话即安排一位员工办理此事。半小时后，那位驻京代表又打来电话，但小马已经下班了。

“请转达小马，箱子已经送到，十二万分感谢。我们的总经理改变主意住到了别的饭店，你们不但没有计较，还为我们服务得那么好，真不知该如何表达我们的感激之情。总经理说，下回一定要住你们饭店。”对方诚恳地说道。

分析：为住店客人寄存行李或贵重物品是酒店的常规服务内容，但该饭店前台问讯处主动承接未到客人的物品，这是一种超常规服务。不仅如此，小马还主动与机场联系，了解班机飞行情况，下班时又能主动交接，体现了优秀员工的高度责任心。最令人感动的是，当客人住到别的酒店后，饭店问讯处不但不恼火，仍满足他的需求，这里的服务可谓真正做到了家。饭店的优质服务牢牢印进了这几位客人的脑海中，他们理所当然地成了该店的潜在客人和“义务宣传员”。

四、其他待办业务

此外，饭店还提供代客购物、代办小修小补，以及代客叫车、泊车等业务。当客人要求叫车时，应告知客人有关手续和收费情况。车辆到达饭店大门口时，行李员要向司机讲明客人的姓名、目的地等，必要时充当客人的翻译向司机解释客人的要求；为避免客人迷失方向，可填写一张《向导卡》给客人，在卡上注明客人要去的目的地，卡上印有本饭店的名称、标识及地址。如果客人赶飞机或火车，行李员还应提醒客人（特别是外宾）留出足够的时间提前出发，以免因交通阻塞而耽误了行程。

五、金钥匙

金钥匙是一种委托代办（Concierge）的服务概念。Concierge 一词最早起源于法国，指古代城堡的守门人，后演化为饭店的守门人，负责迎来送往和看管饭店的钥匙。但随着饭店业的发展，其工作范围在不断扩大。在现代饭店业中，Concierge 已成为为客人提供全方位“一条龙”服务的岗位，只要不违反道德和法律，任何事情 Concierge 都尽力办到，以满足客人的要求。他们见多识广、经验丰富、谦虚热情、彬彬有礼、善解人意，其代表人物就是他们的首领“金钥匙”。

“金钥匙”（Les clefs d’ or）通常身着燕尾服，上面别着十字形金钥匙，这是委托代办的国际组织“国际饭店金钥匙组织联合会”会员的标志，它象征着 Concierge 就如同万能的“金钥匙”一般，可以为客人解决一切难题。“金钥匙”既可以为客人代办“奶嘴”，也可以为客人“代租飞机”……故金钥匙又被客人视为“万事通”。

【同步案例】

几经周折的行李箱

某日，南京金陵酒店的“金钥匙”打电话给广州白天鹅宾馆的“金钥匙”，称该店一名已赴广州的住客误拿了一位新加坡客人的行李，请求广州方面协助查寻。白天鹅宾馆的“金钥匙”获悉后，立即赶赴机场截回了被误拿的行李，但当他们回复金陵酒店“金钥匙”时，金陵酒店“金钥匙”却说这名新加坡客人已飞赴香港。于是，他们又与香港“金钥匙”联系。香港“金钥匙”接报后，马上在香港机场找到新加坡客人，告之他的行李找到了，而这位客人因急于赶回国则要求他们将其行李从广州直接寄运至新加坡。根据这种情况，他们以特快专递将客人行李发往新加坡，然后再次与新加坡的同行落实此事。几天后，新加坡“金钥匙”回电，这件几经周折的行李已完璧归赵，安全送回客人手中。

分析：“金钥匙”能为客人提供高效的优质服务。“金钥匙”组织也能利用其服务平台，将全球各地的“金钥匙”组织起来，为客人提供全球化的委托代办服务。

“金钥匙”的全称是“国际饭店金钥匙组织”（UICH），是国际性的饭店服务专业组织。该组织最早成立于 1952 年 4 月 25 日，由巴黎斯克拉饭店的礼宾司捷里特先生倡导建立，因此，捷里特先生也由此被誉为“金钥匙”组织之父。金钥匙尽管不是无所不能，但一定要竭尽所能。这就是国际金钥匙组织的服务哲学。其标志是两把交叉在一起的金钥匙，一把金钥匙用于开启饭店综合服务的大门，另一把金钥匙用于开启所在城市综合服务的大门。国际饭店金钥匙组织联合会会徽如图 5－7 所示。

图 5－7　国际饭店金钥匙组织联合会会徽

图 5－8　中国饭店金钥匙组织会徽

1993 年，中国“金钥匙”最早出现于广州白天鹅宾馆。1994 年年初，白天鹅宾馆的“金钥匙”代表向国际金钥匙组织提出根据中国国情发展“金钥匙”的有关建议，为“金钥匙”在中国发展奠定了基础。1995 年 11 月，“中国第一届金钥匙研讨会”在白天鹅宾馆召开，决定筹建中国委托代办“金钥匙”协会。至此，中国饭店业委托代办的联系网络初步建立。1997 年 1 月第 44 届国际金钥匙年会上，中国被国际“金钥匙”组织接纳为第 31 个成员国。目前，中国饭店金钥匙组织已发展到相当大的规模。截至 2012 年 1 月，中国饭店金钥匙组织已发展到 31 个省、市、区，在 236 个城市的 1040 余家高星级饭店共有 2200 多名“金钥匙”。中国饭店金钥匙组织会徽如图 5－8 所示。

【相关链接】

中国饭店金钥匙组织会员的资格要求

在饭店大堂柜台前工作的前厅部或礼宾部高级职员才能被考虑接纳为金钥匙组织的会员。

★21 岁以上，人品优良，相貌端庄。

★从事饭店业 5 年以上，其中 3 年必须在饭店大堂工作，为饭店客人提供服务。

★有两位中国饭店金钥匙组织正式会员的推荐信。

★一封申请人所在饭店总经理的推荐信。

★过去和现在从事饭店服务工作的证明文件。

★掌握一门以上的外语。

★参加过由“中国饭店金钥匙”组织的服务培训。

第三节　总机

电话总机（Telephone switch board）是饭店内外信息沟通的通信枢纽，是饭店与客人交流信息、沟通情感的桥梁。总机话务员以电话为媒介，直接为客人提供各种话务服务。

一、饭店总机的业务内容

——店内外电话接、转服务。

——叫醒服务：早晨叫醒和午睡叫醒；国内长途（DDD）和国际长途（IDD）。

——查询服务。

——留言、电话免打扰服务。

——店内呼叫服务。

二、总机房的设备

（一）电话交换机

电话交换机的种类繁多，目前酒店大多采用数字程控电话交换机 PABX（日本制造），其主要功能有：

——自动显示通话线路、号码及所处状态。

——自动叫醒服务：按照客人要求，准时叫醒客人。

——请勿打扰：阻止外线电话打入某分机。

——封闭、开通某分机线路，并自动显示分机当时所处状态（外线、内线）。

（二）话务台

话务台是供酒店话务员操作的台面系统，主要包括电话、计算机、操作台面、玻璃镜等部分。

（三）其他设备

长途电话自动计费机、打印机、对讲机、定时钟、计算机和记事牌等。

三、免电话打扰（DND）操作

（一）登记

将所有要求 DND 服务的客人姓名、房号、要求 DND 服务的时间等信息进行详细记录。

（二）锁号

将电话号码通过话务台锁上。

（三）执行

在免打扰期间，不得转接电话，可以建议拨打电话者留言或待取消 DND 之后再来电话。

（四）取消

客人要求取消 DND 后，话务员应立即通过话务台释放被锁的电话号码，同时进行相关记录。

四、接转电话操作

——及时接听。电话铃响 3 声或 10 秒内接听。

——向客人问好并自报家门。市内（外线）电话打进时，“您好（早上/下午/晚上好），××饭店总机”；饭店内部电话时，“您好（早上/下午/晚上好），我是总机”。

——聆听客人转接电话要求。如果来电要求把电话接到客房时，必须问清受话客人姓名，核对无误后方可接线。

——为客人转接时，按音乐键，播放背景音乐。

——转接30秒后，被叫方仍无人接听，话务员应该说：“对不起，××先生/女士，电话没人接。您过一会儿再打来好吗？”或“××先生/女士，很抱歉，电话现在无人接听，您是否需要留言或过一会儿再打来？”

——注意事项。明确电话转接顺序：先外线，后内线，最后是饭店内部电话；不得拨打私人电话和传私人电话。

总机接转电话流程见图5－9。

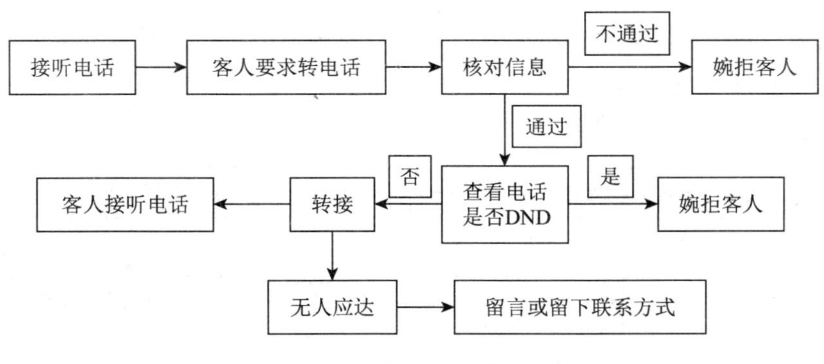

图5－9　总机接转电话流程

五、电话留言

（一）接听留言

来电客人要求电话留言后，话务员认真核对来电客人要找的住店客人的房号、姓名是否与饭店信息一致，并准确记录留言者的姓名、联系电话和留言内容，最后向来电客人复述一遍留言内容。

（二）输入计算机

利用计算机系统，在客人信息中输入留言内容，留言灯自动开启。

（三）传送留言

当客人电话查询时，将访客留言内容准确地告知客人，留言灯自动关闭。

提示：对不能确认是否住在本店的客人，或是已退房离店的客人，除非客人委托，否则不接受访客留言。

六、电话叫醒操作

（一）电话叫醒服务的流程

——接受叫醒服务要求：接到客人需要叫醒的电话，问清客人房号、姓名及叫醒时间。完成后复述客人叫醒要求，并得到客人确认。

——若是采用自动叫醒服务，则将叫醒信息输入机台，按机台上的叫醒键，输入客房号码和叫醒时间，按机台执行键；

——填写叫醒登记本：在叫醒本上按时间顺序填写客人房号、姓名、叫醒时间。

——叫醒服务：若是采用人工叫醒方式，则在客人指定的叫醒时间，接通客人房间电话，用亲切和蔼的语气称呼客人的姓名，叫醒时要说："早上好/下午好，现在是×点钟，已到您的叫醒时间。"并祝客人愉快。

——记录：对于成功做好叫醒服务的宾客，要做好记录；如遇叫醒服务失败，处理方法见"无应答处理技巧"。

电话叫醒服务操作流程见图5－10。

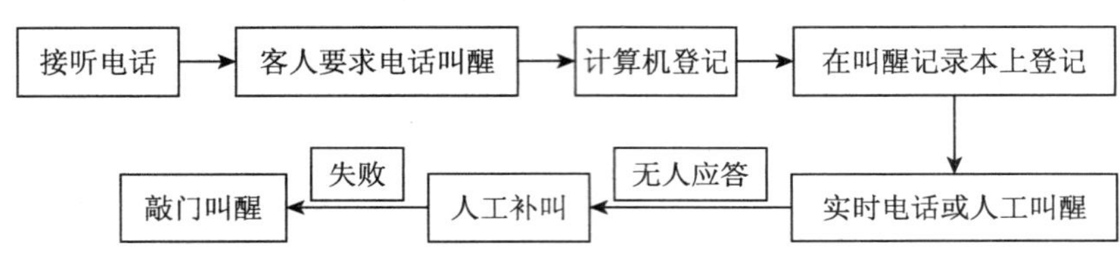

图5－10　电话叫醒服务操作流程

（二）无应答处理技巧

——自动叫醒无人应答时，系统会在1分钟内再进行一次叫醒服务，若电话仍无人接听或无法打入房间，系统会自动给出警告提示（FAILED或NO ANSWER）。

——当总机发现叫醒失败时，应立即通知客房服务中心，由客房服务中心调派楼层服务员立即赶到房间查看。房门挂有"DND"，则首先向总机确认房号，如准确无误后，按规定程序敲门，为客人提供叫醒服务；如房门未挂"DND"，则直接按规定程序敲门，为客人提供叫醒服务。

【同步案例】

早晨叫醒服务不周

住在饭店内1102房间的周先生在某日晚上9点临睡前从客房内打电话给店内客房服务中心。客人在电话中讲："请在明晨6点叫醒我，我要赶乘8点起飞的班机离开本城。”服务中心的值班员当晚将所有要求叫醒的客人名单及房号（包括周先生在内）通知了电话总机接线员，并由接线员记录在叫醒服务一览表之中。

第二天清晨快要6点之际，接线员依次打电话给五间客房的客人，他们都已起床了，当叫到周先生时，电话响一阵，周先生才从床头柜上摘下话筒。接线员照常规说：“早晨好，现在是早晨6点的叫醒服务。”接着传出周先生的声音（似乎有些微弱不清）：“谢谢。”

谁知周先生回答以后，马上又睡着了。等他醒来时已是6点55分了。等赶到机场，飞机已起飞了，只好折回饭店等待下班飞机再走。

客人事后向饭店大堂值班经理提出飞机退票费及等待下班飞机期间的误餐费的承担问题。值班经理了解情况之后，向周先生解释说：“您今天误机的事，我们同样感到遗憾，不过接线员已按您的要求履行了叫醒服务的职责，这事就很难办了！”

客人周先生并不否认自己接到过叫醒服务的电话，但仍旧提出意见说：“你们饭店在是否弥补我的损失这一点上，可以再商量，但你们的叫醒服务大有改进的必要!”

分析：客人周先生最后的表态，的确有一定的道理。理应受到客人所信赖的叫醒服务项目，该饭店却没有完全做好。一是饭店应当确认，叫醒服务是否有效。当话务员叫醒客人时，如果觉得客人回答不大可靠，应该过一会儿再叫一次比较保险；二是如果许多客房的客人要在同一时间叫醒，而此时只有一名话务员来负责的话，为了避免叫醒时间的推迟，应当由2～3名话务员同时进行，或通知有关人员直接去客房敲门叫醒客人。

七、电话问讯

一般情况下，总机不接受电话以外信息的查询。对于要求查询电话以外信息的客人，总机可转接前台问讯处。

对于常用电话号码的问讯，话务员应对答如流，快速提供查询服务；对于非常用电话号码，可请客人留下电话，待查清后，再电话联系客人。

对于客人房间电话的查询：若客人要求电话保密，则切不可将电话号码告诉给他人。

第四节　其他对客操作

一、贵重物品保管

饭店不但要为住店客人提供舒适的客房、美味的菜肴、热情礼貌的优质服务，还必须对住客的财产安全负责。因此，饭店应为客人设置寄存贵重物品的场所和设施，而且客人贵重物品必须存放在保险箱内。

饭店通常为客人提供客用安全保险箱（Safe Deposit Box），供客人免费寄存贵重物品。它是一种带一排排小保管箱的橱柜，小保管箱的数量，一般按酒店客房数15%～20%来配备，若饭店的常住客和商务散客比较多，可适当增加保管箱的数量。此外，有的饭店配有一种不分隔的大保险柜（Non－compartmentalized Safe），采用以客人个人用一纸袋寄存的方式为客人寄存贵重物品。越来越多的饭店则在客房内配有小型保管箱（In－room Safe），供客人存放贵重物品。

客用安全保险箱通常放置在总台收银处后面或旁边一间僻静的房间内，由收银员负责此项服务工作。每个保险箱配两把钥匙，一把由收银员负责保管，另一把由客人亲自保管，只有同时使用两把钥匙才能打开或锁上保险箱。

保管箱的启用、中途开箱、退箱，一定要严格按饭店规定的操作程序进行，并认真填写有关保管记录，以确保客人贵重物品的安全，防止各种意外事故的发生。

（一）贵重物品保管受理流程

相关流程见图5－11。

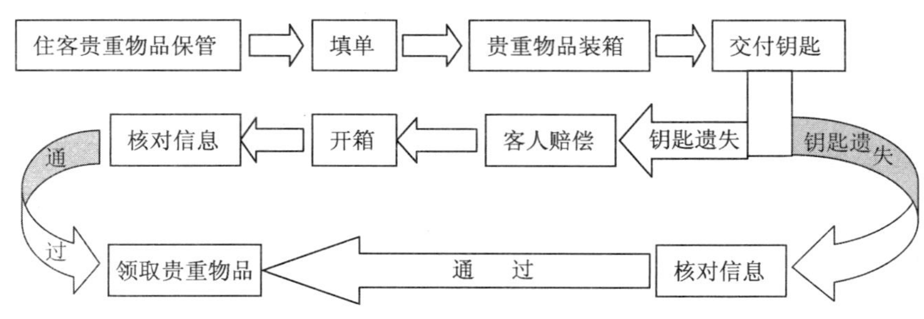

图5－11 住客贵重物品保管流程

（二）前台保险柜钥匙遗失的处理

如客人遗失保管箱钥匙，酒店通常都要求客人作出赔偿，但必须事先告示给客人，如可在保管箱记录卡正卡上标明，或在办理保管手续时由收银员口头提醒，让客人知晓，以减少处理工作中可能出现的不必要的麻烦。

当客人将保管箱的钥匙遗失而又要领取物品时，只有在客人赔偿了钥匙费用后，才能在客人、收银员、保安、大堂副理四方在场的情况下，由饭店工程人员强行将保险箱的锁做破坏性的打开，取出寄存物品，并做好相关记录，以备核查。

（三）客人贵重物品丢失的法律责任

尽管饭店对客人贵重物品的保管采取了严密的措施，但任何时候，饭店都不能完全保证客人的贵重物品万无一失。那么，一旦发生客人贵重物品失窃事件，饭店是否应该对此负责呢？

事实上，目前国内大多数饭店对客人存放在酒店“客人贵重物品保管箱”的贵重物品采取不闻不问，丢了也不负责的态度。比如，一些饭店在其向客人提供的《住宿登记表》上明确指出：贵重物品请存放在收款处之免费保险箱内，阁下一切物品之遗失，饭店概不负责。显然，这种做法对客人来讲是不公平的，在法律上也是站不住脚的。因为其一，按照国际惯例和有关法律，饭店有义务保护住店客人人身和财产的安全。其二，客人入住饭店是以“安全”为前提条件的，安全对客人来讲，是第一重要的，服务质量居于其次。客人在饭店的安全包括人身和财物安全，如果客人的财物安全得不到保障，那么客人的安全感从何而来？其三，很多饭店都在一定的场所和位置（如《住宿登记表》）向客人声明：请将您的贵重物品存放在酒店贵重物品保管处，否则，如丢失概不负责。这就意味着，如果客人按照饭店的要求将贵重物品存入贵重物品保管箱，饭店就应该对其负责。其四，尽管“保管箱有两把钥匙”，客人和饭店方面各持一把，只有当这两把钥匙同时使用时，才能打开保管箱，但这并不能保证客人的贵重物品万无一失，因为饭店负责保管客人贵重物品的收银员完全有机会利用工作之便，另配一把“客用钥匙”，打开保管箱。如果真的发生类似事件，客人将成为无辜的受害者。

但贵重物品毕竟是“贵重”物品，价值大，而且有时很难说清其真正价值（如字画），万一丢失，如果按客人所述价值照“价”赔偿，这对饭店来说也是不公平的。那么，饭店到底应不应该赔偿？如果应该，要负多大的赔偿责任呢？

《国际酒店规章》规定：“如果客人及时报告，酒店对贵重物品的赔偿应有合理的限度。”这就意味着，一方面酒店对客人的贵重物品在一定条件下负有赔偿责任；另一方面，这种赔偿“应有合理的限度”。为此，酒店可规定对客人贵重物品的最高赔偿限额，并将这一限额适时告知客人，如“酒店对客人贵重物品的赔偿限额，最高不超过客人在酒店住宿费用的10倍”。这样做双方都可以理解和接受，从而可以避免出现不必要的纠纷。

当然，酒店对客人贵重物品丢失的赔偿也是有条件的：

首先，必须是存在酒店“贵重物品保管处”的贵重物品，否则，如果客人未按要求将其贵重物品存放在贵重物品保管处，对于由此而造成的贵重物品的丢失，酒店可以不负或少负责任。

其次，很多酒店为客人在客房内提供贵重物品保险箱，对于在这种保险箱内“丢失”的物品（一般不可能出现），酒店可以不予赔偿。因为，此时保险箱的密码只有客人自己知道，别人不可能打开（除非连保险箱也被人偷走）。何况，客人对是否将贵重物品存入保险箱，物品是否贵重，以及是否丢失，均无法举证。因此，对于酒店来说，为客人在其客房内提供保险箱，也不失为一种可以免除（或至少减少）酒店对客人贵重物品赔偿责任的对策。

最后，为了防止一些客人声称自己“放在贵重物品保管处的钱少了”或“钻石被人偷换了”等事件的发生，酒店应要求客人在寄存贵重物品时，将贵重物品用酒店提供的专用信封封存起来，并请客人在封口处签名。这样，酒店就只对存在贵重物品保管处的确实丢失的贵重物品负责。

二、商务中心

为了满足客人的办公需要，现代饭店（尤其是商务型饭店）一般都设有商务中心（Business Center），为客人提供打字、复印、传真、会议室出租，以及票务、打印名片等服务。因此，商务中心是商务客人“办公室外的办公室”。

商务中心通常设在酒店大堂附近的公共区域内，一则方便店内外客人，二则便于与总台联系。此外，为了方便客人从事商务活动，商务中心应具有安静、舒适、幽雅、干净的环境。商务中心的设备可分为办公设备和会议服务设备两种。其中办公设备一般有传真机、复印机、计算机（配打印机）、装订机、碎纸机等主要设备；而会议服务设施一般包括可供出租的洽谈室、会议室、投影仪、幻灯机、录像机、摄像机等。在人员安排上，一般设主管或领班1名，文员若干。主管或领班负责商务中心的日常管理和设备的维护保养，文员则负责具体的对客服务工作。

（一）主要服务项目

1. 设备出租服务

桌上型及手提式计算机、电子打字机、传真机、投影仪，以及其他商务设备，均可按小时或天收取租赁费。

2. 复印、传真收发服务

可以提供文件、证件复印，制作名片印刷，以及收发传真等业务。

3. 会议室出租服务

对于需要格外私密的会议，商务中心拥有配备先进视听设施的会议室可供租用。

4. 翻译及口译服务

安排各国专业文字和口语翻译。

5. 租用秘书服务

专业的打字服务，同时也可视宾客要求安排全职的秘书。

（二）票务操作

商务中心的服务项目很多，各项业务相差很大但其服务程序却有许多共同点，概括起来可分为迎客、了解客人需求、介绍收费标准、业务受理、结账和送客等6个方面。下面以票务操作为例，具体讲述商务中心的对客服务操作。

票务服务，是指饭店为客人提供订购飞机票、火车票等服务，其服务程序如下：

——主动迎接客人，向客人问好。

——询问客人订票信息。了解飞机票（或火车票）的日期、班次、张数、到达的目的地及座席要求。

——查询航班、车次情况。了解是否有客人需要的航班、车次。建议客人修改航班或车次。

——收款。当客人确定航班后，查阅客人证件后收取票款。

——出票。通过票务系统，直接为客人出票，并用酒店专用票务袋装好，交给客人。

——做完结账手续后，向客人致谢并道别。

三、客人换房

饭店为客人换房往往有两种情况：一种是住客主动提出，另一种是饭店的要求。住客可能因客房所处位置、价格、大小、类型、噪声、舒适程度以及所处楼层、朝向、人数变化、客房设施设备出现故障等原因而要求换房；饭店可能因客房的维修保养，住客离店日期延后，为团队会议客人集中排房等原因，向客人提出换房的要求。换房往往会给客人或饭店带来麻烦，故必须慎重处理。换房的程序如下：

（一）接受客人换房要求，并了解换房原因

总台收到客人换房要求后，要问清客人换房原因。

（二）为客人分配新房间

在系统中为客人选择合适房间，并与客人确认新的房号、房价，以及为客人制作新房卡。

（三）确认换房办理时间

同客人商定换房的时间，并提前填写好《客房/房租变更表》。

（四）进行换房

行李员按照换房时间，携带《客房/房租变更表》、新房卡进入客人房间，为客人办理换房确认手续，以及提供换房行李服务。

（五）信息储存

换房结束后，行李员在《客房/房租变更表》上签字确认，分别将该表分送给客房服务中心（1 联）和总台（2 联），由他们各自进行信息更改登记。

四、客人续住

客人在住店过程中，因行程计划更改，可能会要求推迟离店。饭店收到客人要求续住的申请后，要积极满足客人的住房要求。如果该客人房间已被预订，无法满足客人续住的要求，而该客人又坚持不离店的情况下，就只能为即将到店的客人联系别的饭店，

也不能采取极端方式“驱赶”该续住客人。因此，在旺季，前厅部应尽早发现客人延迟离店信息，如提前一天让接待员电话联系预期离店的住客，确认其具体的离店日期和时间，以获所需信息，尽早采取措施。

（一）接受客人续住要求

总台接待处接受客人提出续住要求后，问清客人房号、姓名及续住天数。

（二）续住可行性确认

在系统中查看该客人房间后续几天的预订状况，确定是否能接受该客人在原房间续住。

（三）受理续住

如果该房未预订出，可为该客人办理续住，并同客人再次商量房价、付款方式等事项；押金不足者，还应要求客人补交押金。若该房已被预订，无法满足客人续住要求，则应主动耐心地向客人解释并设法为其联系其他住处，征得客人的谅解。如客人不肯离开，前厅人员应为即将到店的客人另寻房间。如实在无房，只能为即将来店的临时预订客人联系其他饭店。

（四）办理续住

在计算机系统中为续住客人修改离店日期，并收回客人旧房卡、给客人制作新房卡，完成续住再登记的办理。

（五）信息沟通

向客房服务中心等部门通报客人续住信息。

【练习与思考】

一、单项选择题

1. 被称为现代饭店“万能博士”的人是(　　)。

A. 前台问讯员　　B. 首席礼宾员　　C. 门童　　D. 大堂副理

2. 叫醒服务是指，接受客人要求，(　　)。

A. 总台服务员用电话铃声叫醒客人　　B. 总机服务员用电话铃声叫醒客人

C. 行李员上楼面叫醒客人　　D. 总台服务员上楼面叫醒客人

3. 叫醒服务要尽可能使客人感到亲切，另外就是要特别注意(　　)。

A. 称呼姓名　　B. 按时叫醒　　C. 做好记录　　D. 叫醒确认

4. 除总台问讯员可提供留言服务外，(　　)也可提供此项服务。

A. 收银员　　B. 总机话务员　　C. 行李员　　D. 门童

5. 饭店总机提供接转电话服务时，对无人接听电话，铃响(　　)后，必须向客人说明电话无人接听，并询问是否需要留言。

A. 3 声　　B. 5 声　　C. 7 声　　D. 9 声

二、多项选择题

1. 留言服务一式三联，分别放在(　　)。

A. 大堂副理处　　B. 总台问讯处　　C. 电话总机房

D. 行李员送入客人房间　　E. 收银处

2. 总机服务的内容有(　　)。

A. 接转电话　　B. 店内呼叫服务　　C. 代客留言

D. 叫醒服务　　E. 充当临时指挥中心

3. 作为前台的问讯员，首先要熟悉掌握大量的信息。为做好问讯服务所需的信息，根据内容可归纳为(　　)方面。

A. 本饭店信息　　B. 交通信息　　C. 本地旅游、餐饮、娱乐、商业等信息

D. 本地科学技术、教育、文化、政府机构等信息

E. 天气、时差、日期等信息

4. 商务中心的服务项目有很多，各项业务相差很大，但其服务程序却有许多共同点，概括起来可分为(　　)。

A. 迎客　　B. 了解客人需求　　C. 介绍收费标准

D. 业务受理　　E. 结账和送客

5. 进入饭店的邮件，经问讯处核查登记后，由行李员进行分送。常见邮件中(　　)可由行李员或楼层服务员送入客房。

A. 平信　　B. 包裹　　C. 报纸

D. 特快专递　　E. 挂号信

6. 进入饭店的邮件中，(　　)必须由客人直接签收，一般不由行李员或楼层服务员送入房间。

A. 平信　　B. 包裹　　C. 报纸

D. 特快专递　　E. 挂号信

三、名词解释

1. “金钥匙”服务

2. 叫醒服务

3. 电话 DND

四、思考题

1. 前台早班行李员收到一份快递，显然要趁早送达客人，该如何操作?

2. 刘先生来店拜访客人王刚，前台问讯员该如何操作?

3. VIP 王飞要求总机为她办理叫早服务，总机该如何操作?

4. 某住店客人拿着一个精致的小皮包要寄存，说会在退房时来取，前台该如何操作?

5. 一位访客拿着一篮鲜花，声称要转交给酒店某位客人张某某，前台该如何处理?

6. 客人遗失前台保险箱钥匙，该如何操作?

7. 前台现收到一份邮件，但在酒店住客中查不到收件人，前台工作人员该怎么办?

8. 有位非住客到总台声称，他的一位债务人现住在饭店，要求协助查询并告之房号，应如何处理?

五、案例分析

一位吴先生入住1808房，要求为保密房。第二天一位自称为该客人妻子的刘女士到酒店前台问讯处查这位客人，问讯员A通过微机得知客人吴先生已申请保密，便礼貌告知其查无此人，但刘女士说其夫肯定在这里住，现在找他有急事，要求问讯员仔细查找，此时A灵机一动，说："我再到办公室帮您查找一下住客资料。"A来到后台，通过电话告知1808客人前台有人找他，住客吴先生问明情况后表示要回避。于是A来到前台再次对刘女士说查无此人，刘女士见问讯员不厌其烦地找了几遍都没结果也就离开了。

问题：问讯员A有什么可取之处?

第六章

客房楼层对客服务及管理

客人住宿在饭店，绝大部分时间都在客房内休息或工作。因此，为客人营造一个舒适、卫生、整洁和温馨的客房环境，是房务部对客服务的重中之重。不断加强和改善客房楼层的清洁卫生和相应的楼层对客服务工作，不仅是为了体现饭店房务部服务水平和质量的需要，更是展示房务部管理水平的需要。

【学习目标】

1. 了解并掌握客房清洁整理的内容、标准和工作流程，以及控制客房清洁卫生质量的管理手段。
2. 熟练客房楼层对客服务的要领和技巧。
3. 能够根据客房楼层规模、客源和设施情况，设计客房楼层的对客服务模式。
4. 能够处理客房楼层常见的对客服务问题。

跟踪服务无处不在

某宾馆906房间。推门而入的是远道而来的潘教授和当地接待部门的杜处长。“一尘不染，杜处长，看来这里的管理和服务很不错。”潘教授出于职业的习惯，随手抹了一把写字台的桌面看了一看说道。两人刚坐下休息，一位面带微笑的服务员敲门进来。她的手上端着盘子，上有两杯刚沏好的茶，亲切地说：“先生路上辛苦了，请用茶。”话音未落，紧随其后又来了一位服务员，送上的是两块热毛巾。“先生一定累了，请擦一下脸，再好好休息一下，有事请吩咐。”两位小姐退出后，潘教授和杜处长一边擦脸一边不约而同地称道毛巾的香水味。“潘教授是饭店管理专家，感谢您这次来对我们的指导。”杜处长对潘教授说。潘教授与杜处长亲切交谈着。

客房窗外，天色渐暗。杜处长提醒大家该是用晚餐的时候了。大家起座，步出房门。楼层服务员见状已经抢先为潘教授一行按了电梯。待电梯门开后，服务员又轻声细语地关照：“请慢走，请当心。”当他们来到底楼，一阵欢迎光临餐厅的声音迎面而来。晚餐用毕，潘教授一行乘电梯回到了9层，电梯门开，服务员小姐热情地说，这是9层，对旁边手提行李的新客连忙介绍：“这是9层，欢迎来到9层。”对潘教授一行说：“你们回来了，请休息。”

回到客房后，潘教授对杜处长等人说：“这里的服务果真名不虚传。会不会因为有您杜处长在，或者服务员知道我是他们总经理的客人而享受特别优待呢?”潘教授决定再察看一番。

潘教授独自一人乘电梯下了楼，再转身乘上电梯，从8层起，每层停一下，但见先走出的客人脚才踏上走廊，服务小姐便一边致欢迎词，一边在前引路，为客人开门，而在10米远处，另一位服务员已捧起热水瓶在沏茶了，一切都是那么自然，那么连贯。层层楼面都一样规范。

清晨，电话铃响，潘教授打开床头柜上的台灯，掀开被子接听电话：“先生，早上好，您不是今天一早要动身吗?我怕您睡过头，所以特意打电话给您。”电话那头是楼层服务员小姐亲切的声音。潘教授离房告辞，楼层服务员小姐热情相送，并再三关照：“请下次再来我们宾馆，再来9层住宿。”

分析：客房是住宿客人临时的家，客人希望客房提供的服务项目不仅要齐全、完善和规范，而且还希望各项服务的提供者要热情和温馨，富有人情味。客房员工要处处想着客人，时时刻刻以客人为重，预先发现和满足客人的各项需求，尽量在服务中给客人惊喜和感动。本案例中，宾馆的各项客房服务自然、连贯和规范，不仅流畅，而且极富人情味，是客房员工“用心”服务的典范。

第一节　客房楼层清洁整理

客房是客人在饭店逗留时间最长的地方，也是客人在饭店真正拥有的私人空间。客房的清洁卫生既是客人住房安全的要求之一，更是客人衡量酒店服务质量的重要指标。客人需要在客房睡眠、休息、盥洗、办公等，客房楼层必须向客人提供相应的各种服务。据美国康奈尔大学的有关市场调查表明，在客人考虑的各种要素中，对客房的“清洁卫生、物品整齐”是第一要求。因此，搞好客房的清洁整理，保证客人清洁卫生、舒适典雅、用品齐全是客房楼层的首要工作。

一、客房日常清洁整理的内容

客房日常清洁整理又称为做房。通常包括以下几个方面的内容：

（一）物品整理

按酒店规定和统一要求，整理和铺设客人使用过的床铺；整理客人放乱的物品、用具；整理客人乱放的酒店衣物（如睡衣、拖鞋等）。一般不整理客人放置的私人用品和衣物。

（二）清洁除尘

用扫把清扫地面；用吸尘器吸净地毯、软座椅上的灰尘；用抹布擦拭门、窗、桌柜、灯罩、电视机等各种家居设备；倒掉烟灰缸中的烟灰、纸篓里的废物垃圾。

（三）杀菌消毒

对茶杯、玻璃杯，以及卫浴用具进行杀菌消毒。

（四）更换及补充用品

按要求更换床单、床垫、枕套、面巾、手巾、浴巾、脚垫巾等棉织品；补充文具用品、火柴、茶叶、卫生纸、肥皂、沐浴液、牙膏、牙刷等供应品。

（五）检查设备

检查水龙头、抽水马桶等放水设备能否正常工作；检查空调、灯具、电视机、音响设备、电话机、电吹风等电器设备的用电安全指数和性能是否正常；检查家具、用品等是否有损坏。

二、客房清洁的原则

各大饭店根据自身不同的特点，在客房清洁卫生的操作和管理中，会有细节上的差异和特色，但一般遵循的清扫原则包括：

——从上到下，抹拭衣柜时应从衣柜上部抹起，逐渐向下抹。

——从里到外，特别是最后的吸尘和检查工作，由里向外工作既能保证整洁，又可防止遗漏。

——先铺后抹，房间清扫应先铺床，后抹家居物品。如果先抹尘，后铺床而扬起的灰尘就会重新落在家居物品上。

——环形清理，家居物品的摆设是沿房间四壁环形布置的，因此，在清洁房间时，亦应按顺时针或逆时针方向进行环形清扫，以求时效和避免遗漏。

——先房间后卫生间，卫生间清洁是带水操作，清洁后服务员的鞋下可能有水渍，后清扫可以避免在房间走动造成的重复污染。

——干湿分开，即在抹拭家居物品时，干布和湿布要交替使用，针对不同性质的家居，使用不同的抹布。例如，房间的镜子、灯罩，卫生间的金属电镀器具等只能用干布擦拭。

三、客房清洁的标准

（一）卫生感官标准

客房清洁的卫生感官标准是指客人和员工、管理者凭借视觉或嗅觉能感受到的标准（如灰尘、污迹、异味等）。总体来说，是指“眼看到的地方无污迹，手摸到的地方无灰尘，设备用品无病毒，空气清新无异味，耳朵听到的无噪声”。具体来说，就是客房卫生要做到“十无”和“七净”。其中“十无”是指：天花板、墙面、墙角无尘挂；地毯（地面）干净无杂物、无污渍、无破损；玻璃、灯具明亮无积尘；楼面无虫害；布草洁白无破损；茶具、杯具消毒整洁无痕迹；金属用具光亮无锈污；家具设备完好无破损、无脏迹；墙纸、墙壁干净无污渍、破损；卫生间清洁无异味，用具完好用品齐全。

而饭店卫生标准的“七净”，是指：四壁净、地面净、天花板净、家具净、床上净、卫生洁具净、物品净。

【同步案例】

一根头发

一位中年男子一身东南亚商人打扮，在两位当地政府官员的陪同下走向某饭店大厅。商人在总台登记时，一位陪同对总台服务员说：“钱先生是市政府请来的贵宾，按贵宾规格接待。”

钱先生和两位官员走出电梯，来到套房，放下行李。一位陪同说：“钱先生一路辛苦，稍稍休息一下，6点钟市长将来餐厅设宴为钱先生洗尘。”钱先生说：“市长客气了，只要你们这儿的投资环境好，回国后，一定组织一批工商团来贵市考察，洽谈投资……”

晚宴后，钱先生来到客房，感到很疲劳，淋浴后准备就寝，掀起床被，刚想睡下，发现枕头上有一根长发。他自言自语道：“连床单也没换？太脏了。”拨通服务员电话。“小姐，我是911房客人，请你来一下。”“我是服务员。”笃笃的敲门声。钱先生穿了外套开了门。“先生，你有什么事吗？”“哦，小姐，我房间卫生没打扫，床单没换。”“先生，这不可能，床单肯定换的。”“你看枕头上有头发，换了怎么会有?”“先生这不会是你的吧?”“不可能，我头发没这么长。”“对不起，可能早上服务员铺床掉下的，我帮你拿掉。”服务员伸手把头发拿了。“这不行，必须换掉。”服务员拿了两只枕套进来，把枕套换了。

钱先生压制着一肚子怒火，“必须全部换掉。”“只有枕头上有头发，枕套换了。床单明天一定再换。”服务员边说边向客房外走。钱先生怒不可遏，拨通总台值班电话。“先生，我是911房的钱先生，请给我准备一辆车回S城。”钱先生来到总台退房。“K市要吸引外资，必须要有好的投资环境，必须先从你们饭店做起，先从服务员做起。”钱先生如是说。小车载着钱先生离开了饭店。

总台值班员还在那儿发呆。第二天，那位客房服务员再也不用到饭店上班了。

分析：客房是客人临时的家，不仅要安全、舒适，更要卫生清洁。客房楼层的清扫人员一定要有质量意识，严格遵守卫生清洁标准。客房清洁无小事，客房的清洁卫生状况代表着酒店的服务质量和形象。此外，楼层人员在与客房沟通中，也要站在客人角度考虑，注意技巧，要顾及客人的心理感受。

（二）劳动效率标准

虽然楼层员工的操作有快慢之分，不同饭店的客房清洁标准，客房面积大小和住客特点也各异，但大多数饭店对楼层熟练员工的平均速度（按一般标准房计）应达到如下效率标准。

——空房（包括做夜床）：简单清扫，5~7分钟。

——住客房：一般清扫整理，15~20分钟。

——走客房：重点清扫整理，30~40分钟。

——VIP房（含常住客人刚刚离店的客房）：彻底清扫整理，45~50分钟。

四、客房清洁前的准备工作

为了保证客房清洁整理的质量，提高工作效率，必须做好客房清洁整理前的准备工作。

（一）签领客房钥匙

楼层服务员在上岗前应着工作服准时参加班前会，接受工作任务，并领取工作钥匙。楼层服务员领取钥匙后必须随身携带，然后尽快到达工作区域并立即进入工作状态。

（二）了解房态、决定清洁顺序

为提高客房利用率和服务质量，客房清洁整理应根据客房的不同状况，按一定的先后顺序进行。一般而言，淡季时清扫顺序为挂“请速打扫（Make Up）”房—VIP 房—住客房—走客房—空房。而旺季时的清扫顺序可调整为空房—走客房—挂“请速打扫（Make Up）”房—VIP 房—住客房。具体操作可视不同情况灵活运用。

（三）准备房务车、清洁工具

房务车是客房服务员整理、清扫房间的主要工具，准备是否妥当直接影响清扫的效率。一般可在每一班次结束前做好准备工作，但在每班工作前应做一次检查。准备工作的基本内容为：将房务车擦拭干净，将干净的垃圾袋和布草袋挂在挂钩上，再把棉织品、水杯、烟灰缸、文具用品及其他各种客用消耗品备好，整齐摆放。

备齐各种清洁剂、干湿抹布、不同刷子、清洁手套等各种清洁工具。检查清扫工具吸尘器和各部件是否严密，有无漏电现象，检查蓄尘袋的灰尘是否倒掉。

五、客房的清洁整理（以走客房为例）

为了保证房间的清洁整理工作能够高效开展，同时避免过多的体力消耗和意外事故发生，客房楼层要制定合理的客房清洁整理作业程序和操作方法，这是客房楼层清洁卫生管理的首要内容。

（一）停放工作车

工作车应挡住房门 1/3 靠墙停放，这样既便于观察工作车上的物品，又不使住客房的客人出入房间遇到障碍。

（二）敲门进入房间

敲门前要先观察门上是否挂有“请勿打扰”（Don't disturb）牌或门上有双锁标志（锁中露出红色标志等），避免打扰客人。敲门要先轻轻敲三下，然后报称客房服务员（housekeeping），待客人允许后方可启门进入。如果三四秒钟后客房内没有回答，再轻敲三下并报名。重复三次仍没有回答时，可用钥匙慢慢把门打开。

进房时，无论客人是否在房间，都不得将门关严。如果客人在房间，要立即礼貌地向客人讲明身份，征询是否可以进房清扫。如进房后发现客人在卫生间，或正在睡觉，正在更衣，应立即道歉，退出房间，并关好房门。须注意：敲门时不得从门缝或门视镜向内窥视，不得耳贴房门倾听。

进房前，将“正在清扫”牌挂在门把手上，而且整个清扫过程中，房门必须始终敞开。清扫一间开一间，不得图方便同时打开几个房间，避免客人物品被盗。

（三）开窗帘、通风换气、关灯

拉开窗帘，开窗通风（不能开窗的要开大空调通风量），关闭客房内的电器和照明灯。

（四）清理垃圾杂物

——将房间和卫生间的垃圾、烟灰缸的烟头、纸篓废弃物等收集倒入工具车的垃圾袋内，注意烟头是否熄灭。

——将用过的烟灰缸、杯子放入卫生间准备刷洗或放回工作车准备调换。

——不经客人同意，不得擅自将客人的剩余食品、饮料、自带用品等撤出房间。尤其是女性化妆品，即使是用完的空瓶、空盒也不得随意扔掉。

——客房内可能有保留价值的东西不可随意丢掉。

【同步案例】

一副假牙的命运

某宾馆客房，一位客人坐在沙发上，楼层人员小李正在打扫卫生间。清理洗面盆时，小李随手将洗面盆台上一个杯子中的水倒入马桶。打扫完卫生间，小李退出了客房。

大约半小时后，该客人发现卫生间洗面盆台上茶杯中的一副假牙不见了，便匆忙找到小李询问："小姐，你刚才整理卫生间时，看没看到茶杯中的假牙？"

"没看到。"小李答道。

"杯子里面的水你倒在哪里了？"客人问。

"可能倒在马桶里了。"小李想了想说。

"什么，你把我的假牙倒入了马桶！"客人和小李一起来到客房卫生间察看马桶，已经没有假牙的踪影。客人来回踱步，急汗涔涔。小李立于一旁，手足无措。最后客人拿起电话，向大堂副理投诉。

分析：客房楼层人员在打扫客房时，对属于客人的东西，只能稍加清理，不能随便移位，更不能想当然随手丢弃。案例中，小李将客人假牙随意丢弃，责任全在饭店，应该全额赔偿。

（五）撤床和铺床

先撤换床上用品，包括枕套、被套、床单、床尾垫等。当前国内饭店多以中式铺床为主，中式铺床的操作流程为：首先铺上垫单，然后套上被套并平铺在床上，最后装枕芯，并整齐摆放在床头。图 6－1 显示的是床单包角方法。

（六）抹尘

——抹尘遵循先上后下、先里后外、先湿后干的原则，做到不留死角。

——抹的过程中将移动物品按规定放回原位，并默记待补充的物品。

——每抹一件家具、设备，都要留意检查是否有损坏，一经发现要及时记录。

图 6－1　床单包角

（七）清洗卫生间

卫生间是客人最容易挑剔的地方。卫生间是否清洁美观、是否符合规定的卫生标准，直接关系到客人的身体健康，所以卫生间要重点清扫。

（八）补充客用物品

补充房间和卫生间内的必备用品，按规定的位置摆放好。尽量不触动客人的物品，更不要随意触摸客人的照相机、计算器、笔记本和钱包等物品。

（九）吸尘

吸尘由里往外吸，注意行李架、写字台底、床头柜底等边角的吸尘。注意有移动的家具顺手挪回原位。

（十）复查后退出房间

在客房清洁工作结束时，服务员应环顾一下房间、卫生间是否干净，家具用具是否摆放整齐，必备用品是否放好，清洁用品是否遗留在房间等。同时关好总电开关，锁好门，取下“正在清扫”牌。若客人在房间，要礼貌地向客人表示谢意，然后再退出房间，轻轻将房门关上。

（十一）填写客房清洁报表

退出客人房间后，填写好《楼层服务员清洁报表》。

六、客房进房服务次数的控制

（一）一日三进

国内酒店一般都实行一日三进房的做法，即上午的全面清洁整理、午后小整和晚间的做夜床。

（二）一日数进

有些高档酒店采用一日数进的做法，即只要客人离开客房，就提供小整服务。

（三）一日两进

外资、合资酒店大多提供一日两进的做法，即全面清洁整理和晚间做夜床，不提倡午后小整。

（四）灵活进房

国外饭店大多是在客人要求整理时，服务员才提供进房清洁。主要是通过挂“请即打扫”牌或电话通知。

七、客房清洁卫生质量控制

客房清洁卫生的质量是客人选择饭店的首要因素之一，也是客房部质量控制管理的基本内容。客房部的管理人员，尤其是基层管理者必须明确客房清洁卫生工作的具体内容和标准，以便进行有效的控制和管理。客房清洁卫生工作的要求是高质量、高标准、高效率，但客房清洁卫生的特点是楼层多，管理范围广；员工分散作业，质量不容易控制等。所以客房部清洁卫生管理的难度较大。客房部全体员工都要明确客房清洁卫生工作是客房服务质量和管理水平的综合反映，客房部应在客房清洁卫生方面加大管理力度。

（一）强化员工卫生质量意识

为提高客房清洁卫生质量，首先要求参与清洁的服务人员有良好的卫生意识。为此必须做好岗前及在岗培训，让员工树立起卫生第一、规范操作、自检自查的岗位责任感。同时，要求客房管理人员及服务人员注意个人卫生，从自身做起，既完善自身形象，又加强卫生意识和卫生习惯。

其次，不断提高客房员工对涉外星级饭店卫生标准的认识，严格与自己日常的卫生标准相区别，与国际卫生标准接轨，以免将一些国际旅游者正常的卫生要求视为“洁癖”。

（二）明确清洁卫生操作程序和标准

为了使清洁工作有条不紊地进行，避免在清扫过程中对员工时间、体力的浪费及物品的浪费；为了防止安全事故的发生，便于管理人员对工作进程的控制，保证工作质量，客房部应制定出科学合理的操作标准，并不断进行修订和完善。

操作标准应包括操作步骤、操作方法、操作技巧、操作工具用品等。制定操作标准时，应重点考虑省时省力、快捷高效、安全、经济、能否达到等因素。制定出操作标准后，客房部员工应尽快学习并掌握标准，并按照操作标准工作，使员工养成遵守操作标准的良好习惯。

程序符合“方便客人、方便操作、方便管理”的原则；标准包括视觉标准和生化标准。

（三）严格执行逐级检查制度

逐级检查制度是由饭店房务部各级管理人员对自己下属实施的卫生质量检查。其检查范围不能超过自己所属的部门，是一种上对下的检查。检查不受级别限制，任何一个管理人员对自己直接下属和所属下属中的任何岗位，都有检查的权利。客房的逐级检查制度主要是指对客房清洁卫生质量的检查要实行服务员自查、领班查房、主管抽查和经理巡查的四级检查制度。饭店通过对客房进行逐级检查，来保证客房产品的合格率，杜绝劣质客房产品出售，这也是确保客房清洁卫生质量的有效管理方法。

楼层服务员每整理完一间客房，应对客房的清洁卫生状况、物品的布置和设备的完好等做自我检查，以加强楼层员工的卫生质量意识和提高客房卫生的合格率，同时也能减轻领班的查房工作量；楼层服务员整理好客房并自查完毕，由楼层领班对所负责区域内的每间客房进行全面检查，并保证质量合格；楼层主管要加强服务现场的督导和检查，抽查客房的数量一般为领班查房数的10%以上，重点是每间VIP房，抽查常住房、OK房和维修房；客房部经理每天要拿出一定时间到楼层巡视，抽查客房的清洁卫生质量，特别要注意对VIP房的检查。另外，饭店总经理也要定期或不定期地亲自抽查客房，或派值班经理MOD代表自己进行抽查，以控制客房的服务质量。

（四）设置《宾客意见表》

客房清洁卫生质量，当然首先要符合饭店的相关标准，但更重要的是，是否达到客人的卫生质量要求，是否让住店客人满意。为了及时获取客人对客房清洁卫生的反馈信息，有必要设置《宾客意见表》。针对客人的意见，可以发现客房楼层在清洁卫生工作上的不足，积极改善，从而不断提高楼层清洁卫生质量。

八、客房清洁整理过程中的问题处理

（一）客人中途回房

在清扫工作中，遇到客人回房，首先，主动向客人打招呼问好；其次，要礼貌地确认客人身份，是否为该房住客；最后，征求意见是否继续打扫清洁。如未获允许应立即离开，待客人外出后再继续进行清扫。若客人同意，应迅速地把房间清扫干净，离开时应礼貌地向客人致谢，退出房间时注意要轻轻地关上房门。

【同步案例】

同事要求开房门

晚上8点，某三星级酒店前厅接待处，一位客人正在同服务员小周交涉，要求她打开6518房的门，原因是他的钥匙被同房的另一位同事拿走了，而他的同事一时又找不到，现在他有急事必须马上进房。可是，小周查了登记，6518房并没有此客人的记录。询问后客人告知由于他晚到了，所以没有登记，只是登记了他的同事一人。此客人没有入住登记，无法证明他是该房的住客，因为酒店有规定，为了客人的安全是不能随便给人开门的，但是该客人强调他现在有急事必须开门，并说如果耽误了要事，一切责任要小周承担。

分析：维护住店客人的人身和财产安全是饭店的首要责任。对于不明身份的人员要求饭店为其开某客房的门，一定要核实身份，并须征得在住客人的许可方可操作。案例中要求开门的客人没有进行入住登记，对于饭店来说，其身份仅是访客，在没有核实其身份信息及征得住客同意的情况下，是万不可给其开客房门的。饭店这样操作，从根本上说是对在住客人负责，相信事后是会得到住客的理解和认可的。当然，饭店也可在紧急情况下，采取变通的方式。具体操作是请客人出示他的身份证及有效证件，并请他详细说明进房的目的。在客人将他的证件押在总台的情况下，由前厅部一名管理人员和房务中心一名服务员（如增加几人更好）共同陪客人进房办事，待事情办完后一起出房，看他进房所做的事情与他事先说明的目的是否一致，待他的同事回来后要同此客人一起向对方解释发生的事。

因此，酒店应在总台用“入住须知”的形式写明客人入住必须登记（住几人登记几人）的提示，并在给前厅员工培训时特别说明，客人入住必须登记。如果发生上例出现的情况，首先必须考虑到客人的安全，这是任何一个酒店都必须做到并要负责的，然后再考虑在不影响酒店声誉及责任的前提下，灵活处理问题。

（二）不使用客房电话

客人在入住客房期间，客房内的一切设施设备的使用权暂归客人，未经客人许可或同意，不得使用客房内的任何物品，当然也包括客房内的电话。此外，帮客人接听电话，既不能帮客人解决任何事情，同时也可能带来误会，引起不必要的麻烦。在房间内拨打电话，也是饭店不允许的，首先拨打外线电话会产生费用，侵犯客人的利益；拨打内线电话会造成占线，容易引起误会。因此，在清扫房间时，既不要拨打客房电话，也不要接听客房电话。

（三）如何进入住客房

——基本原则是“保护客人隐私”。

——在进房间前先查看客人是否打“DND”，若没有，再敲门通报，待客人允许后再进入房间。

——敲门时，用右手的中指或食指关节有节奏地轻敲 3 下，并报称“Housekeeping”，待客人允许后，轻轻地把门推开，进入客房。

如果敲门或按门铃后房内无人回答，可以打开房门，但若发现客人正在睡觉，则应马上退出房间，并轻轻把门关上。如果客人在房间内，见面时必须向客人问好，并表明自己的身份及来意，征求客人的意见是否可以打扫卫生。同时，卫生间门关闭也必须敲门，经证实无人后，方能打开卫生间房门。

——“请勿打扰”牌的规定。当客房门把上挂有“请勿打扰”牌时，或在锁中露出红色标志——表示已上双重锁；或在房门一侧上方墙壁上亮着“请勿打扰”指示灯时，客房服务员不能敲门进房间。到了下午 2 点，仍然挂着“DND”牌，表示客人没有离开房间，服务员可打电话到房间了解情况，并注意礼貌用语：“您好，我是服务员，请问可以进房打扫卫生吗?”客人同意后方可进入。如果无人接电话，说明客人可能生病或有其他问题，应立即报告主管和保卫部，采取措施进入房间，以保证客人的人身安全。

第二节　客房楼层对客服务

客房楼层对客服务与管理是饭店房务工作的重要组成部分，它体现了饭店的服务水平和服务质量，饭店的客房楼层对客服务不仅要做到“客人至上、服务第一”，更要掌握各项服务的要领和服务技能。

一、客房对客服务的特点

客房楼层服务与饭店餐厅、康乐等服务既有相同之点，又有不同之处，对它的特点进行研究有利于提高服务的针对性，客房楼层对客服务的主要特点如下：

（一）营造“家”的温暖

既然饭店的宗旨是为客人提供一个“家外之家”，因此是否能够体现出“家”的温馨、舒适、安全、方便等，就成为客房对客服务成败的关键。在对客服务中，客房服务人员扮演着“管家”的角色，因此要留意客人的生活习惯等。例如客房服务人员清晨为客人整理房间时，如果发现客人毛毯上盖着床罩，说明客人夜里嫌冷，就应该在交班时请中班服务员在做夜床时加床被子。对客服务要尽量做在客人开口之前，给客人留下美好的印象。

（二）以“暗”的服务为主

餐饮、前厅的对客服务表现为频繁地接触客人，提供面对面服务；而客房楼层则不同，它的服务是通过有形的客房产品表现出来的。例如客人进入客房后，是通过床铺的整洁、地面的洁净、客用品摆放有序等，感受到客房服务人员的服务的。客房楼层对客服务表现出“暗”的特点，客房楼层服务员的客房清洁整理工作都是利用客人不在房间的时候进行的，客房楼层服务员是饭店的幕后英雄。但是，客房楼层也有一些面对面的对客服务，如物品租赁、会客服务、VIP 接待等。因此，客房楼层的对客服务“明暗兼有”，但以“暗”的服务为主。

（三）安静、不打扰服务

客房是客人休息和睡眠的地方，保持客房安静是必然的需求，也是最基本的要求。为了保持客房的安静，饭店在选址上要尽量避开闹市区；在建筑材料上要选用隔音材料；在楼层设计上，餐厅与客房之间应采用区域分隔设计，避免餐厅噪声的影响；大型的有噪声的设备应安装在室外或地下室，并采用消音处理；客房区域要避开餐厅、歌舞厅，并采用独立通道，与其他区域分开。客房服务员在客房清扫时要避开客人的休息时间，在客人外出时进房整理；注意在工作中要做到三轻：动作轻、声音轻、脚步轻。

二、客房楼层对客服务的要求

“服务”这一词由七重含义构成，这七重含义的英文开头字母刚好构成了“Service”。这七重含义贯穿对客服务的全过程。客房楼层对客服务是饭店房务部对客服务的主体。客人在饭店下榻期间逗留在客房内的时间最长，客房楼层对客服务的水准高低在很大程度上决定了客人对饭店产品的满意程度。这就要求客房楼层的对客服务要以与其星级相称的服务程序及制度为基础，以整洁、舒适、安全和具有魅力的客房为前提，随时为客人提供真诚、主动、热情、耐心、高效的服务，使客人“高兴而来，满意而归”。

（一）真诚（Sincere）

真诚就是强调对客人的感情投资，不是单纯完成任务，而是要发自内心，真正为客人着想，热情、主动、细心、细致，使客人感到温暖。

（二）效率（Efficient）

效率就是要为客人提供快速而准确的服务。效率服务是现代快节奏生活的需要，是优质服务的重要保证。例如，一般房间的清扫时间为 25 分钟，查房时间为 3 分钟，等等。

（三）随时做好服务准备（Ready to Serve）

随时做好服务准备就是楼层服务员应该随时准备好为客人服务，这要求楼层服务员要具有良好的服务意识，想在客人之前，为客人提供主动、积极的对客服务。

（四）看待（Viewing）

看待就是楼层服务员要把每一位顾客都看作是需要提供特殊照顾的贵宾。服务不是伺候人，而是给客人提供帮助，帮客人解决实际问题，既要从内心尊重客人，把客人当作上帝，又要和客人真心沟通，把客人当作朋友和家人。

（五）邀请（Inviting）

邀请就是楼层服务员在每一次服务结束时，都要真心并且通过适当的体态语言，来邀请宾客再次光临。不要把这看作一句客套话，实际上，回头客才是企业利润的稳定来源。

（六）创造（Creating）

创造就是楼层服务员要为住客创造出温馨的服务环境及气氛，掌握对客服务过程中节奏和谐、态度友善等，同时要尽可能掌握客人的偏好或特点，比如左手用餐、客人的口味和生日、睡觉时枕高枕等，以此为客人营造“家”的感觉。

（七）眼光（Eye）

眼光就是楼层服务员都应该用热情好客的眼光关注每一位宾客，揣摩客人心理，预测宾客需求，并及时提供服务，甚至在客人未提出要求之前，就能替客人做到，使顾客时刻感受到服务员在关注自己，这也就是我们讲的超前服务意识。

【同步案例】

“没有”和“不知道”

一天，某会务组经办人员张先生检查会议室的布置情况。会议室原有座位46个，而会议人数则为60人，张先生发现会议室增加了椅子，却未增加茶几，但服务员解释道：一是会议室太小，茶几恐怕放不下；二是没有那么多茶几。事后张先生找到客房部经理才解决了茶几问题。张先生安排代表们的娱乐活动，到楼层询问服务员小赵：“请问石人山风景区怎么走？”小赵抱歉地笑了笑说：“对不起，先生，我不知道。”张先生扫兴地摇了摇头。

分析：服务员对客人的问询应有问必有答，绝不能说“不知道，不懂，不会，不行，没有”。若自己确实不知道，也要尽可能弄清楚后再告诉客人。当服务员在张先生提出增加茶几时，应当立即回答："好的，我一定想办法给您解决。"假若找不到备用茶几，也可向领班或部门经理反映，从其他会议室等处暂挪用几个。一旦待客人提了意见后再来解决问题，主动服务则变成了被动服务，客人是不会满意的。另外，小赵在不知道石人山风景区怎么走的情况下，应请张先生在房间稍候，待询问知道者后立即告之，并抱歉地说："对不起，先生，让您久等了。"那样，张先生不会为服务员"不知道"而怪罪。相反，他会被其热情服务所感动。

三、客房对客服务模式

酒店客房服务模式是一个比较古老的话题，它实际上说的是酒店客房的宏观运营方式。由于各种类型的酒店设施设备配置得不尽相同，因此，在客房服务模式的选择上，也各有各的做法。早期的酒店管理专家总结指出，楼层服务台和客房服务中心是最为常见的客房服务模式。但随着酒店类型的增多，酒店个性化的不断加强，又有一种新的客房服务模式应运而生，即为"前台直管模式"。由于各种模式的侧重点不同，所以在岗位安排、人员配备等具体做法上也有所不同。

（一）楼层值台模式

酒店在客房区域内，在靠近各楼层电梯口或楼梯口的位置设置为该楼层住客提供服务的服务台即为楼层服务台。楼层服务台一天 24 小时都会有服务员值班，为住客提供服务。楼层服务台为本楼层的住客提供日常服务，如开房、客房清扫、访客登记、钥匙保管与发放等；楼层服务台是客房部与酒店其他部门的联络中心，如工程部的客房维修与保养、采购部的物品采购与配给、餐饮部的客房送餐等；楼层服务台是本楼层的安全管理机构，楼层服务台安排服务人员 24 小时值班，可以大大降低酒店安全事故的发生。此外，楼层服务台还是楼层信息的传达中心。

由于楼层服务台有服务员值班，这大大加强了客房部与住店客人之间的交流，能够为客人提供较好的面对面的针对性服务，同时，楼层服务台的设置有利于酒店楼层的安全保卫工作的开展，此外，楼层服务台的设置也有利于酒店客房部及时准确地了解酒店客房的房态及运营情况，为前厅管理工作提供及时准确的信息参照。

但是，楼层服务台模式慢慢被现代高星级酒店所淘汰，主要是楼层服务台有诸多的缺陷。一是楼层服务台三班倒，投入的人力较多；二是每层都有楼层服务台，这导致管理点分布，不利于酒店客房统一管理；三是楼层服务台一般设置在楼层走廊较为显眼的位置，这会使客人感到不自由，客人隐私得不到有效保障。当然，楼层服务台的诸多缺陷在一般招待所、旅社、旅馆是比较常见的。

（二）客房服务中心模式

客房服务中心是现代酒店客房管理的主导模式，是酒店客房管理的神经中枢。它一般设置在酒店员工更衣室与员工电梯之间的隐蔽处，主要通过电话的方式为酒店的住客提供周到的服务。此外，现代酒店在建立客房服务中心时，通常注意到了消毒间、工作间、物品存储间的合理设置。在没有设置楼层服务台的酒店，一般在每个楼层都会设有工作间，工作间主要是楼层服务员工作和休整的区域，它的设置一般较为隐蔽，但也需要让客人能够很容易找到。客房服务中心的主要职能是对酒店客房进行统一化、综合化和全面化管理。一般情况下，凡是与酒店客房部有关的工作信息，都会在第一时间先传达到客房服务中心，然后经过客房服务中心工作人员的初步处理再具体传达到其他楼层工作人员，这种方式可以提高工作效率。客房服务中心的设置，使其成为和酒店其他后台部门类似的封闭式的管理部门（即不直接面对住客），这对工作人员的素质提出了较高的要求。工作人员要时刻关注房态、做好各类物品的登记与发放、制作住房报表、及时处理客人要求、安排清扫工作等。

客房服务中心的模式大大减少了人员的编制，节省了人力，降低了成本开支；保证了客房楼层区域内的安静，为客人提供了一个较为安宁和私密的空间；有助于对客房服务人员的调度与控制；保证了客房管理信息的畅通，有助于加强对客房整体运作效果的把握。

客房服务中心也有缺陷。首先，由于客房服务中心仅在酒店某个楼层开设，一般需要设置 BP 机呼叫系统、电话系统，还需要在楼层安装监控设备，以保证酒店楼道的安全，这样一次性投入的成本是比较大的。同时，即使这些设备安装后，客房对内对外管理方面都还是会存在一些不安全的因素，会影响住客的安全感。其次，在人力资源的要求方面，客房服务中心的管理模式需要训练有素的员工队伍来支持，一旦配合得不好，会影响整体功能的发挥。客房服务中心不提供面对面的对客服务，使服务不具有直接性，缺乏人情味，致使客人对客房服务员的信赖度下降。而且由于通过电话来进行呼叫，导致服务员往往不能够主动发现客人的需求并及时提供服务。

（三）前台直管模式

前台直管模式是基于现代酒店发展的类型增多而出现的一种新的客房服务模式。目前，随着特色商务酒店和经济型酒店的迅猛发展，这些类型的酒店往往采取前台直管模式，即将客房楼层直接划归前台管理，不设楼层服务台，也不设置客房服务中心，而是在前台班组中设客房服务和清扫小组来对客房进行管理。前台直管模式的主要职能包括钥匙分发、安排客房清扫、保障客房安全、物品管理与分发、信息统计等。

前台直管模式的最大优点就是节省了人力成本，将客房纳入前台管理系统之内，保证了前台管理与客房管理的统一性，避免了“开重房”等问题的发生。但是，前台直管模式应该慎用，主要是缺陷比较明显，即在对客服务方面不能够做到面对面和及时性，同时也存在较大的安全隐患，住客在客房区域发生问题不能够及时发现。不管如何，前台直管模式对于小型的酒店来说，它或许会在将来成为属于这种类型酒店的一种特别的客房管理模式。

因此，对于高星级酒店，在客房服务模式的选择上可以重点考虑客房服务中心的模式；中低档次的星级酒店在客房服务模式的选择上可以重点考虑楼层服务台的服务模式，来提高对客服务效率，弥补硬件设施的不足。而一般小型的商务酒店则可以采取前台直管的客房服务模式以提高人力资本的使用效率。但无论如何，任何类型的酒店在选择客房服务模式时，都应该重点考虑到酒店本身的客源结构和档次，同时要考虑到当地劳动力成本的高低以及当地社会治安环境的好坏等因素。

四、客房楼层的对客服务项目

（一）夜床服务

夜床服务是对客房进行的晚间寝前清洁整理，又称“做夜床”或“晚间服务”。夜床服务是一种充满了亲情和关爱的服务。它的作用主要是方便客人休息，清扫房间使客人感到整洁舒适，体现对客人的欢迎和礼遇。

夜床服务的最佳时间是晚上 6 点至 8 点。因为这时客人大多外出不在房间，既不打扰客人，又方便服务员工作。有的饭店为尊重客人个人的意愿，设置了“夜床服务卡”，待客人提出要求后，再进房整理和服务。夜床服务的基本程序如下：

——进房。

——开灯，关闭窗帘，空调开到适宜温度。

——整理卧室，补充用品。

——开夜床。包括以下内容：

第一，将床头柜一侧的被角向外掀起，折成 30°。标准间只住一位客人，则开邻近卫生间的床，开床方向朝向床头柜；如住两人，则相对开床；如双人床睡两人，则左右开床。

第二，拍松枕头并摆放整齐，应将睡衣叠好放在枕头上，将拖鞋放在规定的地方。

第三，在床头柜上放置晚安卡或晚安巧克力。

——整理卫生间，并将防滑垫摊开铺在淋浴柜地上，将地巾铺在淋浴柜门前。

——退出房间前，关闭除地灯外所有的灯，并将房门关上锁好。若客人在房间，要向客人道声“打扰了，晚安”，并将门轻轻地关好。

——填写晚间服务记录。

（二）小整服务

小整服务是一般在住客外出后，客房服务员对其房间进行简单的整理。小整服务让客人无论何时回房，都有整洁、舒适的房间提供给他，使客人有受重视之感。其主要服务内容如下：

——拉开窗帘，整理客人休息后的床铺。

——清理桌面、烟灰缸、纸篓内和地面的垃圾杂物，注意未熄灭的烟头。

——简单清洗整理卫生间。

——补充茶叶等房间用品。

（三）VIP 接待服务

饭店 VIP 是指对于饭店而言非常重要的客人，由于他们具有较高的社会地位、较大的社会影响力或者是公众人物有较大的知名度等，对饭店会产生一定的积极影响，对饭店的公关形象尤为有利。因此，VIP 客人在住店接待过程中会受到极高或较高的待遇。各饭店对于贵宾范围规定不一样，但大致包括知名度很高的政界要人、外交家、艺术家、学者、经济界人士、影视明星、社会名流等人员。此外，根据贵宾等级的不同，可以划分为 V1、V2、V3、V4 四个等级，其中等级越高，给予的礼遇越高。

1. 迎送

根据贵宾等级，安排相应人员在楼层电梯口迎送。

2. 送欢迎茶

准备好茶具，并冲泡欢迎茶，送至客人房间。注意客人到达后，应立即将准备好的茶水送至客人房间，不要贻误时机，给客人带来不便。

3. 清扫

接到 VIP 接待通知单后，要将 VIP 所住房间进行彻底清扫。

4. 布置

按规格对客房进行布置，并在客房内摆放有总经理签名的欢迎信、名片。

（1）装饰：写字台或会客室茶几上放一盆插花，卫生间云台面上放一瓶插花。

（2）每天放一篮两色水果及服务用具；两种小点心。

（3）每天放两种以上报纸（外宾房放英文版的《中国日报》）；做夜床时赠送一份酒店特制的纪念品。

（四）小酒吧服务

为了方便客人，大部分饭店都在客房内安放小冰箱，向客人提供适量饮料，并在适当位置放置烈性酒，备有饮具和酒水单。

1. 物品配备

在房内小酒吧的配备方面，客房楼层首先根据本饭店的星级及目标市场确定饮料的配备品种及数量，提供适量软、硬饮料和干果，然后再设计小酒吧账单；账单上应列出饮料及其他备品的品种、数量、价格及有关注意事项。小酒吧账单一般一式三联，两联送前台收款，第三联则由客房楼层留存。此外，房内还需配备饮料杯、酒杯、杯垫、调酒棒、开瓶器等用品。

2. 检查

对于住客房小酒吧的检查，通常由服务员在每次例行查房时进行，如清扫客房、开夜床时。若有消费，应立即输入账款，并做好补充。如果客人已填好《客房小酒吧账单》。应收取并补充新账单，还要注意核查账单填写是否正确。

对于离店退房客人，由楼层查房时检查小酒吧的消费情况，并及时通知总台收银员。国外绝大部分饭店则在客人结账时询问客人是否消费了小酒吧，根据客人的回答进行结账，大大加快了结账速度。该种方式由于存在客人谎报的可能，在国内实行还存在一定难度。

对于团队客人房间小酒吧的检查，要做好计划安排。一方面，团队客人用房量大，查房耗时长；另一方面，有些团队客人离店时间集中在清晨，此时早班服务员还未上班，所以每天晚班要查看次日团队离店客人的计划，并搞好查房安排。

3. 盘点

客房楼层定期统计和盘点楼层的小酒吧饮料，确保所有房内小酒吧饮料不超过保质期，这是小酒吧管理工作的一个重点。同时，楼层服务员每天上午还应对小酒吧进行盘点，把客人实际饮用的数量通知总台收银处，并及时补充客人所消耗的酒水饮料。

（五）洗衣服务

洗衣服务可分为水洗、干洗和熨烫三种，时间上分正常洗和快洗两种。提供优质的洗衣服务对提高客人对客房工作的满意度具有非常重要的意义。在对客服务工作中，洗衣服务比较容易引起客人的投诉，所以客房楼层应注意做好洗衣服务的控制工作。

1. 客衣收取

最常见的送洗方式是客人将要洗的衣物和填好的洗衣单放进洗衣袋，留在床上或挂在门把手上。也有客人嫌麻烦请楼层服务员代填，但要由客人过目签名。洗衣单一式三联，一联留在楼面，另两联随衣物送到洗衣房。楼层服务员一般在上午10时集中巡查房间收取客衣，对于客人未填洗衣单的不予收取客衣，并在洗衣单上醒目注明。

2. 送洗

楼层服务员将收取的送洗客衣集中后均应在《客衣收取记录表》上进行登记，然后通知洗衣房前来收取客衣，并按规定与洗衣房收发员进行交接。

3. 客衣送回

客衣送回主要是由楼层服务员将客衣送到客人房间，或者由洗衣房直接将客衣送到客人房间。准确无误是送回客人工作中需要特别注意的问题，常见的错误是送错楼层和送错房号。对于“请勿打扰”及“双锁房”的客人，客衣送回时不可打扰，应把客衣交给客房中心，并从门下放入“衣服已洗好”的通知，注意记下客人房号。

送回客衣是一件十分细致的工作。按国际惯例，由于饭店方面原因造成衣物缺损，赔偿金额一般以洗涤费用的10倍为限。由于我国洗涤费用便宜，按10倍赔偿一般也无法令客人满意，所以要求相关人员认真、负责，不能出差错。

【同步案例】

干洗还是湿洗?

江苏省某市一家酒店住着某某公司的一批常住客。一天，一位客人的一件名贵西装弄脏了，需要清洗，当见服务员小江进房送开水时，便招呼她说："我要洗这件西装，请帮我填一张洗衣单。"小江想客人也许是累了，就爽快地答应了，随即按她所领会的客人的意思帮客人在洗衣单"湿洗"一栏中填上，然后将西装和单子送进洗衣房。接手的洗衣工恰恰是刚进洗衣房工作不久的新员工，她毫不犹豫地按单上的要求对这件名贵西装进行了湿洗，不料结果在口袋盖背面造成了一点破损。

客人收到西装发现有破损，十分恼火，责备小江说："这件西装价值 4 万元，理应干洗，为何湿洗?"小江连忙解释说："先生，真对不起，不过，我是照您交代填写湿洗的，没想到会……"客人更加气愤，打断她的话说："我明明告诉你要干洗，怎么硬说我要湿洗呢?"小江感到很委屈，不由分辩地说："先生，实在抱歉，可我确实……"客人气愤至极，抢过话头，大声嚷道："这真不讲理，我要向你上司投诉!"

客房部曹经理接到客人投诉——要求赔偿西装价格的一半 2 万元。他吃了一惊，立刻找小江了解事情原委，但究竟是交代干洗还是湿洗，双方各执一词，无法查证。曹经理十分为难，他感到问题的严重性，便向主持酒店工作的蒋副总经理做了汇报。蒋副总也感到事情十分棘手，召集酒店领导作了反复研究。考虑到这家公司在酒店有一批常住客，尽管客人索取的赔款大大超出了酒店规定的赔偿标准，但为了彻底平息这场风波，稳住这批常住客，最后他们还是接受了客人过分的要求，赔偿 2 万元，并留下了这套西装。

分析：客房员工在受理客人洗衣要求时，一定要填好洗衣单再予以送洗。对于帮客人代填写的洗衣单，在确定送洗前，也要让客人签名确认相关送洗要求;否则，应婉转地予以拒绝。此外，洗衣房也要对客人洗衣把好质量关，对于明显不能湿洗的名贵衣物不要贸然操作，要慎重向客人核实情况后再洗，方可避免差错。本案例中，酒店采取了同意客人巨额赔款要求的处理方法，这是完全可以理解的。况且，尽管客人的确也有责任，但酒店严格要求自己，从中吸取教训，加强服务程序和员工培训，也是很有必要的。

（六）查房服务

1. 查房的目的

（1）检查客人是否有遗留物品。

（2）检查房间设备是否被客人损坏。

（3）检查房间物品是否被客人带走。

（4）查看小酒吧是否有消费。

2. 查房的操作规范

（1）楼层服务员接到查房指令后，快速进入客房查看。

（2）首先查看客人是否有遗留物品：重点查看壁柜，写字台及抽屉里，枕头底下及床头柜上。

（3）其次查看设备、物品是否损坏或带走：重点是地毯、遥控板、床单被套以及毛巾、餐饮用具等。

（4）最后查看小酒吧是否有消费。

（5）在3分钟内将查房结果上报客房服务中心。

【同步案例】

客人离店被阻

北方某宾馆。一位40来岁的客人陈先生提着旅行包从512房间匆匆走出，走到楼层中间拐弯处服务台前，将房间钥匙放到服务台上，对值班服务员说："小姐，这把钥匙交给您，我这就下楼去总台结账。"却不料服务员小余不冷不热地告诉他："先生，请您稍等，等查完您的房后再走。"随即拨电话召唤同伴。李先生顿时很尴尬，心里很不高兴，只得无奈地说："那就请便吧。"这时，另一位服务员小赵从工作间出来，走到陈先生跟前，将他上下打量一番，又扫视一下那只旅行包，陈先生觉得受到了侮辱，气得脸色都变了，大声嚷道："你们太不尊重人了！"小赵也不回答，拿了钥匙，径直往512号房间走去。她打开房门，走进去不紧不慢地搜点：从床上用品到立柜内的衣架，从衣箱里的食品到盥洗室的毛巾，一一清查，还打开电控柜的电视机开关看看屏幕。然后，他离房回到服务台前，对陈先生说："先生，您现在可以走了。"陈先生早就等得不耐烦了，听到了她放行的"关照"，更觉恼火，待要发作，或投诉，又想到要去赶火车，只得作罢，带着一肚子怨气离开宾馆。

分析：服务员在客人离店前检查客房的设备、用品是否受损或遭窃，以保护宾馆的财产安全，这本来是无可非议的，也是服务员应尽的职责。然而，案例中服务员小余、小赵的处理方法是错误的。在任何情况下都不能对客人说"不"，这是酒店服务员对待客人的一项基本准则。客人要离房去总台结账，这完全是正常的行为，服务员无权也没有理由限制客人结账，阻拦客人离去。随便阻拦客人，对客人投以不信任的目光，这是对客人的不礼貌，甚至是一种侮辱。

（七）物品租借服务

物品租借已成为客房部的一项重要项目，客房内所提供的物品一般能满足住店客人的基本生活需求，但有时客人会需要酒店提供一些特殊物品，如电吹风、电熨斗、熨衣板、USB线、接线板等。客房楼层应配备此类物品，并在《服务指南》中注明可以向客人提供租借服务。对客租借物品程序如下：

——客人电话要求或当面向楼层服务员要求。

——仔细询问客人租用物品的时间。

——将物品送到客人房间。

——请客人办理物品租借手续，见表6－1。

——客人归还物品，做好记录。

表6－1　物品租借登记表

日期	品名	房号	租借时间	经手人	归还人	规还时间

客人租借电器类物品时，要向客人演示操作方法及注意事项；当客人过了租借时间，仍未归还物品时，可主动询问；对于离店的客人，要注意检查客人有无租借物品未还。

（八）擦鞋服务

为了方便客人，酒店在客房内配备擦鞋纸或擦鞋巾，部分酒店也以“自动擦鞋机“取而代之。国家旅游局规定，三星级及以上的饭店须向客人提供免费人工擦鞋服务，即在客房壁柜内放置标有房间号码的鞋篓，并在《服务指南》中告知客人，客人如需擦鞋，可将鞋放入篓内，并将鞋篓放在房间门口由楼层服务员统一收取，或者电话告知服务中心前来收取；收取的客鞋由夜班服务员统一擦拭，完毕后及时送回客人房间。客房服务员通常在两种情况下为客人擦鞋：一是客人吩咐；二是发现客人鞋脏时，尤其是雨雪天气，主动为客人提供擦鞋服务。

（九）其他服务

客房楼层除以上提供的对客服务外，还向客人提供托婴服务、客遗物品服务、送餐等服务。所有的服务，都是为了方便客人在饭店的活动需要，尽量为客人营造一个临时的“家”。

五、客房服务质量的构成

“质量是企业的生命”这一观念已经成为当代企业的基本共识，对于饭店管理也是如此。在市场竞争日趋激烈的形势下，饭店经营成败的关键在于服务质量。客房服务是饭店服务的重要组成部分，其质量高低直接影响饭店服务质量和客房出租率。要加强客房服务质量管理，提高客房的服务质量水平，必须认识客房服务质量及其管理内容。

（一）客房空间大小

客房空间是影响客房服务质量的基本因素。不同档次、不同类型的客房，在空间大小上都有要求和规范。例如，旅游星级饭店要求标准客房净面积（不含卫生间）要大于12平方米，卫生间面积要大于4平方米，高度要大于2.7米。否则，客人会感觉客房空间狭小、压抑，从而影响客人的整体入住体验，降低对总体客房服务质量的评价。

（二）客房设备设施运行

包括客房家具、电器设备、卫生间设备、防火防盗设施、客房备用品和客房供应品的质量。这些是客房服务提供的物质基础，其舒适完好程度如何，直接影响到整个客房服务的质量。

（三）客房用品配置与补充

客房用品包括客用消耗用品、客用多次耗用品等。不同类型和档次的饭店，其配置的客房用品的种类、品质和数量会有所不同；而且在客人入住期间，客房用品被客人消耗后，饭店补充的数量及频次也存在差别，这些都会影响客人对客房服务质量的评价。

（四）客房清洁卫生

客房楼层的一项重要功能就是要保证客房及楼层走廊的清洁卫生，其中客房的清洁卫生十分重要。客人在酒店入住期间，大部分时间是在客房度过的，客房是宾客生活、休息的主要空间，因此，客房是否清洁卫生，直接影响着客人对客房服务质量的评价，也决定着客人是否再次入住该酒店。

（五）客房环境氛围

主要是指客房设施设备的布局和装饰美化，客房的采光、照明、通风、温湿度的适宜程度等。良好的客房环境能使客人感到舒适惬意，产生美的享受。

（六）客房安全

客房安全是指必须保证满足宾客在入住饭店期间个人的生命、财产、隐私等方面的安全需求，客房内必须配备消防安全通道示意图，小型客用保险箱，房门上装有窥镜和安全链等安全设施设备，消除客人的不安全感，满足客人内心强烈但并不外显的安全心理需求。

（七）客房综合服务

劳务质量是客房部一线服务人员对客人提供的服务本身的质量。它包括服务态度、服务语言、服务的礼节礼貌、服务方法、服务技能技巧、服务效率等。

在这七个方面中，设备设施、客房用品和环境等是有形的，客房综合服务是无形的，却又是服务质量的最终表现形式。二者的有机结合，便构成了客房服务质量。客房管理的目的，就是促使客房服务质量得到全面提高，满足客人物质需求和精神需求，从而创造经济效益和社会效益。

六、客房对客服务问题的处理

（一）晚班服务员要开夜床时发现客房打“DND”

首先，要尊重客人的意愿，不能敲门打扰宾客；其次，将一张留言条从门缝塞进房间，提醒客人如需服务，请通知客房服务中心；此后，每隔一小时主动检查一遍“请勿打扰”房间是否取消，直至夜床服务时间结束。

（二）楼层服务员清点宾客送洗衣物时发现衣物有破损

先立即填写一份客衣特别问题通知单送给宾客，或直接跟客人联系，通报客衣的损坏情况，待宾客认可签名后再送洗衣房进行洗涤；如有可能，帮宾客将客衣修补好。在处理过程中，既不耽误宾客洗衣时间，又要避免与宾客产生纠纷。

（三）楼层服务员做房时，发现宾客将贵重物品或现金留在房间内

首先，不要随便移动或清点贵重物品，并及时上报，继续为客人清扫房间；其次，待清扫完毕，主动给宾客留言，建议宾客将现金或贵重物品放在前厅免费保险箱内或客房私人保险箱内。

（四）客人忘记带钥匙

住店客人忘记把钥匙带在身上或钥匙在同房间同伴身上（每个房间只有一把钥匙），要想进房就比较困难。针对这一情况，可采取每楼层保留一部公用电话机，旁边放一块精美的告示牌，写明“客房服务请拨 14 或 15（房务中心电话），谢谢”提示语。这样，客人可用电话与房务中心联系，房务中心即可通知客房服务员在 3 分钟内到达楼层为客人开门。

（五）客人不在时，来访者要求进入客人房间

为了客人的安全，当客人不在房间时，不应让来访者进入客房，更不能让其将旅客的行李携出，此时应耐心地向来访者做好解释工作。但如果住客离开前有留言，允许某访客进入其房间则例外。不过，此时应问清来访者的姓名、单位、查验其证件，确认该

客人就是住客指定的来访者，同时，请其在《会客记录》上登记。

此外，无论是否允许来访者进入客房，都应做好对访客的接待工作，因为从某种意义上讲，“访客 = 住客”，得罪了访客就等于得罪了住客，而且在很多情况下，该住客就是由访客介绍来的，或是由访客负责接待，费用也是访客支付的。

（六）遇有醉酒客人，要加以妥善处理

一般来说，要注意两点：一是细心照料，二是注意安全。发现有醉酒客人，首先要扶其进客房，并视醉客的情绪进行适当的劝导，令其安静，必要时，要在窗前摆放垃圾桶，以便呕吐。有的醉酒客人会大吵大闹，甚至破坏家具。这时，服务员应通知保安来协助处理，安排其回房休息，同时要注意保持警惕，观察房内动静，以免家具被破坏或因吸烟而引起火灾。

另外，客房服务员如在楼层走廊遇见醉酒客人，切忌单独扶其进入房间，甚至为其解衣休息，以免醉酒客人醒后产生不必要的误会。假如客人投诉钱包被窃，服务员将很难解释。

（七）客人夜间频遭“骚扰电话”如何处理

近几年来，酒店半夜的骚扰电话一直困扰着饭店经营者，其恶劣影响包括：一是造成宾客休息不好而大范围投诉；二是破坏社会风气和酒店名誉；三是由此而可能引发酒店治安和违法犯罪案件的增多。虽经政府有关部门多次打击，此势头仍有增无减，且有从南向北，从大城市向中小城市，从高星级宾馆向中小型酒店蔓延的趋势。

经调查，酒店骚扰电话，多来自客房内线，骚扰者往往通过客房内部电话，按楼层一个客房一个客房拨打，主要目的是寻求非法交易。对于此类骚扰电话，饭店可采取以下措施：

1. 拒绝为骚扰者办理入住登记手续

内线骚扰电话一般来说都是按照正常登记手续办理入住客房者所为，针对这种情况，前台接待人员应以客满为由，拒绝接待此类“客人”，拒绝为其办理入住登记手续。

2. 劝其离店

骚扰者一旦入住酒店，常常会露出蛛丝马迹，一旦暴露其身份，可委婉地劝其离店。以下两种方法可以帮助酒店管理者确认其身份。

一是楼层服务员在日常服务中，应注意从其日常生活规律中发现疑点。骚扰者通常具有与众不同的生活规律和特征，楼层服务员应善于从日常服务中发现疑点。

二是由总机接线员进行防范。当接线员接到防范此类电话的指令后，重点在晚上10时后至凌晨，随时监控总机计算机显示器，如果出现某房作为主叫连续向其他客房拨号时，应及时通知值班经理，排除旅游团队和会议房后，查阅此房入住人员资料，即可基本确认。此外，如果值班经理在值班经理房自己接到此类电话或客人接到电话后当即投诉，则值班经理也可通知总机找出主叫方。

发现骚扰者以后，酒店应先对其进行电话警告，告知不得骚扰酒店宾客的休息，给骚扰者一个其活动在酒店保安部门的控制下的明确信息，当骚扰者发现已无机可乘时，便会自动离开。

针对骚扰电话，还有一些酒店在电话线上安装开关，让宾客决定睡眠之前是否关掉电话，这种做法虽然也可以有效防止此类电话对客人的骚扰，但会为客人带来麻烦，还可能给宾客正常的商务活动带来不便。因为谁也没有一觉醒来打开电话开关的习惯。此外，这种做法也不能清除因骚扰电话而造成的客人对酒店的不良印象，因此，并非上策。

【练习与思考】

一、单项选择题

1. 洗衣服务在时间上可以分为两种，即正常洗和(　　)。

A. 水洗服务　　B. 干洗服务　　C. 快洗服务　　D. 熨烫服务

2. 洗衣单通常一式三联，两联随衣物送到洗衣房，另一联留在(　　)。

A. 楼面　　B. 前厅　　C. 布草房　　D. 仓库

3. 客房服务员每天对小酒吧进行盘点的时间是(　　)。

A. 晚上　　B. 下午　　C. 中午　　D. 上午

4. 在饭店内，客人遗失物品的处理机构通常是(　　)。

A. 客房服务中心　　B. 礼宾部　　C. 大堂副理　　D. 总台

5. 服务工作中给客人留出更多的私密空间，不过多地打扰客人，根据客人的个性需要为其提供服务，这是对客服务中的(　　)。

A. 求方便原则　　B. 求宁静原则　　C. 求尊重原则　　D. 求安全原则

6. 客房小酒吧账单一式三联，一联由客房部留存，两联送(　　)。

A. 总台收银处　　B. 总台接待处　　C. 财务部　　D. 客房服务中心

7. 可减少客房服务人员的编制，降低劳动力成本支出，有利于对客服务工作进行集中统一调度，强化客房管理的客房管理模式是(　　)。

A. 楼层值台模式　　B. 客房服务中心模式

C. 礼宾服务模式　　D. 楼层值台和客房服务中心相结合模式

8. 对客服务质量最为权威的评估是(　　)。

A. 相关部门的评估　　B. 客房部门的评估

C. 客人的评估　　D. 社会机构的评估

9. 除客房清洁标准、每层楼层客房数、工作区域状况等因素外，还会对清洁客房的速度和定额产生重要影响的因素是(　　)。

A. 服务员年龄　　B. 服务员心理素质

C. 住店客人特点　　D. 天气状况

10. 确定进房间清扫次数主要应考虑饭店档次、客源对象和(　　)。

A. 营业成本　　B. 饭店规模　　C. 客人特点　　D. 服务员素质

11. 为确保客房的卫生质量，空房也应(　　)。

A. 彻底清扫　　B. 适当整理　　C. 隔日整理　　D. 计划卫生

12. 在出租率高峰期，应首先整理的房间是(　　)。

A. 团队客房　　B. VIP 房　　C. 走客房　　D. 一般住客房

13. 四级查房制度中，最重要的查房环节是(　　)。

A. 服务员自查　　B. 主管抽查　　C. 领班查房　　D. 经理查房

14. 客房服务员进入客人房间前，首先应(　　)。

A. 报身份　　B. 敲门　　C. 问候　　D. 观察

15. 被称为“被白手套”式查房指的是(　　)。

A. 服务员自查　　B. 主管抽查　　C. 领班查房　　D. 经理查房

二、多项选择题

1. 下列服务中属于常规性服务的是(　　)。

A. 客衣服务　　B. 小酒吧服务　　C. 房内送餐服务

D. 贵宾接待服务　　E. 失物招领服务

2. 客房服务质量的检查主要是指(　　)。

A. 客房硬件检查　　B. 客房软件检查　　C. 工作数量检查

D. 工作质量检查　　E. 物品消耗检查

3. 客房清扫“三方便”准则的含义是(　　)。

A. 方便客人　　B. 方便业主　　C. 方便管理

D. 方便员工　　E. 方便检查

4. 领班查房的作用表现在(　　)。

A. 拾遗补漏　　B. 帮助指导　　C. 督促考查

D. 体现规格　　E. 控制调节

5. 确定进房间清扫次数主要应考虑(　　)。

A. 营业成本　　B. 饭店规模　　C. 客人特点

D. 服务员素质　　E. 饭店档次

三、名词解释

1. 夜床服务

2. 客房服务中心

四、思考题

1. 客房日常清洁整理的主要工作内容有哪些?

2. 客房的清扫顺序是什么?

3. 如何进入住客房?

4. 当你为住客房清扫时，能否使用客用电话，为什么？

5. 开夜床的主要操作有哪几项？

6. 客房VIP接待有哪几项内容？

7. 客房查房服务的主要目的是什么？

五、案例分析

客人的要求合理吗？

某日，入住某酒店1808房的客人张先生提出需要酒店在第二天早晨7点钟叫醒他，以免贻误飞机。早晨7点整，总机话务员小孙根据叫醒通知单，准时给张先生打叫醒电话。可能是张先生旅途劳累，睡得太沉，打了几次都没人接，于是，小孙便通知楼层服务员前去敲门提醒。楼层服务员来到房门口，看到门上悬挂着“请勿打扰”的牌子，便一声不响地回到了自己的岗位。

8点多钟，客人一觉醒来，发现已经耽误了航班，不禁大发雷霆，马上向大堂副理投诉酒店叫醒服务不及时、不到位，给他造成了一定的经济损失，要求酒店赔偿。

问题：案例中客人的要求是否合理？试评析饭店相关人员的服务工作。

第七章

总台客账管理

饭店为客人提供设施和服务的最终目的是获得经济效益，建立客账管理体系是获得合理、准确经济收益的一项重要保障。前厅的客账管理具有很强的时间性和业务性，它应准确反映饭店经营活动的状况。这项工作主要由前厅收银处承担，主要负责处理客人账户、收取押金、进行各项账务操作、兑换外币、催收房费和夜审等工作。

【学习目标】

1. 理解并掌握账户、建账、入账、转账和结账等客账知识。
2. 掌握散客和团队结账操作流程，能够处理刷卡、外币兑换等账务操作。
3. 掌握对收银工作和收银员的有效管理方法。

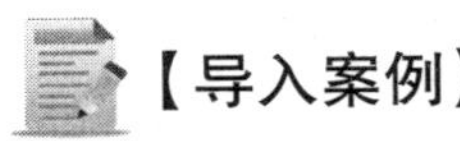

【导入案例】

"任性"的账单

某酒店一位长住的客人到酒店前台收银处，支付最近一段时间在店内用餐的费用。当他一看到打印好的账单上面的总金额时，马上火冒三丈："你们真是乱收费，我不可能有这样的高消费！"收银员面带微笑地回答客人说："对不起，您能让我再核对一下原始单据吗？"客人当然没有表示异议。

收银员一面检查账单，一面对客人说："真是对不起，您能帮我一起核对吗？"客人点头认可，于是和收银员一起对账单进行核对。在这期间，那位收银员顺势对几笔大的账目金额，如招待宴请访客以及饮用名酒等做了口头提示以唤起客人的回忆。等账目全部核对完毕，收银员有礼貌地说：“谢谢您帮助我核对了账单，耽误了您的时间，费神了！”客人听罢连声说：“小姐，麻烦你了，真不好意思！”

分析：饭店每天都接待众多的客人，其除了住宿外，还有餐饮、娱乐、洗衣、商务等各项消费。在大部分情况下，客人在享受饭店所提供的各种服务和设施时，并不需要在每笔交易发生时随即用现金付款，凭其住客的身份在账单上签字即可，等到离店时一次性结算。一般而言，饭店都有规定：账单应该由有异议的客人自己进行检查。但案例中的收银员在处理矛盾时，一开始就揣摩到客人的心理，没有用简单生硬的语言，如“签单上面肯定有你的签字，账单肯定不会错”之类的话，而是先向客人道歉，然后仔细帮客人再核对一遍账目，其间对语言技巧的合理运用是接待成功的核心部分。

第一节　客账管理基础

一、客人账户分类

（一）散客账户

散客在预订完成或登记入住后，收银员会为客人手工设立个人账户，填制账单，客人账单一般存放在账单架内。

另外，在采用计算机系统管理的饭店，系统会自动为每个住客建立账户，按流水顺序分配连续编号的账号，以方便系统索引以及形成一个完整的凭证链。如有需要，账单可以恢复显示或打印出来。散客账户明细如图 7－1 所示。

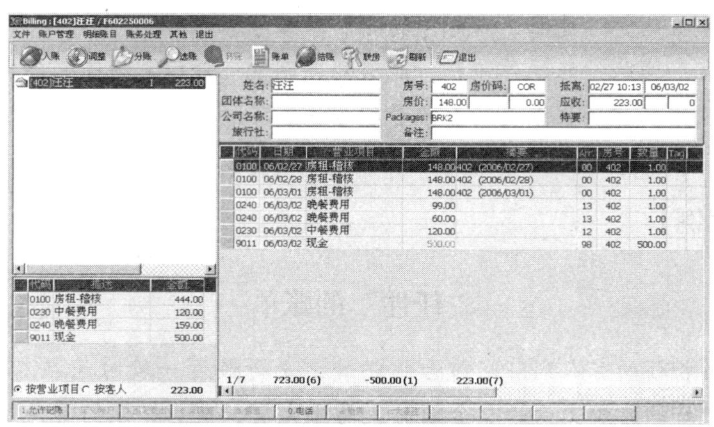

图 7－1　散客账户明细

（二）团体账户

团体客人在收费和支付上不同于散客，团体账户一般应设两个账户：主账户和成员账户。团体客人的食宿费用一般由旅行社或接待单位支付，这些费用应记入主账户，而酒水、电话以及其他个人支付的费用则记录到成员账户上。

（三）消费账

消费账即饭店工作账。没有使用计算机的收银点的现金收入，可通过总台计入该账号，再用“部分结账”功能结掉该费用，本日的该收银点的营业收入就可反映在总报表上了。这样的收银点如美容室、洗衣房、楼面电话等。

消费账也可以用于记录酒店内部的各种费用开支，如内部长话费（在电话计费模块定义自动转账）、会议室、宴请客人费等。每一个部门均可有一个固定账号。

（四）公司应收账

饭店为推销饭店产品而给予当地的公司或旅行社店内赊欠的权利，总台建立公司应收账户跟踪这些交易，因此，这些账户也称为酒店应收账。公司应收账用于记录离店客人没有结算的账款，这个账户的结算责任一般由前厅转给后台财务部门负责处理。

（五）员工账户

员工账户专门分配给饭店已授权的员工。饭店应严格规定，员工账户只用于饭店原因而进行的签单，如销售经理在饭店餐厅内招待客户。

二、客账操作流程

（一）建立客账账户

客人办理完预订手续或登记入住后，总台收银员会据此为客人建立账户。建立账户的方法有手工建立、计算机自动建立两种。账户可以想象成银行发给储户的存折，用来计算交易的增加、减少，以货币表现的最终结果为账户余额。酒店客人账户列表如图 7－2 所示。

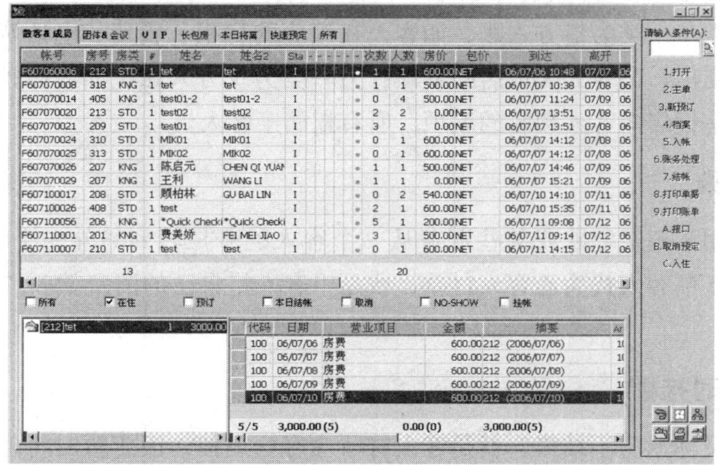

图 7－2　酒店客人账户列表

对于散客来说，在建立账户时，要依据散客个人所缴押金的多寡，以及在饭店信用等级，为客人确立其在饭店的签单权限。在某些饭店信息系统中，可在散客信息主单上进行相关设置，以完成散客账户的允许记账范围，如图 7－3 所示。

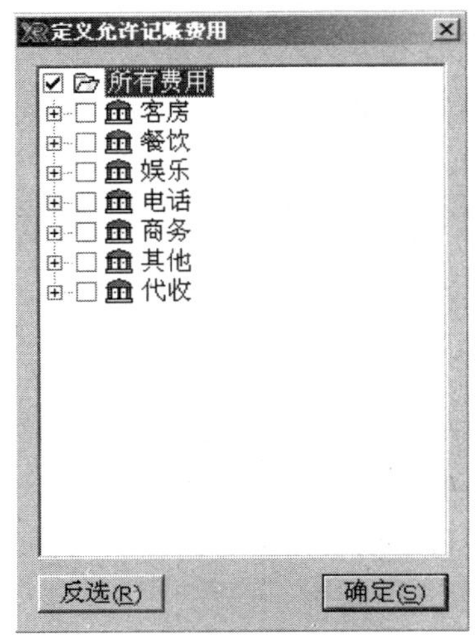

图 7－3　散客允许记账范围设置

图 7－4　团体付费范围设置

对于团体客人来说，也可同样进行设置。一般来说，团体客人的食宿费用都由旅行社或接待单位支付，因此，在进行团体付费范围设置时，就应勾选“客房”和“餐饮”两个项目，如图 7－4 所示。

（二）入账

建立了客人账户，客人在饭店内的各项消费单有了汇总、存放的地方，饭店就开始把客人的预付保证金、各项消费数记入客人户头，这就叫入账。入账不仅要准确，而且要及时，尤其是客人即将离店时所发生费用的及时入账就更为重要。饭店给客人入账，总体上分为两类：一类为借方入账，如客人在饭店的房租、餐费、电话费、赔偿和洗衣费等各项消费支出，是客人欠饭店的款项；另一类为贷方入账，如饭店预收押金、信用卡预授权等，是饭店向客人预收的款项，所有权属于客人。

（三）转账

转账是指用于把某笔账或某些账务从一个客人的账户转到另外一个客人的账户上。转账操作常用于甲客人代为乙客人付款，或是甲客人将自己的消费款项“挂”某某公司等情况。

（四）临时挂账

临时挂账又称退房不结账，就是客人将所住客房退掉，饭店暂时将他的房账保留不结。临时挂账适用于需要暂时离店，一段时期后又重新入住该饭店的客人。该客人要是办理退房结账手续的话，等他重新入住时，又得再次办理登记入住手续，这样不仅会给客人带来麻烦，也加重了饭店的对客工作；如果客人不退房又不结账的话，那么在客人离店期间，房费会连续计算，显然对客人也不划算。因此，这类客人选择退房不结账的方式处理自己的账务，是一个较佳的决定。

（五）结账

一般的结账是指结账退房，即客人既结账又退房。但是，还有些客人在结账时，并不完全把自己所有的账务都结掉，而是选择结一部分账务，如某客人在住店期间总房账为10000元，现在他要求只结5000元，那么，这种结账方式就是“部分结账”。此外，还有些客人，在登记入住时，就选择将自己未来产生的房账全部结掉，也就是先结账，后住房，这种结账方式称为“提前结账”（见图7－5）。

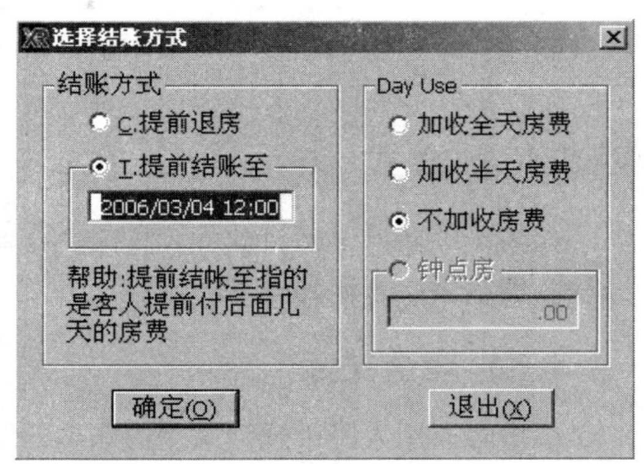

图7－5　提前结账

三、外币兑换

根据中国外汇管理的有关法律规定，在我国境内的一切贸易活动均应以人民币作为支付结算手段。因此，外国客人在我国饭店消费后，不能用外汇直接进行账务结算，而必须先要将外汇兑换成人民币，再用兑换后的人民币进行结算。

饭店为了方便住店客人，向有关银行机构申请，在饭店总台设立外币兑换点，根据国家外汇管理局每日公布的外汇牌价，为住店客人代办外币兑换。外币兑换当前在饭店一般由总台收银员兼任，并且应配备相应的外币验钞机、实时汇率显示屏等装置。

（一）外汇兑换水单

外币兑换水单就是各国的外汇兑换的利率差价单，是进行外汇兑换的业务凭证。主要包括客户姓名、客户国籍、证件种类及号码、兑换日期、外币币种及金额、汇率和人民币金额等信息。

（二）外币兑换流程

客人前来办理外币兑换时，先请客人出示护照和房卡，确认其住客身份；然后询问其所持外币的种类，看是否属于饭店兑换的范围，并礼貌地告诉客人当天的汇率以及饭店一次兑换的限额；随后认真清点外币，并检验外币的真伪；引导客人填制水单，内容包括外币种类及数量、汇率、折算成人民币金额、客人姓名及房号；客人在水单上签名，并核对房卡、护照与水单上的签字是否相符；最后清点人民币现金，将护照、现金及水单的第一联交给客人，请客人清点。外币兑换流程见图7－6。

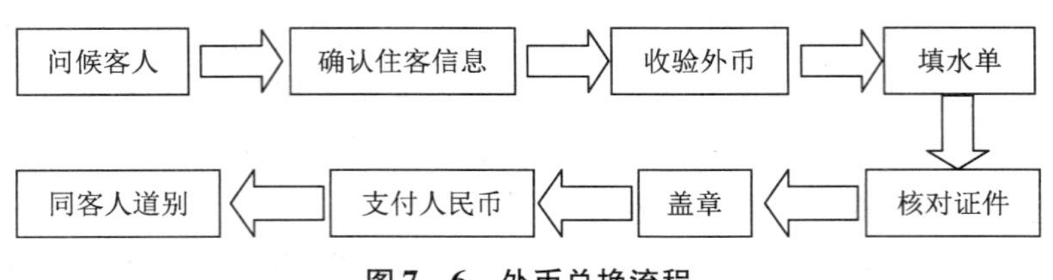

图7-6　外币兑换流程

四、付款方式

客人可以通过多种付款方式将账户余额转为零。付款方式主要包括现金支付、刷卡支付、转公司应收账和转客人房账。

（一）现金支付

如果客人用人民币现钞来完成账单的结算支付，收银员一定要验钞，并坚持唱收唱付原则；如果客人用押金条来付款，一般饭店会将多缴的押金退还给客人，退款时要开具“现金支出单”，并让客人签名确认，并一定要收回客人的押金条。对于押金条遗失的情况，在核对身份的前提下，为客人办理退款手续时，一定要注明“押金已退，原押金条作废”，并请客人签字确认。

（二）刷卡支付

刷卡是当前社会非常流行的付款方式，所刷的卡既包括储蓄卡，也包含信用卡，但又以信用卡在饭店结账中最为常见。客人使用信用卡进行刷卡支付款项时，有两种方式：一种是信用卡预授权操作，即在入住时先进行预授权申请，相当于预交押金，然后在退房时进行离线交易（Off-line），此时，资金才从银行转至饭店。另一种是信用卡消费，即客人在退房时直接刷卡，在签购单上签名确认，此时资金直接从银行转至饭店。

【同步案例】

预授权的风波

德国客人罗伯斯来到了苏州一家新开业的酒店。在办理入住登记手续时，罗伯斯皱了一下眉头。听说要刷他的信用卡预授权12000元权限时，他感觉有些诧异。他的中文不太熟练，故而对于前台收银与他解释的“预授权”概念也是一知半解。他想好在这是一家四星级酒店，应该没有任何问题，也就接受了信用卡的刷卡。

一个月很快过去了，罗伯斯每天在酒店都能找到新鲜的感觉，对这家酒店相当满意。今天下午他将乘飞机离开此地。

"请结一下账。"罗伯斯拿着所有的行李来到前台，要求结算费用。

"您好，这是您一个月在酒店的总消费费用，一共是10800元。麻烦您刷一下卡好吗?"由于已经是"老朋友"了，大家都知道他要走了，前台早已把账单准备好了，还准备了一束鲜花欢送他。

"刷卡？还要刷卡？不是入住时已经刷过了吗?"罗伯斯诧异地问道。

"噢！您入住时刷的是信用卡的预授权，不是您的实际消费额。"

"啊，我只刷一次卡，你刷我两次卡，不是多收了我的钱吗?"罗伯斯一下急了起来。

"不是，我们第一次刷卡只是将您卡上的钱，通过银行冻结了，卡上的钱还是您的，并没有刷掉您的钱啊!"前台收银员焦急地向他解释道。

"不行！我不再刷卡了，你还得退我钱。"罗伯斯也一脸严肃，拿出了德国人的认真和执着劲儿。

没有办法，前台收银员只好把房务部经理和财务部经理一起请来了。两位到了现场后，详细地跟客人解释了好久。罗伯斯就是听不进去。

"反正，不能刷我两次卡，我走遍中国都不要刷两次卡。你们多收了我的钱。"罗伯斯说道。

房务部经理只好拿起了电话，将电话直接挂到了罗伯斯工作的工厂里。一会儿，翻译小王满头大汗地赶来了。可小王毕竟也只能是翻译普通的生活用语，对于"预授权"这个专业的银行词汇，无论怎么翻译，罗伯斯先生还是弄不明白。离飞机起飞的时间越来越近了，两位经理向小王担保，保证如果是饭店多收了罗伯斯的房费，由饭店代为将钱退回罗伯斯。由于小王所在的工厂是酒店的协议客户，彼此有较多的业务往来，小王想，也只有这种办法了。

当小王把担保的事情向罗伯斯做出解释后，罗伯斯才不情愿地拿出了运通卡。

看着带着满肚怨气的罗伯斯离开了酒店，两位经理的心却久久不能平静下来……

分析：在酒店业中，使用信用卡结账已是很普遍的事情了。但由于信用卡在使用的过程中，都需要事先冻结消费者和酒店双方认定的款项，以便到最后支付时确保不会出现呆账和跑单的事宜，因而便有了"预授权"的概念。

本案例中，德国人罗伯斯就是因为在和酒店人员进行沟通时，未能得到有效的沟通，加上他所带的翻译也只是一个生活、服务上的翻译，不可能对银行内"预授权"这个专业术语进行非常准确的翻译，故而产生沟通上的障碍，造成了对酒店的投诉。

本案例给我们的启示是：酒店内客人与员工之间、客人与酒店之间的沟通，是非常必要的，对于一些较为棘手的专业术语一定要有外籍客人母语的版本。如果该酒店能为客人准备一份有英、德文翻译的资料，是可以杜绝这种投诉情况的。细节决定成败，绝非危言耸听。

（三）转公司应收账

转公司应收账，在饭店的结账操作中，经常被客人称为“挂账”，也就是将所要结的账务挂在某某公司账户名下，实质是一种转账操作，是过渡性的中间账务操作，该账务并没有实现最终的结算。因此，饭店一般不接受挂账支付的结算方式，只有经财务部门事先批准的单位或个人才能转账。为方便财务部门收取转公司应收账支付的款项，收银员应让客人在账单上签字以确认内容正确，随住宿登记单、消费凭单一起转财务部处理。

【同步案例】

客人要求挂账

晚上11点，大堂副理正准备下班，电话铃声急促地响起，桑拿中心收银员小王急切地说：“大堂副理，8318房的客人一定要挂账，而挂账单位却未提前通知我们，客人在这里发火……”

大堂副理即刻上楼了解情况，原来客人是宾馆一协议单位客户，房费挂账，现在桑拿消费180多元，他也要求记入房间。而收银员未接到通知，未予答应，要求他先与挂账单位联系，客人很恼火，称对方早已关机。

大堂副理请客人息怒后，耐心解释，并深表歉意。考虑此客人为常客及其以往的信誉情况，大堂副理转以协商的口气委婉地说：“先生，您看这样好不好？今天呢，我们同意你先把费用记入房间，明天如果协议单位不同意，再改用现金结账，好吗？希望您能谅解，配合我们的工作。”客人连声称：“好！好！好！还是你想得周到，不过你放心，我是他们公司的重要客户，再说，明天我也不会跑掉，我要住一个礼拜呢。”第二天，总台果真接到对方公司老总的电话，说昨天忘了通知，8318房客人的所有费用都可以挂账到房间。

分析：本案例中，在未接到挂账单位通知的情况下，小王坚持要求客人先联系，不然不予挂账。从饭店利益出发及程序问题，小王的做法是对的。但不巧的是，对方已关机，而客人却执意要求，那该怎么办？大堂副理了解情况后，看出客人出于面子执意要求，再考虑此客为常客，其以往的信誉都比较好，终于为其担保先同意挂账，并与客人说明次日联系后，若对方不同意再改用现金结付。既维护了饭店利益，又满足了客人的要求。

（四）转客人房账

转客人房账，又称转前台，即将所要结的账务转到某位客人的前台房账上，实质上也是一种转账操作，是过渡性的中间账务操作，该账务要靠被转客人来支付以实现最终的结算。因此，饭店在接受转客人房账时，必须通知被转客人，后者事先有被转客人的许可或书面授权，经被转客人认可或同意，方可办理，否则，容易引起饭店和被转客人之间的纠纷。

【同步案例】

离店时的账单纠纷

早上9点，接前台收银员小吴报告，1506房客人陈先生在退房时拒绝支付其账单上的数笔餐费，金额共计人民币3400元。

值班经理赶到前台与客人交涉，陈先生称其从未在酒店餐厅用过餐，不承认有餐饮消费。值班经理要求收银主管出示有客人签名确认的入房账的明细单与客人核对，客人却称明细单上的签名非他所为。值班经理将明细单上的签名式样与入住登记单上的签名式样对比，发现名字一样，笔迹却不同。遂急呼餐厅胡经理，根据餐厅经理陈述，1506房的客人每次来餐厅签单入房账时，都有出示房卡，所以挂账时未与前台核对签名式样，就直接入了房账。值班经理询问陈先生为何签单人会持有1506的房卡，并且拿着它去消费。

陈先生称房间是他登记的，住的人是他请来的客人，他只负责房费，不负责餐费。值班经理告诉陈先生："房间既然是您登记的，按照公安局现行的住宿登记规定'谁登记，谁住宿'的这一条例，是您登记的房间，而您却把房间让给朋友住，已经违反了《住宿登记法》。首先，我们就未查核签名式样一事向您郑重道歉，但是，您的朋友在明明知道登记入住是您的情况下，还在餐厅冒充您的名字签单挂账，肆意消费，其行为属于蓄意的欺骗行为，本酒店随时保留上诉的权利。"最后，客人同意使用长城卡结清所有账目，并于9点30分离开酒店。值班经理要求餐厅收银严格执行转房账程序，仔细核对签名式样，避免给酒店带来不必要的损失。

分析：本案例中，虽然表面上是登记入住与住店客人不一致，以至结账时，客人不愿买单的现象，实际上反映了餐厅收银在办理转前台客人房账时，未认真核对客人身份，也未取得被转客人的认可和同意，引起被转客人的投诉或拒绝支付相关账务，就不可避免了。

五、信用卡介绍

信用卡是由银行或信用卡公司提供的一种供宾客赊欠消费的信贷凭证，上面印有持卡者的姓名、号码、初签等。目前，在饭店能够进行刷卡操作的信用卡主要有如下几种。

（一）外卡

1. 美国运通公司的运通卡（American Express Card）

运通卡（American Express Card），简称 AE 卡，是世界上最容易辨认的信用卡之一。自 1958 年发行第一张运通卡以来，迄今为止，运通已在多个国家和地区以多种货币发行了运通卡，构建了全球最大的自成体系的特约商户网络，并拥有超过数千万名的优质持卡人群体。

1966 年运通发行了第一张金卡，以满足逐渐成熟的消费者的更高需求；1984 年，运通在全球率先发行第一张白金卡，该卡只为获邀特选的会员而设，不接受外部申请；1999 年，运通精选白金卡持卡人中的顶级客户，为他们发行了百夫长卡（Centurion-Card）。持有这种美国运通最高级的卡产品，可以自由进入全球主要城市的顶级会所，可以享有全球独一无二的顶级个人服务及品位超卓的尊享优惠，包括全能私人助理、专享非凡旅游优惠、休闲生活优惠、银行服务专员提供的银行及投资服务和 24 小时周全支持等。白金卡和百夫长卡使得运通成为尊贵卡的代言人。

2. 维萨卡（Visa Card）

Visa 卡是维萨国际组织于 1982 年年末开始发行的信用卡。Visa 系统是全世界最完善的电子支付网络，Visa 是全球最负盛名的支付品牌之一。

Visa 国际组织本身并不直接发卡。在亚太地区，Visa 国际组织有超过 700 个会员金融机构发行各种 Visa 支付工具，包括信用卡、借记卡、公司卡、商务卡及采购卡。对于经常在亚洲、澳大利亚旅游或者刷卡消费的国内用户，比较适合选择 Visa，因为 Visa 在亚洲和澳大利亚受理的商户数量比较多，使用起来更方便。

3. 万事达卡（Master Card）

万事达卡（Master Card）成立于 1966 年，全球总部设在美国东部的纽约。目前万事达卡为全球超过 210 个国家及地区的消费者、政府和商户提供商务服务。万事达卡于 1988 年进入中国，成为第一个进入中国的国际支付公司，目前国内主要商业银行都是万事达卡的会员，大多数中国会员银行的信用卡都使用万事达卡的品牌。万事达卡同时也是最先在中国实现全球联网业务的国际组织，对于中国国内用户来说，Master card 的优势在于欧洲和北美，经常去欧洲和美洲的朋友比较适合选择 Master card（万事达卡）。

4. JCB 卡（JCB Card）

JCB 是成立于 1961 年的唯一源自日本的国际信用卡品牌。1981 年 JCB 成立了海外业务子公司 JCB 国际信用卡公司，开始作为国际信用卡品牌进行海外业务拓展。截至 2014 年 3

月，JCB 与全球 350 家以上的主要银行和金融机构开展合作，可在全球 190 个国家和地区的 2400 万商户及 100 多万台自动取款机上享受收单业务。JCB 卡发行于 16 个国家和地区，拥有超过约 8400 万持卡人。在中国，有 10 家银行发行 JCB 信用卡，拥有超过 800 万持卡人。

5. 大莱卡（Diner Club Card）

大莱卡（Diners Club Card）于 1950 年创办，是第一张塑料付款卡，最终发展成为一个国际通用的信用卡。1981 年美国最大的零售银行——花旗银行的控股公司——花旗公司接受了 Diners Club Intenational 卡。大莱卡公司的主要优势在于它在尚未被开发的地区增加其销售额，并且巩固该公司在信用卡市场中所保持的强有力的位置。目前，美国“大莱”与美国“Visa”、美国“万事达”、美国“运通”、日本“JCB”、中国银联是国际上最著名的六大国际银行卡品牌。

（二）内卡

1. 长城卡

长城卡人民币信用卡（简称长城卡）是中国银行发行的，可在中国境内使用，具有消费信用、存取现金、消费结算、转账结算等功能的金融支付工具，它以人民币进行结算，具有“通用、安全、方便、快捷”的特点。

2. 牡丹卡

牡丹国际信用卡是中国工商银行（ICBC）于 1989 年 10 月 15 日正式发行的可以在国内外通用的贷记卡，是中国工商银行注册的第一个金融产品商标。同年底加入万事达卡国际组织（MASTERCARD），1990 年年初加入维萨国际组织（VISA）。“牡丹”作为工商银行信用卡名称，取牡丹花国色天香、富贵吉祥，以表达对持卡人的美好祝愿；借“牡丹花花中之王”的地位，寓意“牡丹卡卡中之冠”的前景，表达了工行人志在夺冠的勇气和信心。

3. 金穗卡

金穗卡由中国农业银行发行，以先进的电子化手段为依托，形成了以城市为中心覆盖全国的服务网络。

4. 龙卡

龙卡双币种信用卡是中国建设银行向社会公开发行的龙卡系列产品，持卡人可在建行核定的信用额度内先用款后还款，并可在中国大陆和港澳台及境外使用，以人民币和指定外汇分别结算的信用支付工具。

5. 太平洋卡

太平洋卡是由全国第一家股份制银行交通银行于 1993 年正式发行的，可在中国境内使用的金融支付工具，业已形成了贷记卡、准贷记卡、借记卡三大业务品种及国际卡、人民币卡两大产品系列。

第二节　客人离店结账

总台收银处是客人与饭店员工面对面接触的最后场所，因此，在客人离店之前快速、准确地为其提供结账服务是非常重要的。结账服务的质量将会影响到客人对饭店的最后印象。

一、散客结账流程

——问候客人，弄清客人是否结账退房。

——收回客人的房卡及钥匙，并核对客人的姓名、房号、抵离店日期等相关信息。

——通知楼层查房。主要检查客人是否有遗留物品，检查客房小酒吧酒水耗用情况、客房设施设备的使用情况，以及客人是否拿走房内的日常补给品。

——委婉地问明客人是否还有其他即时消费（半小时内），如电话费、餐饮费等。

——同客人核对账单。先预打印出客人当前的账单，并交给客人审核。根据查房结果，可能还要补入账目。

——询问客人的付款方式，并打印出完整的账单。

——完成结账。收齐款项，并将账单交客人签名确认。如客人入住时交了押金，要收回押金条。

——询问客人是否需要发票，并同客人道别。

——更新资料，统计存档。更新离店客人的档案资料，并做好账、款的统计工作和材料的存档工作，方便夜间审计。

散客结账流程见图 7－7。

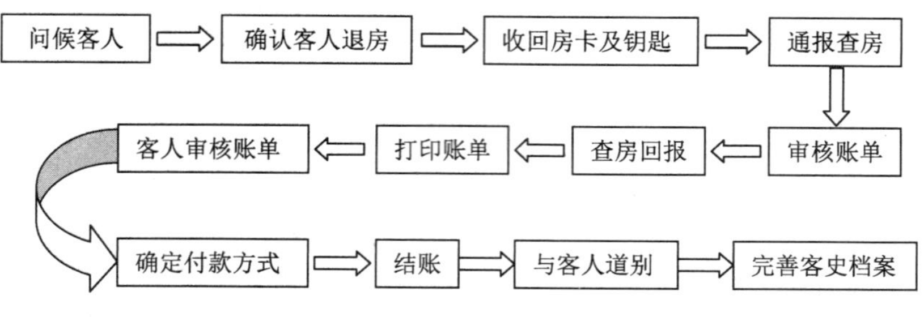

图 7－7　散客结账流程

在为散客办理退房结账时，首先要收回房卡及钥匙，这项操作一方面可以切断离店客人对客房的控制，避免“矛盾房”现象产生；另一方面，也便于收银员确认离店客人的相关信息，可以说是一举两得。其次，在收取客人现金时，一定要辨别大额现钞的真伪，坚持唱收唱付原则，避免差错。

【同步案例】

有人监听电话

隆冬的一天，时已深夜，某大酒店值班经理接到A房客人打来的电话。

“我很生气地告诉你，酒店居然晚上有人监听客人的电话，这还像涉外大酒店吗?”客人在电话里怒吼道。

值班经理挂上电话马上着手调查，他打开计算机，意外地发现A房竟是空房，该房客人下午已经结账离店了。

“空房怎么还会有人住?”值班经理大为不解。他到各有关部门去查看记录后，才真相大白。

原来那天下午，行李员领班接到A房客人电话，要他办两件事。一件事是派行李员前去房间取行李；另一件事是通知前台收银处准备账单，以便办理离店手续。领班随即派一名行李员前去A房，客人是位年近花甲的日本客人，见到行李员在门口，便领他到B房去取行李，而A房的行李仍留在那儿。行李员接到客人指令便取走B房的行李。与此同时，收银处开始准备账单，发现A、B两个房间大费用都是由A房客人支付，而且两房今天一起到了结账日期，于是便顺理成章地把A、B两房的账单准备妥当，等客人来结算。

一会儿，日本客人来到收银处，接过递给他的两个房间的账单，在账单上签了字，接着便转身离开了总台。

收银员于是在计算机中为这两个房办理了退房手续，这样计算机取消了这两个房间向外打电话的功能。但是这里存在一个问题，即如果已经结了账的房间内仍有人向外打电话，电话会自动转到总机话务员那里，一定要通过话务员才能与外界接上线。

这就是A房客人向酒店提出“有人监听客人电话”投诉的来龙去脉。事实上，A房客人仍住在酒店里，只是B房的客人先离店去了。客人发觉自己打出的电话转到总机那儿，便火冒三丈，以为有人在监听。值班经理当晚便去A房向客人道歉，还通过有关部门第二天送去鲜花和水果，客人的火气才慢慢消去。

分析：这种情况出现的原因，就是总台收银员没有按照结账程序要求客人在结账时确认有关信息，并收回房间钥匙，显然也没有通知楼层服务员查房。

二、团队结账流程

对于团队客人，如预订单标明付款方式为转账，要请付款单位陪同人员在转账单上签字确认，并注明转账单位以便将来结算。凡不允许挂账的单位，其团队费用一律到收款处现付。此外，团队客人的房价不能透露给客人。

——复查团队账目。在团队结账前半小时复查团队账目，确认是否均按相关要求入账、所有附件是否齐全等。

——接到领队或陪同的退房通知后，立即通知楼层查房。接到团队退房的通知后，将结账团队的名称（团号）告知相关楼层服务员，通知其查房。

——收回房卡和钥匙。

——打印成员账单。为有账目的团队成员打印账单，请成员客人付款。

——打印团队主账单。通常接待单位或旅行社只支付房租及餐饮费用，该部分费用一般由接待单位或旅行社支付，自动转入团队主账单。收银员应与领队或陪同仔细审核该账单，经对方认可同意后，按照事先约定的付款方式结算该费用。

——开具发票，并同团队客人道别。

——更新资料，统计存档。更新团队客人的档案资料，并做好账、款的统计工作和材料的存档工作，方便夜间审计。

团队退房流程见图 7－8。

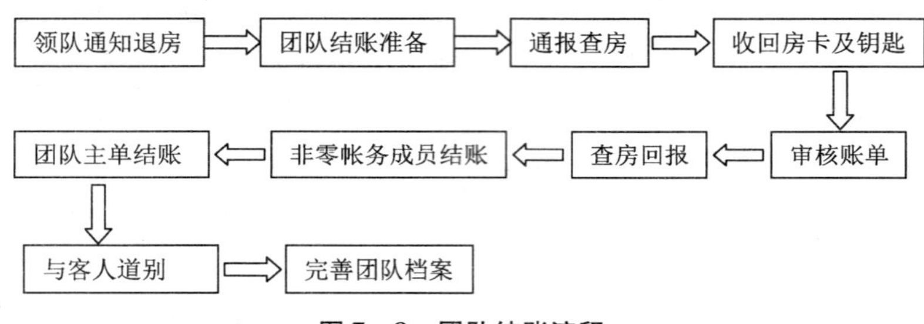

图 7－8　团队结账流程

三、快速结账

饭店退房时间为中午 12 点前，客人退房结账较为集中，以致前台收银处客人拥挤，收银员工作较为繁忙。为避免此种现象的出现，以及方便客人，国外的一些饭店力求为客人提供快速结账服务，大致分为宾客房内结账和宾客“快速结账委托书”结账两种模式。

（一）宾客房内结账

这种饭店的计算机管理系统具有宾客房内结账功能，饭店利用客房内的电视机，将其与饭店的计算机管理系统衔接，宾客就能在离店前一晚上根据服务指南中的说明启动房内结账系统，开始结账。在离店的当天早上，宾客就可以在电视机屏幕上看到最后的账单情况，并提前通知收银员准备结账，这样就加快了结账的速度。如果住客使用信用卡结账，就不必到前台收银处办理结账手续；如果客人用现金付款，则必须到前台收银处结账，因为付现金的客人还没有与饭店建立信用关系，故计算机管理系统的控制程序不允许现金付款的客人采取房内结账。

（二）宾客“快速结账委托书”结账

对于有良好信用的顾客，使用信用卡结账的饭店为其提供快速结账服务：客人在离店前一天填写好“快速结账委托书”，表明允许饭店在其离店时为其办理结账退房手续。住客可向总台收银处索取“快速结账委托书”，将其逐项填好后送至收银处，收银员则对其支付方式等进行核对。在客人离店当天早上，收银员将住客消费的大致数目告诉客人，这时客人也可能已经离店而未告知收银员。住客离店后，收银员在稍为清闲时替客人办理结账手续，并填好信用卡签购单。

“快速结账委托书”上的客人签名，将被视作信用卡“签购单”上的签名，财务部凭信用卡签购单和“快速结账委托书”向银行/信用卡公司追款。为了方便顾客备查，饭店最后会将账单回寄客人。

四、收银员交班工作

（一）整理账单

首先，把已离店结账的账单按照“现金结算收入”“现金结算支出”“信用卡结算”“转公司应收账结算”等类别进行汇总整理；其次，把入住客人的保证金付款单据、预订房间的保证金单据等进行分类整理。每一类单据整理后，再进行汇总统计。

（二）编制收银员明细表

在有系统管理的饭店，该表可以直接导出，格式详见表 7－1。主要包括房号、账号、时间（入账时间）、单号（入账单据的号码）、费用款项（应向客人收取的费用金额）、现金（住客付来的现金）、信用卡（客人用信用卡签付的金额）、转账（指转为外账或挂账结算的金额）、支票（收进的支票）、现金支出（指退给客人的现金）。

表 7－1　前厅收银员明细表

Cashier Statement Detail

收银员 Cashier　　班次 Shift　　日期 Date　　时间 Time

房号 Room No.	账号 Acc.	时间 Time	单号 Reference	费用项 Charge	现金 （收进） Cash	信用卡 Credit Card	转账 Transfers	支票 Cheque	现金 支出 Paid
合计 Total									

（三）编制前厅收银汇总表

前厅收银员当班收银汇总表分为两大栏：借方和贷方。借方栏列出该收银员经手记入的各住客账户的费用额，即饭店应收住客的款项，内容为各种消费单。贷方栏列出该收银员当班办理结账的数额，即饭店应收住客的减少数额，内容为结算方式如现金、信用卡、转账、支票等，如表7－2所示。

表7－2 前厅收银员汇总表

Cashier Statement

收银员 Cashier　　班次 Shift　　日期 Date　　时间 Time

借方 Debits	金额 Amount	贷方 Credit	金额 Amount
合计 Total		合计 Total	

（四）核对账单和收银报告

把整理好的账单和收银报告总表的有关项目进行核对，即将住客消费单汇总表上“借方栏”的有关项目逐个核对，将现金结算、信用卡结算、转账、支票等单据与汇总表的“贷方栏”项目逐一核对。如发现有误，则将不符的项目与收银员明细表中的有关项目进行核对，及时更正。

（五）核对现金与收银报告

两个收银报告中的“现金（进入）”项目与“现金（支出）”项目比较，其差额就是“现金应交款”。如不符，应立刻查找原因。

（六）送交现金、账单和收银报告

现金核对准确后，收银员清点当班的现金，并按币种分类，填写交款表（见表7－3），然后将现金上交至饭店总出纳。交款方式分直接交款和信封交款两种方式。直接交款方式，即由收银员将现金当面上交总出纳。由于饭店总出纳晚上不上班，而采用把款项用信封装着投入指定投币箱的方式。此外，收银员还要将账单和收银报告按饭店规定移交和分发，以备夜审之用。

表 7-3　交款表

面额	人民币		港币		美金		其他		备注
	数量	金额	数量	金额	数量	金额	数量	金额	
1000 元									
500 元									
100 元									
50 元									
20 元									
10 元									
5 元									
2 元									
1 元									
0.5 元									
0.2 元									
0.1 元									

交款人：　　　　　　　　　　　　收款人：

五、前厅账务常见问题处理

（一）逾时离店

饭店一般的退房时间为中午 12 点，有的客人如超过了这一结账时间仍未结账，应婉言提醒客人退房。如客人超时离店，总台应加收房费，一般超时 6 小时内加收半天房费，超过 6 小时则加收 1 天房费。但是，如果客人是常客或者为饭店提供的间·夜量很大，只要客人给前台打电话申请推迟 2～3 小时退房，尤其在非旺季的时候，酒店通常不向客人收取任何费用。

（二）当客人甲的账由客人乙支付时

同行客人，一般由一人付款，例如甲的账由乙支付。特别当甲和乙同时入住，但甲先乙离店时，往往将甲的账在甲离店时，就全部转到乙的账单下（转乙房账的方式结账），甲账变为零来处理。但此时必须通知乙，并有乙的许可或书面授权，以避免出现不必要的纠纷。

【同步案例】

客人拒付房租

某日，两位客人有说有笑地来到宾馆。他们一起登记住宿，一位入住820房，另一位入住816房。登记完毕，总台小姐礼貌地询问："先生，请问你们的账怎么付?"820房客人回答道："一起付。"于是总台小姐填写了预付款单，全额3000元人民币，并在单子上注明"816房客人账由820房客人付"。然后对820房客人说："请签名确认。由于你们两间房统一付款，所以预付款要交3000元，请到结账处办理。"客人签名交钱。

两天以后，中午12点，820房的客人来结账，与总台发生了争执："我没有看到预付单上写有'816房的客人账由820房客人付'字样，一定是我签名以后总台小姐加上的，我们登记时说过各付各的账。"接着说："我只结自己的账。"（816房的客人已于今早离店，并未结账。）

听到争吵，客房部经理卓女士来到现场，对客人说："您好！我是饭店的客房部经理，有什么事我会想办法为你解决的。"听完客人和总台小姐讲述后，卓经理看了看客人的预付账单，对事情的大概有了一个了解。为了安慰客人，卓经理转过身对客人说："先生您别急，我们一定会尽快查清，尽量给您满意的答复，您看能否先去用午餐，等用完餐再过来结账。"

下午1点，客人用完午餐来到结账处，不客气地问道："事情怎么样了，我还要赶飞机呢!"同时反问道："你有雷锋那样的高尚吗？别人吃喝玩乐，你来帮他付账？那谁来帮我付账?"又说："我朋友很有钱，他肯定会付账的，不会要我替他付的。"

卓经理耐心地向客人解释道："先生，我相信您的朋友肯定会付账的，但他未结账就离店，肯定知道你们是一起付款的。按照我们酒店的常规，一间房客人入住1~2天，一般预付1000~2000元，您的预付款标明3000元，表明总台小姐考虑了两个房间的预付款；另外，总台规定，客人若未替其他客人付账而只是交预付款，是不需要在预付款单上签字的，单子上有客人签名，就说明820房客人付816房客人账，这一点已得到客人认可。"

听到这儿，客人不以为然地说："我怎么会知道你们酒店什么规定。"

卓经理仍然耐心地说："您若不相信我，我可以当场给您看其他交预付款客人的单子，假如您能在上面看到客人签名，您就不用付这笔账了。"

至此，820房的客人不吭声了，却仍硬撑着，卓经理笑着道："发生这样不愉快的事情，确实有我们做得不够的地方，既给您添了麻烦，也让我们感到为难，您看我们能否想个两全齐美的办法来解决这个问题呢?"客人马上问道："怎么解决?”卓经理说:“我相信您说的,您的朋友肯定会支付这笔账,您能否给我留下他的地址、电话号码以便联系。同时请您帮个忙,先帮他付这笔账,我们及时与您的朋友联系,由酒店出面追回这笔款项,同时以酒店信誉担保,款一到马上退款给您。您以为如何?”听到这里,客人顺水推舟地回答:“算了,算我倒霉,我付了。”

分析:拒付房费的客人在客房部经理耐心的解释和主动“进攻”之后,终于付清了房费。明明知道自己的不对,却提出各种无理要求,面对这样的客人,酒店更应该循循诱导,以情以理服人,这样才能真正解决问题,达到预期的效果。

(三)客人离店时,带走客房物品

有些客人常常会带走毛巾、烟灰缸等客房用品,这时应分析客人带走客房物品的原因。

1. 客人认为该物品是免费物品,可以带走

向客人解释哪些物品可以带走,哪些物品不能带走。

2. 客人对客房物品很喜爱,但愿意花钱购买

这时应礼貌地告诉客人:“这些物品是非纪念品,如果您需要,可以帮您在客房部联系购买。”

3. 客人故意带走,想贪酒店的便宜

这时应巧妙地告诉客人:“房间里的××东西不见了,麻烦您在客房找一下,是否忘记放在什么地方了。”

总之,切忌草率地要求客人打开箱子检查,以免使客人尴尬,下不了台,或伤了客人的自尊心。

【同步案例】

客房里的浴巾不见了

在某酒店,一位客人在离店时把房内一条浴巾放在皮箱内带走,被服务员发现后报告了大堂副理。依酒店规定,一条浴巾可向客人索赔50元。如何不伤害客人,又能维护酒店利益呢?

大堂副理在总台收银处找到刚结完账的客人,礼貌地请他到一处不引人注意的地方说:“先生,服务员在做房是发现了您的房间少了一条浴巾。”此时,客人和大堂副理都很清楚浴巾就在皮箱内。客人秘而不宣,大堂副理也不加点破。但客人脸色有些紧张,但为了顾面子,否认带走浴巾。为了顾及客人面子,大堂副理说:“请您回忆一下,是否有亲朋好友来过,顺便将浴巾带走了?”客人说没有。

大堂副理干脆给他一个暗示，说："从前也有客人说浴巾不见了，多放在某个不易看见的地方，不妨您上楼看看，是否在某个地方。"这下客人理解了，拎着皮箱上了楼……

客人从楼上下来，见了大堂副理，故作生气状："你们的服务员做房太大意了，浴巾明明在沙发后面嘛!"大堂副理听后心里很高兴，但丝毫不露声色，并很有礼貌地说："对不起，先生，打搅您了，谢谢您的合作。"

要索赔，就得打搅客人，理当表示歉意。可是"谢谢您的合作"一语双关，听起来好像是对劳驾客人上楼进房查找表示感谢，然而真正的含义却是"您终于把浴巾拿出来了，避免了饭店损失"如此合作岂能不谢？为了使客人尽快从羞愧中解脱出来，大堂副理真诚地说了一句："欢迎您再度光临我们酒店。"整个索赔结束了，客人不失面子，酒店不损利益，双方皆大欢喜。

分析：客人花钱在饭店享受和消费，最不愿意失去的就是面子。作为饭店，无论如何要维护好客人的面子，顾及其感受，这是客人最重要的心理需求。案例中，大堂副理展现了高超的沟通技巧，创造了一个又一个的台阶让客人下，最终目的是为客人留住面子。

（四）客人不愿为"其"签单消费埋单

为了方便客人，饭店通常为付有足够押金的客人提供一次性结账服务：客人在酒店营业场所消费时，不需付现金，只要出示其房卡，并在账单上签字即可。但很多客人在利用房卡进行签单消费时，却遇到了很多麻烦：一方面，一些饭店的营业场所要么不认房卡，要么要求客人与服务员一起去总台核对（或由服务员持房卡去总台核对），影响了服务效率，常常引起客人的不满和投诉；另一方面，一些客人在结账离店时，不愿为"其"消费并签过单的项目埋单，认为不是自己的亲笔签名，而是别人模仿自己的签名消费的。为了防止此类事件的发生，总台接待员在为客人办理房卡时，要请客人在房卡上签名，以便酒店其他消费场所的服务人员核对。

第三节　总台收银管理

一、防止客人逃账的技巧

防止客人逃账是酒店前厅部管理的一项重要任务，总台员工应该掌握防止客人逃账的技术，以保护饭店利益。

（一）收取订金

收取订金不但可以防止因客人临时取消预订而给饭店造成损失，同时，如果客人如期抵达，预订金也可以当作预付款使用，从而有效地防止客人逃账。

（二）收押金

对信用情况不明，或信用情况较差的客人，要先收住房押金，后办理登记入住手续。但对于 VIP 客人、部分常客、旅游团体或有接待单位的客人，可以免收押金。

常客在某种意义上是饭店的重要客人，应享受较高的礼遇。此外，常客由于经常投宿饭店，信用较好，且饭店对其单位、住址比较了解，因此，可以享有较高的信用。而旅游团体一般都通过旅行社入住饭店，旅行社及某些客人的接待单位通常与饭店订有协议，与饭店进行定期结算，因此不必收取押金。

旅行社对团体客人或接待单位对所接待客人通常有“全包”（既包房费，又包餐费）和“房包”（只包房费）两种形式。对于“房包”者，饭店可以收取一定数量的预付款，担保其签单消费行为，避免日后出现各种纠纷和麻烦。如遭客人拒绝，则在计算机上做相应处理，使客人在其他消费点的金额输不进去，同时可在房卡和登记卡上注明，这样，各消费点就不接受其签单赊账行为。

（三）制订合理的信用政策

信用政策包括付款期限、消费限额、折扣标准等。如某大酒店规定对住店 5 次以上的客人给予较高的信用政策。

（四）建立详细的客户档案

通过建立详细的客户档案，掌握客户的性质和履约授信程度，并据此决定给予客人怎样的信用政策。

（五）加强催收账款

催账是防止逃账的有效手段，尤其是对那些即将倒闭而被迫赖账或准备赖账的公司、客户，要加强催收力度。这些客户通常会显露出以下几种迹象。

——付款速度慢，以种种理由要求延期付款。

——改变或推翻协议，要求改变汇率或折扣，如不同意则拒绝付款。

——与其联系不接电话或以种种理由拒绝会面。

——频繁搬迁公司地址。

——一反常态，突然大笔消费。

催收时，也要注意方式方法，以免得罪客人。

【同步案例】

客人即将溜走

1206 房的陈先生又到了消费签单限额了，陈先生是与酒店有业务合约的客人，来电后无须交预付款，只在消费限额达到酒店规定的限额时得到书面通知即可。

但总台发了书面通知后，陈先生未来清算账，甚至连电话也没来一个，因为是老客户，总台便以催款信的方式礼貌地提醒了一下。但催款信放在陈先生的台上，无任何回音，消费额还在上升。

总台便直接打电话与他联系，陈先生也很客气："我这么多业务在你市里，还不放心吗？我还要在这里扎根几年呢，明天一定来结。"可第二天依然如故。总台再次致电，陈先生支支吾吾，闪烁其词。

这样一来便引起了酒店的注意。经讨论，酒店决定对他的业务单位做侧面了解，结果是：陈先生在本市已结束了业务，机票已订妥，不日即飞离本市。这一切与陈先生的表述显然不符。于是酒店决定，加强对陈先生的重点"关注"。

为了尽可能不弄僵关系，前厅部以总经理的名义送上果篮，感谢陈先生对本酒店的支持，此次一别，欢迎再来。

陈先生是聪明人，知道自己的情况已被人详知。第二天，自己到总台结清了所有的账目。总台对陈先生礼貌有加，诚恳地询问客人对酒店的服务有什么意见和建议，并热情地希望他以后再来，给了陈先生足够的面子，让他下了台阶。

分析：饭店面对的客人复杂多变，真可谓形形色色。为了达到追缴房款的目的，有时直接的催缴方式还不如间接的提示更有效果。案例中，饭店在侧面了解客人的相关信息后，通过一个果篮，向客人传达了饭店知晓其行程信息，让客人"束手就范"，不仅留住了客人的面子，又达到了追款的目的，真是"一箭双雕"。

二、收银员管理

（一）重视对员工的职业素养教育

饭店员工，特别是收银员，常会遇到各种金钱、奢华生活方式的诱惑，对于刚刚步入社会，对未来充满理想的年轻人来说，有时有些诱惑是难以抵抗的。

饭店应在员工入职时，就通过开会、内部刊物以及各种活动不断进行职业素养教育，重点强调"酒店具有完善的管理制度和先进的监视系统""酒店具有对员工偷盗行为的严厉打击及处罚方法""饭店员工应具备的基本职业道德""员工因偷盗行为个人带来的严重后果，如解聘或承担刑事责任等"。

酒店在招聘收银人员时除了对其能力进行审查外，还应重视对员工道德方面的审查，以防止混进品行不端的人员，同时建立一套担保制度。

大多数饭店在其收入管理中都会遇到一些作弊行为，作弊者的目的或是为亲朋好友谋私利，或是截留收入，中饱私囊。堵塞这些漏洞，保证饭店收入不受损失，是饭店收入管理的重要内容。

（二）制订科学严谨的收款程序

防止收入作弊现象最有力的方法就是为每一个收入口制订一套科学严密的收款程序。这个程序要做到环节清晰、分工明确和衔接严密，即确定在何时何地由何人负责做收款的哪一部分工作，每一岗位必须在收到上一岗位的何种信息后再继续下一环节的服务。

为了避免收款人员的短期行为，也是为了方便入账，以及收款工作的监察，在出现问题时可以迅速准确地找到责任人，在一段时期内，每个收入口应定人、定位收款。同时，在一个合理的时期之后进行部门岗位人员对调，这样可以避免收款人员在一个岗位与相关人员相处得太熟而出现串通作弊。

（三）建立举报制度

举报员工的偷盗行为是每一位员工的义务。饭店应该建立完善的内部举报制度，调动员工的积极性，奖励那些举报有功的员工。

内部举报必须以实名举报为主，一般不接受匿名举报。酒店对举报者的姓名、内容予以保密。

为员工举报提供方便，如设举报电话、员工信箱，接受内部员工的举报。

对于举报内容的查证，由保安部进行，在规定的时间内完成。

如举报经查证属实，对举报者要给予一定的经济奖励，根据举报案件所挽回的经济损失，具体决定奖励的数额。

加强对收银人员的管理，堵塞收入管理的漏洞，是一项长期而艰巨的任务。饭店每天都接待不同的顾客，面临着千变万化的经营情况，而收入管理政策是由人制定的，收入管理过程也是由人控制的。在这种情况下，期望收入管理毫无漏洞是很困难的。在饭店经营管理过程中，及时发现收入管理漏洞，并有效堵塞，是总台收银管理工作的常态和实质。

【同步案例】

信用卡多次被刷

一日，某大酒店收到一份来自美国的传真，反映一旅客曾下榻于该酒店，回国后发现其 Visa 信用卡在该酒店两次被人盗取 1200 元。饭店立即报案。由于盗用的钱都是在饭店内消费，警方初步分析作案嫌疑人应在饭店内部，遂从收银员查起。通过询问，饭店收银员李某交代了作案经过。她根据国外持卡人一般不设密码的习惯，在该客人划卡消费后，暗中记下了卡号。客人回国后，她再取出卡内资金。用此方法，她先后盗取多国外宾卡内资金8000元。

某饭店还发生过一件“顺手牵羊”的事件：在饭店吧台替班的女领班刘某趁收银员转身之际，顺手牵羊将抽屉内装有7075元现金的信封偷走后，以到卫生间方便为名将钱放在其住室抽屉内，后又回到吧台，在收银员发现现金被盗后又假惺惺地拨打“110”报警。

分析：上述事件在一些管理不善的酒店时有发生，不仅影响了饭店和客人的利益，也严重损害了饭店的声誉。因此。对收银员的管理是总台管理的重要内容。

三、退房客人即时消费

即时消费是指客人临近退房前产生的消费，由于送到前台收银处太迟而没能赶到客人退房前及时入账。如洗衣费用就有可能在客人结账退房后才会被送到前台收银处。在这种情况下，对饭店来说，从已退房的离店客人那里收款是非常麻烦的。

为减少客人临近退房前的消费而带来损失，收银员在给客人打印账单前，应确认客人有无仍未入账的消费。例如，收银员应婉转地询问客人早上是否使用客房小酒吧的酒水，有无用早餐签单等问题，然而，这种做法是否有效，在很大程度上取决于客人的诚信度。

在客人结账时，收银员去调查客人有无即时消费的情况，有可能由于时间太长而给客人带来不便。再加上收银员本来工作就较为烦琐，如再花大量精力调查即时消费，可能会忙上加忙。因此，很多饭店就规定一个大致适当的比例，作为客人即时消费带来的损失，让饭店承担。在此情况下，为了向客人提供准确、快捷的结账服务，饭店有必要建立一套高效的、多功能的账目处理系统，来确保客人在饭店内部各个部门的消费账单能尽快地传递到前台收银处，同时也能确保前台收银员在接到转来的账单后尽快入账。所以，饭店相继投入使用了计算机账务处理系统，计算机账务处理系统能快速入账和转账。

【练习与思考】

一、单项选择题

1. 饭店前厅客人的账户主要分为客人账以及(　　)

A. 外客账　　B. 公司应收账　　C. 饭店管理人员账　　D. 总客账

2. 饭店提供贵重物品寄存服务的对象主要是(　　)。

A. 在店消费客人　　　　　　　　B. 住店客人
C. 在店所有客人　　　　　　　　D. 已收取押金的客人

3. 接受信用卡结算时，首先要注意的是(　　)。
A. 辨别信用卡真伪　　　　　　　B. 信用卡是否被取消名单
C. 是否属于饭店受理的信用卡范围　D. 有效期和姓名

4. 初始建立散客账户最主要的依据是(　　)。
A. 押金单　　B. 预订单　　C. 保证书　　D. 入住登记表

5. 团体住客账户一般设有两个：一个是公共账户，另一个是(　　)。
A. 杂费账户　　B. 公司账户　　C. 成员账户　　D. 签单账户

6. 客人在饭店内的各项消费单有了汇总和存放地点，饭店开始把客人的预付款，各项消费数计入客人账户，这就是(　　)。
A. 入账　　B. 结账　　C. 建账　　D. 转账

7. 一般情况下，结算房费的两个最主要的时间界限是(　　)。
A. 上午11点和下午6点　　　　　B. 中午12和下午6点
C. 中午12点和与客人商定　　　　D. 与客人商定和下午6点

8. 与客人临近退房前的消费称为(　　)。
A. 额外消费　　B. 账外消费　　C. 即时消费　　D. 临时消费

9. 客人付款方式主要有：现金、信用卡以及(　　)。
A. 挂账　　B. 银行信用证　　C. 预付款　　D. 商业合同

二、多项选择题

1. 客人在离店结账时，收银员通知客房服务中心查房，其主要目的是(　　)。
A. 客人有无遗留物品　　　　　　B. 小酒吧是否有即时消费
C. 客人有无损坏客房设施设备　　D. 客人有无带走客房非一次性耗用品
E. 客人有无遗留房卡和钥匙

2. 前厅收款处客账控制的主要环节包括建账以及(　　)。
A. 入账　　B. 结账　　C. 交款
D. 编表　　E. 夜审

3. 通常，饭店提供贵重物品保管服务的设备主要有(　　)。
A. 客房小型保险箱　B. 楼层保险箱　　C. 总台接待处保险箱
D. 保安部保险箱　　E. 总台收银处保险箱

4. 建立和健全客账管理体系，妥善保管住客的各种原始凭证主要有(　　)。
A. 客房预订单　　B. 住宿登记表　　C. 餐单
D. 账单　　　　　E. 杂费收据

5. 目前，我国中国银行、工商银行、建设银行发行的信用卡名称是(　　)。
A. 长城卡　　B. 金穗卡　　C. 运通卡

D. 牡丹卡　　　　　E. 龙卡

6. 按外币兑换的规定，其服务步骤顺序是(　　)。

A. 确认住客身份　　B. 清点鉴别　　　　C. 客人签名确认

D. 支付款项　　　　E. 填写水单

7.《客房营业日报表》中，下列(　　)数据更重要。

A. 团体客人用房数　B. 散客用房数　　　C. 客房出租率

D. 房租营业收入　　E. 平均房价

三、名词解释

1. 退房不结账

2. 提前退房

3. 夜审

四、思考题

1. 涉及前台的客账操作有哪些?

2. 前厅主要结账方式有哪些?

3. 请简述信用卡类别。

4. 客人结账离店时，带走酒店客房物品，该如何跟客人沟通?

5. 当客人甲的账由客人乙支付时，前台如何处理?

五、案例分析

这笔押金该不该退?

前几日，一位客人手持去年的一张住房押金条（1200 元）及退房发票（400 元）到前台收银处要求退钱。收银员查看计算机，发现此房客人在去年已做退房退款处理，并且发票在客人手上，坚持不退押金。

客人要求大堂副理处理，大堂副理查找了当天退房时的押金条回收情况，原来是当日因退房高峰，两位收银员都忘记收回押金条，而在账单上也没客人的退款收签名。

提问： 大堂会作出何种处理决定，为什么?

宾客关系管理

使每一位客人满意，是每一家酒店努力的方向和工作目标，建立良好的宾客关系则是实现这一目标的重要途径之一。酒店通常通过设立大堂副理和宾客关系主任等岗位来建立、发展和改善与客人的关系，努力使每一位不满意的客人转变为满意的客人，使客人对酒店留下良好的印象。要建立良好的宾客关系，还要求酒店各级员工要正确认识客人，掌握客人对酒店产品的需求心理以及与客人的沟通技巧；掌握受理投诉、处理投诉的方法和艺术；最后，还要为饭店的所有客人建立完善的客史档案，充分记录客人的有关信息，以更好地为客人服务。

【学习目标】

1. 正确认识客人，树立正确的“客人意识”。
2. 熟悉并掌握与客人沟通的技巧和方法。
3. 正确认识和处理客人投诉。
4. 正确认识客人档案在饭店经营中的作用，以及完善客人档案的方法。

【导入案例】

为何重视客户关系？

某机构做了一项调查，发现酒店业存在以下现象。

1. 多数酒店对96%的顾客不满情况一无所知。

2. 在投诉的顾客中，有54%～70%的人在问题获得解决时会再次上门消费；如果顾客觉得问题解决得够快，那么这个比例会上升到95%。

3. 当一位顾客产生不满时，他平均会告诉9～10人，更有13%的人会把这件事再告诉20人以上。

4. 平均每位提出投诉而获得圆满解决的顾客，会把其受到的待遇告诉5～8人；问题没有得到圆满解决的顾客，会把他们的负面经验再告诉8～16人。

5. 大约有50%的顾客在遇到问题时，选择沉默忍受，只是简单终止生意往来，而转向竞争对手。

面对以上的现象，酒店的客户关系该是多么重要。目前大多数酒店都设有A. M.（大堂副理）岗位，也有部分高档次酒店还设有GRO（宾客关系主任）。

分析：“客人是饭店的衣食父母”这句话，道出了客户是饭店最重要的资源。饭店的所有工作都是以客人为起点，并以客人为终点的。处理好客人的投诉，是饭店维护客户关系，不断改进服务质量的中心环节。饭店有投诉不可怕，怕的是处理不好投诉，因为饭店投诉如果能够妥善处理，不仅可以“挽救”客人，更能提高饭店服务质量，改善饭店形象。

第一节　对客沟通技巧

要与客人建立良好的客户关系，就要对客人有个正确的认识，正确理解酒店员工与客人的关系，掌握客人的心理与客人的沟通技巧。世界顶级饭店集团丽兹·卡尔顿（Ritz－Carlton）对员工提出20条服务准则，其中第14条准则是“员工与客户以及同事沟通时，要注意措辞得体”。例如，应该说“请接受我的道歉”而非“对不起”，“愿意为您效劳”而非“可以”。为此，前总裁舒尔策曾宣布一条著名禁令，禁止说“行”或“可以”。由此可见，在酒店服务中，沟通是何等重要。

一、正确认识客人

要与客人进行良好的沟通，首先要正确认识客人，了解“客人是什么”和“客人不是什么”。

（一）客人是什么

1. 客人是服务的对象

在酒店的对客交往中，双方扮演着不同的“社会角色”。服务人员是“服务的提供者”，而客人则是“服务的接受者”，是“服务的对象”。房务部员工在工作中始终都不能忘记这一点，不能把客人从“服务的对象”变成别的什么对象。所有与“提供服务”不相容的事情，都是不应该做的。特别是无论如何也不能去“气”自己的客人。道理很简单：客人来到酒店，是来“花钱买享受”而不是来“花钱买气受”的。

2. 客人是最要面子的人

客人来到酒店的前台，经常说的第一句话就是：“叫你们老总（经理）来。”来干什么？来给客人一个“面子”，给了客人面子，其他事情（如价格、结账等）就好办多了。一次，一位酒店老总在酒店广场巡视，看见一位常客张老板从轿车里出来，正在给他带来的商家介绍说，这里是当地有名的酒店，他在这个酒店里很有面子，并说他无论走到哪里，服务人员都认识他，对他恭恭敬敬。他还说：“不信你们跟我看看。”那位常客满面春风带着他的客户走到大厅门前，门童早已拉开大门，笑容满面地招呼他：“张老板上午好！请进！”张老板还未到前台，总台的服务员就异口同声地问候：“张老板好！”张老板说：“来了几个朋友，开两个套房。”服务员很快办理好了入住手续，并请张老板签字入住。当他从电梯到客房楼梯时，客房服务员已为他们打开了房间，在门口迎接张老板一行的到来……事后，张老板感谢酒店给了他“面子”，使他的生意做得十分顺利。在我们服务中常说一句话：“把面子留给客人。”这正是迎合了客人“求尊重”的心理。

【同步案例】

你不能住套房

入夜，福州一家三星级酒店的大堂灯火辉煌。一个国内旅行团正值此时抵店。大堂里熙熙攘攘。旅行团领队正高声念着团友的名字分发房间钥匙。当领队念到一位团友名字时，这位中年女团友对领队说：“我自己住一间套房，加多少钱我自己付，因为今晚我要见一位当地的朋友，你看可以吗？”领队回答说：“当然可以，等会儿我陪你去办一下手续。”领队和这位打扮入时的中年妇女一起来到总台。

中年妇女刚说要开一间套房，总台接待员小朱就开口了：“你是旅行团的吧？你不能住套房。”

小朱这句话犹如一块巨石落进了平静的湖面。“什么？我不能住套房?! 我第一次听到说我不能住套房！你以为我住不起套房还是怎么的?”中年妇女气得火冒三丈。

小朱急忙申辩道：“不，不是这个意思。您听我说……”

小朱话还没有说完，中年妇女就打断她的话：“我要找你们总经理，你这人怎么这样说话！”

当大堂副理急匆匆地赶过来时，中年妇女又朝着他扯开了嗓门：“看样子你是经理吧，你手下的这位小姐怎么这么不会说话。不等我把要求说完，就断定我不能住套房，我走到哪里都没有人这样看不起我！”

“您别急，是我们服务员不对。我立即为您开一间套房。这样吧，高出价格部分我做主为您免了，您看可以吗?”大堂副理快刀斩乱麻，这么大方的决定着实让这位妇女吃了一惊，一下子没了脾气。“你说话算数?”中年妇女睁着疑惑不解的眼睛问道。"这也算是感谢您给我们服务员上了一堂课。服务员不懂得说话，确实不应该。回头我再找她谈。"大堂副理说完立即在总台为这位中年妇女开了一间套房。当把房间IC卡钥匙交到领队手上时，中年妇女才嗫嚅地说："服务员要批评，但高出的房价我还是要付的。""我是诚意的，请您接受我对您的谢意吧。"大堂副理一脸诚挚地说。一场风波就这样平息了。

分析：求尊重，爱面子，是饭店客人普遍的潜在心理需求。因此，饭店人员在与客人沟通过程中，要注意语境和具体情景，说话要谦卑，绝不能伤客人自尊，更不能有鄙视客人的言语、语气和语调。

3. **客人是具有优越感的人**

在酒店里，我们所做的一切都是为了客人。客人的要求，只要不是无理的，我们都要予以满足。一次，一位客人叫来服务员，说他来了两位客人，要两包茶叶和两个一次性纸杯，房间备有两个盖杯，可客人就是不用。服务员按客人的要求将茶叶和两个一次性纸杯拿过去时，这位客人说又来了两位客人，再要两袋茶叶和两个一次性纸杯，服务员又立即返回去拿。这位客人对他的朋友说："听说这里的服务员态度很好，我非得考验考验他们。"对此类客人，只要要求不过分，都应该尽量满足，这体现了一个态度问题。

4. **客人是具有情绪化的自由人**

一位客人在餐厅喝多了，踉踉跄跄地走到廊道里，一位男服务生走上前问候并想搀扶他，这位客人恼羞成怒，大声斥责服务员说看不起他。明明喝多了，但客人非说半斤八两白酒不算什么，明明是摔倒了，但那位客人还大声嚷嚷"没事儿，没事儿!"事后还是服务员搀扶他走进了房间，并帮助他脱掉鞋和外衣，盖好被子，关好房门才离开。在客人的行为不超越法律的范畴内，服务员要学会宽容客人，设身处地地为客人着想。用换位思考的方式来处理这些问题，才能使服务工作做到位。

【同步案例】

你死了，还有你的家人……

年底，某日深夜1点多，有一常客略带醉意地来总台结往日挂账。这个时间收银的柜台账目已上交财务。客人应在白天由财会人员结账。服务员往日与这位常客很熟，加之台前又没有什么事情可做，于是服务的"格式"化就变成了熟人之间的随意化了，缺失了原来的敬重、分寸。对话由浅入深地讲开了："你们怎么规矩这么多？给你们送钱还不要，要是我死了，是不是就不用结账了?"

"没关系，你死了，还有你的家人，怎么也赖不了账的。"

客人一时来火："快过年了，你还说这话……"边说边操起柜台上的东西砸在服务员的头上，并扬言一定不会放过他……

分析：从上面的事件中可以看出，客人可以把你当"熟人"调侃，随便套近乎，可作为服务员却不行。在工作中，客人可以出格，服务员任何时候都不能出格，要时刻注意自己的服务人员身份。

5. **客人是追求享受的人**

我们应该在一定范围内满足客人的精神和物质享受，并不断开发新产品来满足他们更新更高程度的享受。比如：我们发现床头控制柜太烦琐，可改为单向控制；在床的枕头上增添靠枕，使客人躺在床上能舒舒服服地看电视；延长就餐时间，以满足客人的送餐服务；为使客人在廊道里方便找到服务员，在廊道的电梯旁安装服务电话；除了客房里备有多种小食品和扑克牌外，服务中心还可按客人要求，随时提供水果、巧克力；专门设立保健按摩服务等。

6. **客人是绅士和淑女**

谈及曾否遇到过特别粗鲁的客人时，丽兹·卡尔顿酒店的一位经理曾对酒店的培训生讲道："如果你善待他们，他们自然也会善待你。切记，你们要以绅士和淑女的态度为绅士和淑女提供优质服务。"说着，他停下脚步，弯腰捡起地上的一些杂物，放入自己的口袋中，然后接着说："我们要尽力帮助客房服务生，正如他们帮助我们从楼厅内清理餐车一样。"这位经理以自己的言行完美地诠释了酒店员工与客人及同事的沟通。

（二）客人不是什么

1. **客人不是评头论足的对象**

任何时候，都不要对客人评头论足，这是极不礼貌的行为。

【同步案例】

客人不是评头论足的对象

当我走进这家酒店的餐厅时，一位服务员颇有礼貌地走过来领我就座，并送给我一份菜单，正当我看菜单时，我听到了那位服务员与另一位服务员的对话："你看刚才走的那个老头，都快骨瘦如柴了还舍不得吃，抠抠搜搜的……""昨天那一位可倒好，胖成那样儿，还生怕少吃了一口，几个盘子全叫他给舔干净了！"听了他们的议论，我什么胃口也没有了。他们虽然没有议论我，可是等我走了以后，谁知道他们会怎样议论我？我顿时觉得，他们对我的礼貌是假的！

分析：在社会交往中，当面或背后评论别人，都是一种不礼貌、不文明的行为。更何况在注重礼仪礼貌的饭店，就更不应发生。案例中，饭店员工虽然未当面评论就餐的客人，但在背后评论别的客人，让该客人对该饭店人员的服务态度发生了怀疑。由此，该客人对饭店服务质量发生怀疑，就是一件很正常的事情了。

2. **客人不是比高低、争输赢的对象**

不要为鸡毛蒜皮的小事与客人比高低、争输赢，因为即使你“赢”了，却得罪了客人，使客人对你和你的酒店不满意，实际上你还是输了。

【同步案例】

帮客人开房门

一天晚上，大堂副理正在值中班。突然一位小姐气冲冲地跑到前台，把房卡狠狠地往台面上一扔，说道：“你们怎么回事？我是1216房客人，今天刚住进来房门就开不了，中午已经换了张房卡，现在回来又开不了，你们到底做什么的？”

大堂副理立即赶到前台安抚客人情绪，并让前台人员将客人房卡读了一遍，发现显示确实是1216房，时间也正确，按道理应该是可以开门的。为确保无误，大堂副理将该房卡退掉，重新做了一张新卡，并带上客房机械钥匙陪同客人一起上房间。当时客人还是很生气，一直在抱怨，说：“中午就打不开了，是服务员帮我开的门，我到前台换了一张卡，没想到晚上回来还是开不了。”到了房间门口，大堂副理发现房卡完全可以正常开门，这种情况很可能是客人不明白如何正确使用我们酒店的房卡。于是，大堂副理将门拉上，用慢动作将房卡贴近门锁感应区，再一次将门打开。这一切客人都看在眼里，其心里也明白了是怎么回事。但大堂副理还是礼貌地向客人道歉：“对不起，小姐，可能刚才是门锁出了点问题，给您添麻烦了。”这时客人的情绪马上友善起来，并连声向大堂副理致谢。

分析：在处理客人投诉的时候，切忌和客人争“对”。学会把“对”让给客人，事情往往会迎刃而解。不然，即使最后证明我们是对的，但客人却因此而不开心，这还能说明我们是对的吗？

3. **客人不是“说理”的对象**

在与客人的交往中，服务人员应该做的只有一件事，那就是为客人提供服务。所以，除非“说理”已经成为服务的一个必要的组成部分，作为服务人员，是不应该去对客人“说理”的。尤其是当客人不满意时，不要为自己或酒店辩解，而是立即向客人道歉，并尽快帮客人解决问题。如果把服务停下来，把本该用来为客人服务的时间，用去对客人“说理”，其结果，肯定是“吃力不讨好”。

4. 客人不是“教训”和“改造”的对象

酒店的客人中，“什么样的人都有”，思想境界低，虚荣心强、举止不文雅的大有人在。但服务人员的职责是为客人提供服务，而不是“教育”或“改造”客人。如果需要教育客人，也只能以“为客人提供服务”的特殊方式进行。

【同步案例】

真对不起，我早该送两个盘子

某日，有几位客人在客房里吃西瓜，桌面上、地毯上吐得到处是西瓜籽。一位客房服务员看到这个情况，就连忙拿了两个盘子，走过去对客人说：“真对不起，不知道您几位在吃西瓜，我早该送两个盘子过来。”说着就去收拾桌面上和地毯上的西瓜籽。客人见这位服务员不仅没有指责他们，还这样热情周到地为他们提供服务，都觉得不好意思，连忙做自我批评：“真是对不起，给你添麻烦了！我们自己来收拾吧。”最后，这位服务员对客人说：“请各位不要客气，有什么事，尽管找我！”

分析：这位服务员没用训斥的方式，而是用“为客人提供服务的方式”引导了客人。

二、如何理解“客人是上帝”

在饭店服务业有一种约定俗成的说法“客人永远是对的”。这是饭店的服务宗旨，一种拥有较高境界的服务理念。而在具体处理客人的投诉时，也不应机械地、教条地去满足客人需要，还须认真分析、判断是非。一方面，要为客人排忧解难，为客人的利益着想；另一方面，又不可在未弄清事实之前或在饭店没有过错的情况下，盲目承认客人对具体事实的陈述，讨好客人、轻易表态，从而给饭店造成声誉上或经济上的损失。一般情况下，在一些非原则性或非重大问题上，若饭店与客人之间产生纠纷，饭店还是应该礼让三分，主动而又积极地改善与客人的关系。“客人总是对的”强调的是一种无条件为客人服务的思想。对其的正确理解可包括以下方面：

——一般情况下，无理取闹、无中生有的客人很少。

——客人是上帝，是饭店的衣食父母。

——“客人总是对的”并不意味着“员工总是错的”，而是要求在非原则或非重大问题上员工把“对”的权利让给客人。

——饭店管理人员同样必须尊重员工、理解员工、教育培训员工学会自我保护和灵活处理相关问题。

【同步案例】

客人行为是可以引导的

通程大酒店大堂富丽堂皇，非常气派。一天，香港的两个老板，到咖啡厅去喝咖啡。其中有一个老板坐在那儿喝咖啡时，不由自主地斜躺在椅子上，然后把脚搁在另外一个椅子上。这时候服务员非常礼貌、优雅地走过来，跟他说：“先生，请注意，您是不是可以把脚放下来。”当时这个老板马上把腿放下来，而且坐得非常端正。

分析：饭店应在服务上树立一种自信、一种自尊，同时跟客人之间保持一种平等的关系，不卑不亢地去引导消费。因为慢慢这么做的话，客人就会有一种潜移默化的变化过程。

三、对客沟通技巧

（一）重视对客人的“心理服务”

酒店为客人不仅提供功能服务，还提供心理服务。功能服务是指满足消费者的实际需要，而心理服务除了满足客人的实际需要外，还能使客人获得一种“经历和体验”。从某种意义上讲，客人就是花钱“买经历”的消费者。客人在酒店的经历中，其中一个重要的组成部分，就是他们在这里所经历的人际交往，特别是他们与酒店服务人员之间的交往。这种交往常常对客人能否产生轻松愉快的心情，能否带走美好的回忆，起着决定性的作用。所以前厅服务不仅要帮客人解决实际问题，更要懂得人情味；想在客人之前，与客人“心有灵犀”。

（二）对客人要谦恭和殷勤

斯文和彬彬有礼，只能防止和避免客人“不满意”，而只有“谦恭”和“殷勤”才能真正赢得客人的“满意”。所谓“殷勤”，就是对待客人要热情周到、笑脸相迎、嘘寒问暖；而要做到“谦恭”，就不仅意味着不能去和客人“比高低、争输赢”，而且要有意识地把“出风头的机会”全都让给客人，让客人成为主角和红花，饭店及其员工甘为配角和绿叶。

【同步案例】

你们只能住一天！

正值秋日旅游旺季，两位外籍专家出现在上海某大宾馆的总台前。当总台服务员小刘（新员工）查阅了《订房登记簿》后，简单地向客人说：“已有客人预订了708房间，你们只能住一天。”

客人听后很不高兴地说：“接待我们公司的，怎么会变成一天呢?”小刘机械呆板地用没有丝毫变通的语气说：“我们没有错，你们有意见可以向公司方面人员提。”客人此时更恼火了：“我们要解决住宿问题，我们根本没兴趣也没有必要去追究预订客房差错问题。”正当形成僵局之际，前厅值班经理过来听取客人意见，他先请客人到大堂经理处的椅子坐下，请客人慢慢地把意见说完，然后他以抱歉的口吻说：“你们所提的意见是对的，眼下追究接待单位的责任看来不是主要的。这几天正是旅游旺季，标准间客房连日客满，我想为你们安排一间套房，请你们明后天继续在我们宾馆做客。房价虽然高一些，但设备条件还是不错的，我们可以给您九折优惠。”客人觉得值班经理的态度非常诚恳且符合实际，于是欣然同意。

事隔多日，住在该宾馆的另一位外籍散客要去南京办事，打算几天后仍回上海出境归国，在离店时要求保留房间。总台服务员小吴在回答客人时语言缺乏技巧地说：“客人离店要求保留房间，过去没有先例可循，这几天住房紧张，您就是自付几天房费，我们也无法满足您的要求！”客人听后很不高兴地转向大堂经理处投诉。大堂经理安慰客人道：“我理解您的心情，我们真诚欢迎您再次光临我宾馆。我看您先把房间退掉，过几天您回上海前先打个电话给我，我一定优先安排您的住宿。”数日后这位客人归来，大堂经理替他安排了一间楼层和方向比原先还要好的客房。当他进入客房时，看见特意为他摆放的鲜花，不由得竖起大拇指。

分析：酒店是中外宾客之家，使之满意而归是店方应尽的义务。当客人在心理上产生不快和恼怒时，酒店管理人员首先要稳定客人情绪，倾听客人意见，以高姿态的致歉语气婉转地加以解释，用协商的方式求得问题的解决。要理解投诉客人希望得到补偿的心理，不但在身心方面得到慰藉，而且在物质利益方面也有所获取。当客人感到满意而又符合情理时，酒店的处理就算得上成功了。

（三）否定自己，而不是否定客人

在与客人的沟通过程中出现障碍时，要善于首先否定自己，而不要去否定客人。例如，用“对不起，我忘记告诉您这里不能吸烟”代替“您不能在这里吸烟”。

【相关链接】

希尔顿酒店如何对客人说“NO”

希尔顿酒店不允许员工对客人说“NO”。当客人问“有房间吗?”，如果没有怎么说？能说“对不起，我们最后的两间保留房已经卖出去了，很抱歉”吗？在五星级的希尔顿酒店，如果只说这句话，那他只说了一半。还有一半怎么说呢？他应该说：“我给您推荐两家酒店，档次跟我们差不多，而且价格还低20元，要不要帮您看看?”客人听到这句话，能不要吗？接待员马上连线其他酒店的客房预订中心，直到把客人送上车。这种出乎意料的服务一下就会赢得客人的好感，激起下次客人一定要住希尔顿的欲望。

（四）善于表扬客人，并避其所忌

客人有什么愿意表现出来的长处，要帮他表现出来，主动赞美客人；反之，客人有什么不愿意让别人知道的短处，则要尽量帮客人遮盖或隐藏起来。比如客人出“洋相”时，要尽量帮客人遮盖或淡化之，绝不能嘲笑客人。

四、大堂副理

走进富丽堂皇的酒店大厅，您会在其一侧注意到一张典雅、精美的桌子，上面摆放着鲜花，旁边坐着一位能讲一口流利英语的、和颜悦色的酒店“官员”，他就是酒店的大堂副理。

大堂副理的主要职责是代表酒店总经理接待每一位在酒店遇到困难而需要帮助的客人，并在自己的职权范围内予以解决，包括回答客人问讯、解决客人的疑难、处理客人投诉等。因此，大堂副理是沟通酒店和客人之间的桥梁，是客人的益友，是酒店建立良好客户关系的重要保证。

在我国，三星级及以上酒店一般都设有大堂副理。大堂副理可以是主管级，也可以是部门副经理，以体现这一职位的重要性和权威性。对大堂副理的管理模式通常有两种：一是隶属于房务部前厅；二是由总经理办公室直接管理，大堂副理向总经理办公室主任或直接向总经理汇报。以上两种模式各有其合理性和利弊，从工作性质和工作岗位的设置来讲，应属于房务部前厅；而从职责范围来讲，大堂副理涉及酒店各个部门，为了便于协调管理和有效开展工作，则应由总经理办公室直接管理。

（一）大堂副理的工作职责之一：VIP 接待

VIP 抵店前，要提前获悉其姓名、习惯、到店时间、房间布置和接待安排情况等信息，做好接待该 VIP 的各项准备工作。

VIP 抵达饭店大门时，迎接客人并引领客人进入客房，并在房内办理登记入住手续。

VIP 结账离店后，协助总台做好该 VIP 的档案维护与更新工作，必要时还要向总经理汇报 VIP 到店情况和接待情况。

（二）大堂副理的工作职责之二：受理和处理客人投诉

1. 受理客人的投诉

首先确认客人的身份等信息；再认真倾听客人的陈述，并仔细记录客人的投诉内容。

2. 处理客人的投诉

对于简单、易解决的投诉，当场予以解决；对于不能当场解决的投诉，应向客人表示歉意，并承诺在一定期限内查清事实后再给予答复。所有的投诉处理完毕后，均要征求客人的意见，以表示酒店对客人投诉的重视。

3. 投诉资料存档

将投诉的有关信息，如客人姓名、电话、投诉时间、投诉事由和处理结果等存档，并更新该客人的档案信息；将重大的投诉或 VIP 客人的投诉整理成文，报送总经理审阅。

（三）大堂副理的工作职责之三：为住店客人过生日

确认过生日住店客人的名单，并按规程向餐饮部报送名单，以备制作生日蛋糕之用。

客人生日当天，准备过生日客人的生日贺卡，并请总经理签字，准备送入客人房间。

与客人联系后，再持生日贺卡，由送餐人员送蛋糕，一同进入客人房间，祝贺客人生日快乐。

祝贺完毕后，详细记录并存档。

（四）大堂副理的工作职责之四：处理紧急事件

当然，客人在住店期间，还会发生“生病、受伤、自杀、死亡、偷盗、火灾”等紧急事件，大堂副理也应积极主动应对这些紧急事件，按照有关操作规范妥善处理，限于篇幅，在此不一一详述。

【同步案例】

为钱包找主人

一个周末的早晨，正值客人退房高峰期，大堂副理在大堂维护秩序。这时接到前台员工报告称：有位已离店客人将钱包落在了前台。大堂副理立即通知保安部人员至前台一起打开钱包，发现里面有一张身份证、三张银行卡和少许现金，但无任何客人的联系电话。通过身份证大堂副理查询到客人为退房不久的1516房张先生，但其入住登记信息里仍无任何联系电话。考虑到客人非本地人，存有证件的钱包遗失肯定会带来诸多不便，必须在尽可能短的时间里联系上张先生。于是，大堂副理仔细查找张先生的相关住店信息，发现其在入住期间曾用客房电话机拨出过一次电话，拨通该电话号码，大堂副理向对方说明情况，终于获得了张先生的联系电话。电话拨过去时，张先生尚不知道自己的钱包已遗失，正在前往美兰机场的海文高速公路上，且已经到了海口境内，时间关系无法回来领取。此时张先生显得十分焦急。大堂副理一边安抚客人情绪，一边思索怎样尽快把钱包送到其手上。突然，大堂副理联想到昨日有两位客人订了我们酒店车辆今日要去美兰机场，于是赶紧找出该订车单一看，恰好用车时间为10分钟后。大堂副理马上将情况告诉车队出车的肖师傅，让肖师傅带上张先生的钱包，到机场后立即转交给张先生。约40分钟后，大堂副理接到张先生的感谢电话称其已及时拿到钱包，这才松了一口气。

分析：遇到问题时要冷静应对，积极寻找解决途径。既要灵活，又要不出疏漏，保证服务的及时性，这样才能让客人满意甚至惊喜。

（五）大堂副理工作“五忌”

1. 总是刻板地呆坐在工作台

大堂副理大多数时间应在大堂迎来送往招呼来来去去的客人，随机回答客人的一些问询，不放过能与客人交往的任何机会。这一方面方便了客人，使饭店的服务具有人情味，增加了大堂副理的亲和力；另一方面可以收集到更多宾客对于饭店的意见和建议，以利于发现饭店服务与管理中存在的问题与不足，及时发现隐患苗头，抢在客人投诉之前进行事前控制。

2. 在客人面前称饭店其他部门的员工为“他们”

在客人心目中，饭店是一个整体，不论是哪个部门出现问题，都会认为就是饭店的责任，而大堂副理是代表饭店开展工作的，故切忌在客人面前称别的部门员工为“他们”。

3. 处理投诉时不注意时间、场合和地点

有的大堂副理在处理宾客投诉时往往只重视了及时性原则，而忽略了处理问题的灵活性和艺术性。例如，在客人午休、进餐、发怒时，或在发廊、宴会厅等公共场所去处理投诉，效果往往不佳，还可能引起客人的反感。

4. 缺乏自信，对客人太谦卑

确切地说，大堂副理是代表饭店总经理在处理客人的投诉和进行相关的接待，其一言一行代表着饭店的形象，应表现出充分的自信，彬彬有礼，热情好客，不卑不亢，谦恭而非卑微。过分的谦恭是缺乏自信的表现，往往会被客人看不起，对饭店失去信心。

5. 不熟悉酒店业务知识

大堂副理应熟悉饭店业务知识，如前台和客房服务程序、送餐服务、收银程序及相关规定、酒店折扣情况、信用卡知识、洗衣知识、票务知识等，否则会影响到处理投诉的准确性和及时性，同时也将失去客人对酒店的信赖。

【相关链接】

一位大堂副理的心得

我个人认为大堂副理是一个很锻炼人的工作岗位，也能考查一个人的综合能力，如应变能力、谈话技巧、果断性、灵活性、坚持原则等。说得通俗些，大堂副理是客人的一个“出气筒”，客人对酒店内的任何事情不满，都有可能发泄在大堂副理身上，这也是由大堂副理的工作性质所决定的。作为大堂副理，应该具备抗批评、抗被粗鲁言语指责的承受能力，同时还要做到认真向客人解释、道歉。要做到不卑不亢，耐心劝导，体现大堂副理的良好风貌。

我在工作中的难点是人情关系处理不好。

工作的兴奋点是为客人排忧解难，解决问题，通过自己的努力使需要帮助的客人得到帮助。在这项工作中，我逐步走向成熟，看待问题更理智、更客观、更全面，不掺杂个人感情色彩。我对大堂副理的领悟是：有喜有忧、有惊有险，有付出有收获，有成功的喜悦，有失败的苦涩。

总而言之，大堂副理是一项有挑战性的工作，可以说是我生命的一部分，我热爱这项工作。

五、宾客关系主任

宾客关系主任是一些大型豪华饭店设立的专门用来建立和维护良好的宾客关系的岗位。宾客关系主任直接向大堂副理或值班经理负责，其职责是与客人建立良好关系，协助大堂副理欢迎贵宾以及安排团体临时性的特别要求。其日常的工作流程为：

——保留 VIP 房（VIP Room Blocking）；

——检查 VIP 房（VIP Room Inspection）；

——迎接 VIP 客人（Greeting and Welcoming VIPs）；

——陪同并帮助 VIP 客人办理入住手续（Escorting and Registering VIPs）；

——向客人致礼貌电话（Courtesy Calls）；

——离店前向客人致电，受理客人的推迟离店请求（Departure Calls and Late Check - Out Requests）；

——帮客人预订下一个酒店（Onward Room Reservation）；

——办理快捷离店（Handling Express Departures）；

——带领客人参观酒店（Conducting Showrooms）；

——处理客人投诉（Handling Guest Complaints）；

——接受客人表扬（Accepting Guest Compliments）；

——监督对客服务质量（Performance Monitor）。

第二节　饭店投诉处理

饭店在服务与管理过程中，难免会遇到客人投诉的情况，对客人的投诉一定要认真对待，妥善处理。尽管投诉在所难免，但只要工作到位，就可以把投诉的可能性降至最低，为客人提供尽可能完美的服务。所以，工作中要把握容易导致客人投诉的环节，掌握投诉处理的原则与方法，妥善解决各类投诉。

投诉就是饭店客人对饭店服务质量表示不满而提出的批评、抱怨或意见。由于饭店是一个复杂的整体运作系统，而且客人对服务的需求又是多种多样的，因此无论饭店经营得多么出色，都不可能百分之百地让客人满意，客人投诉在饭店运营中是不可避免的，只是对于一家饭店来说，投诉的频率、范围、程度等不同而已。发生客人投诉事件对于饭店发展来说有有利的方面，这在一定程度上表示一部分客人还存在对饭店发展的期望和关注；同时也有弊的方面，说明饭店的产品或服务在某些方面还不能很好地满足所有客人的需要，甚至还会引起客人的反感、愤怒和流失。

一、正确认识饭店客人投诉

首先，在饭店宾客投诉是不可避免的。管理再好的酒店，也存在客人投诉，零投诉永远是酒店追求的目标。其次，宾客投诉不是一件“好事”，但可以将之转化为“好事”，它是沟通酒店和顾客之间的桥梁。投诉可能会使被投诉的对象（有关部门或人员）感到不愉快，甚至受惩，接待投诉客人也不是一件令人愉快的事。但投诉又是一个信号，告诉我们酒店服务和管理中存在的问题。形象地说，投诉的顾客就像一位医生，在免费为酒店提供诊断，以使酒店管理者能够对症下药，改进服务和设施，吸引更多的客人前来投诉，因此，管理阶层对于客人的投诉必须给予足够的重视。具体而言，对酒店来说，客人投诉的意义表现在以下几个方面：

（一）宾客投诉可以帮助酒店发现“问题”，改进服务、提高管理

酒店的问题是客观存在的，但管理者不一定能发现。原因之一是“不识庐山真面目，只缘身在此山中”。管理者在一家酒店一工作就是几年，甚至几十年，长期在一个环境工作，对本酒店的问题可能会视而不见，麻木不仁。而客人则不同，他们付了钱，期望得到与他们所付的钱相应的服务，他们也可能住过很多酒店，某个酒店存在的问题，在他们眼里可能一目了然。原因之二是尽管酒店要求员工“管理者在和不在一个样”，但事实上，很多员工并没有做到这一点，管理者在与不在截然不同，因此，管理者很难发现问题。而客人则不同，他们是酒店产品的直接消费者，对酒店服务中存在的问题有切身的体会和感受，因此，他们最容易发现问题，找到不足。

（二）宾客投诉可以“挽救”一批“受伤”的客人

一项研究表明，使一位客人满意，就可招徕 8 位客人上门；而如因产品质量不好，惹恼了一位顾客，则会导致 25 位客人从此不再登门。因此，酒店要力求使每一位客人满意。客人有投诉，说明客人不满意，如果这位客人不投诉或投诉没有得到妥善解决，客人将不再入住该酒店，同时也将意味着失去 25 位潜在客人。无疑，这对酒店是个巨大的损失。通过客人的投诉，酒店了解到客人的“不满意”，从而获得了一次极好的机会，使其能够将“不满意”的客人转变为“满意”的客人，消除客人对酒店的不良印象，减少负面宣传。

（三）有利于酒店改善服务质量，提高管理水平

酒店可通过客人的投诉不断地发现问题、解决问题，进而改善服务质量，提高管理水平。

二、饭店投诉产生的原因

就饭店房务部而言，投诉的产生通常有以下几个方面的原因：

（一）酒店设施设备出现故障

如空调不灵、电梯夹伤客人、卫生间水龙头损坏等。酒店的设施设备是为客人提供服务的基础，设施设备出现故障，服务态度再好，也无法弥补。我国酒店与国际酒店相比，存在的突出问题之一就是设施设备保养不善（尤其是一些经营时间比较长，装修时间长的老酒店），这不仅造成酒店经营成本的上升，而且严重影响了酒店对客人的服务质量，常常引起客人的投诉。

（二）对服务不满意

如服务员在服务态度、服务效率、服务时间和服务准确性等方面达不到客人要求与期望。

（三）酒店管理不善

如住客在房间受到骚扰，客人的隐私不被尊重，客人财物丢失等。

（四）客人对酒店的有关政策规定不了解或发生误解

有时候，客人方面并没什么过错，他们之所以投诉是因为他们对酒店有关政策规定不了解或产生误解。如退房时间、房费的计算方法等。在这种情况下，要对客人耐心解释，并热情帮助客人解决问题。

上述问题，可以归纳为两种类型：一是有形因素，二是无形因素。对于这两种因素，客人投诉的倾向和投诉的方式是不同的。对于有形因素，愿意当面向饭店提意见的客人占59%；而对于无形因素，提意见的客人只占41%。这说明，顾客对于无形因素，一般不太愿意当面向管理部门提意见投诉。一方面，这正是由于这种因素的“无形性”本身造成的，客人担心“说不清”；另一方面，无形的因素通常都是服务方面的问题，而服务又涉及具体的“人”，客人外出，一般不愿意轻易伤和气，不愿意“惹事”，这是主要原因。

三、处理饭店投诉的流程

接待投诉客人，无论对服务人员还是管理人员，都是一个挑战。要使接待投诉客人的工作变得轻松，同时又使客人满意，就必须掌握处理客人投诉的程序。

（一）做好接待客人投诉的心理准备

首先，树立“客人总是对的”的信念。一般来说，客人来投诉，说明我们的服务和管理存在问题，而且，不到万不得已或忍无可忍，客人是不愿前来当面投诉的，因此，要首先替客人着想，树立“客人总是对的”的信念。况且在酒店业，我们都提倡“即使客人错了，也要把“对”让给客人。只有这样，才能减少与客人的对抗情绪。这是处理好客人投诉的前提。

其次，要掌握投诉客人的三种心态，即求发泄、求尊重和求补偿。求发泄是指客人在酒店遇到令人气愤的事，怨气回肠，不吐不快，于是前来投诉；求尊重是指酒店对客服务中出现的问题，在某种意义上都是对客人不尊重的表现，客人前来投诉就是为了挽回面子，求得尊重；求补偿是指客人无论酒店有无过错，或问题是大是小，都可能前来投诉，其主要目的在于求得补偿，尽管他一再声称“并不是钱的问题”。因此，在接待投诉客人时，要正确理解客人、尊重客人，给客人发泄的机会，不要与客人进行无谓的争辩。如果客人投诉的真正目的在于求补偿，则要看看自己有无权利这样做；如果没有这样的授权，就要请示上一级管理人员出面接待投诉客人。

（二）认真倾听客人投诉，并注意做好记录

对客人的投诉要认真听取，切勿随意打断客人的讲述或胡乱做解释。此外，要注意做好记录，包括客人投诉的内容，客人的姓名、房号及投诉时间等，以示对客人投诉的重视，同时也是酒店处理客人投诉的原始依据。

（三）对客人的不幸遭遇表示同情、理解和道歉

在听完客人的投诉后，要对客人的遭遇表示抱歉（即使客人反映的不完全是事实，或酒店并没有过错，但至少客人感觉不舒服、不愉快），同时，对客人的不幸遭遇表示同情或理解。这样会使客人感觉受到尊重，自己来投诉并非无理取闹，同时也会使客人感到你和他站在一起，而不是站在他的对立面与他讲话，从而减少对抗情绪。

（四）对客人反映的问题立即着手处理

客人投诉最终是为了解决问题，因此，对于客人的投诉应立即着手处理，必要时，要请上级管理人员亲自出面解决。在接待和处理客人投诉时，首先切不可在客人面前推卸责任，客人来投诉，最为关心的是尽快解决问题，而不是分清责任或推卸责任；其次，尽量给客人肯定的答复，不能含混不清，尽量少用“尽快、一会儿、等等再说”等词语，如果解决确实有困难，也要当面解释清楚，求得客人谅解。

【同步案例】

不关我的事

一日，甲、乙两位服务员分别打扫 A、B 区客房，A 区某房的客人从外面回来，发现床单没有换，于是找到乙服务员，问道：“为什么不给我换床单?”

“这不是我打扫的房间，不关我的事，你去找甲服务员说!”乙服务员说完，转身就走了，剩下气呼呼的客人站在走廊……

分析：客人投诉对饭店来说，是一次纠正错误的机会，切不可认为客人找饭店的麻烦。因此，面对客人投诉，不能推卸责任，要主动接受，积极帮客人解决问题。对于不能当面解决的事项，要上报，协助客人解决问题，这才是处理饭店客人投诉的正确方法。

（五）对投诉的处理过程予以跟踪

接待投诉客人的人，并不一定是解决问题的人，因此客人的投诉是否最终得到解决仍然是个问号。事实上，很多客人的投诉并未得到解决。因此，必须对投诉的处理过程

进行跟进，对处理结果予以关注。

【同步案例】

怎么也等不来的热水

一位客人深夜抵店，行李员带客人进客房后，将钥匙交给客人，并对客房设施做了简单的介绍，然后进入卫生间，打开浴缸水龙头往浴缸内放水，并用手亲自调试水温。几分钟后，行李员出来告诉客人，水已放好，请客人洗个澡，早点休息。客人暗自赞叹该酒店服务真不错。

行李员走后，客人脱衣去卫生间洗澡，却发现浴缸里的水是冰凉的，打开热水龙头，同样是凉水。于是打电话到总台，得到的回答是："对不起，晚上12点以后，无热水供应。"客人无言以对，心想，该酒店从收费标准到硬件设备，最少应算星级酒店，怎么能晚上12点以后就不供应热水呢？可又一想，既然是酒店的规定，也不好再说什么，只能自认倒霉。"不过，如果您需要的话，我让楼层服务员为您烧一桶热水送到房间，好吗?"还未等客人放下电话，前台小姐又补充道。

"那好啊，多谢了！"客人对酒店能够破例为自己提供服务表示感谢。

放下电话后，客人开始等待。半个小时过去了，客人看看表，已经到了凌晨1点，可那桶热水还没送来，又一想，也许楼层烧水不方便，需要再等一会儿。又过了半个小时，电视节目都结束了，还不见有热水送来，客人无法再等下去了，只好再打电话到总台。

"什么，还没有给您送去?"前台服务员表示吃惊，"我已经给楼层说过了啊！要不我再给他们打电话催催。"

"不用了，还是我自己打电话问吧。请你把楼层服务台的电话告诉我！"客人心想，既然前台已经通知了，而这么久还没有送来，必定有原因。为了避免再次做无谓的等候，还是亲自问一问比较好。于是，按照前台服务员提供的电话号码，客人拨通了楼层服务台的电话，回答是："什么，送水？酒店晚上12点以后就没有热水了！"

分析：在本案例中，其实客人并非一定要洗澡，只是酒店已经答应了为客人提供热水，才使客人"白"等了一个多小时，结果澡也没洗成，觉也没睡好，还影响了第二天的工作。问题就出在服务员虽然答应为客人解决问题，但没有对解决过程和解决结果予以关注。

（六）对投诉处理结果进行追踪

有时候，客人反映的问题虽然解决了，但并没有解决好，或是这个问题解决了，却又引发了另一个问题。比如，客人投诉空调不灵，结果工程部把空调修好了，却又把客人的床单弄脏了。因此，必须再次与客人沟通，询问客人对投诉的处理结果是否满意。比如，可打电话询问客人："我们已通知维修部，对您的空调进行了维修，不知您是否满意?"这种"额外的"关照并非多余，它会使客人感到酒店对其投诉非常重视，有助于客人对酒店留下良好的印象。与此同时，应再次感谢客人，感谢客人把问题反映给酒店，使酒店能够发现问题，并有机会改正错误。这样，投诉才算得到真正圆满的解决。

四、处理饭店投诉的艺术

为了妥善处理客人投诉，达到使客人满意的目的，处理客人投诉时要讲究一定的艺术。

（一）降温法

投诉的最终解决只有在"心平气和"的状态下才能进行，因此，接待投诉客人时，首先要保持冷静、理智，同时，要设法消除客人的怒气。比如，可请客人坐下慢慢谈，同时为客人送上一杯茶水。此时，以下几点要特别注意，否则，不但不能消除客人的怒气，还可能使客人"气"上加"气"，出现火上浇油的效果。

——先让客人把话说完，切勿胡乱解释或随便打断客人的讲述。

——客人讲话时（或大声吵嚷时），要表现出足够的耐心，绝不能随客人情绪的波动而波动，不得失态。即使是遇到一些故意挑剔、无理取闹者，也不应与之大声争辩，或仗"理"欺人，而要耐心听取其意见，以柔克刚，使事态不致扩大或影响他人。

——讲话时要注意语音、语调、语气及音量的大小。

——接待投诉客人时，要慎用"微笑"，否则，会使客人产生"出了问题，你还幸灾乐祸!"的错觉。

（二）移步法

投诉应尽量避免在大庭广众之下处理，要根据当时的具体语境和情况，尽量请客人移步至比较安静、无人干扰的环境，并创造良好的气氛与客人协商解决。避免在公共场所与客人正面交锋，影响其他客人，或使酒店及投诉客人都下不了台。

（三）交友法

向客人表达诚意，同时，适时寻找客人感兴趣的、共同的话题，与客人"套近乎"交友，解除客人的戒备和敌意，引起客人的好感，从而在投诉的处理过程中赢得主动，或为投诉的处理创造良好的环境。

（四）多项选择法

即给客人多种选择方案。在解决客人投诉中所反映的问题时，往往有多种方案，为了表示对客人的尊重，应征求客人的意见，请客人选择，这也是处理客人投诉的艺术之一。

（五）博取同情法

对客人动之以情，晓之以理，让客人理解问题的出现并非酒店的主观意愿，而且酒店也愿意承担一定的责任或全部责任，必要时可告诉客人，赔偿责任将由当事服务员全部负责，以体现酒店对投诉的重视，同时博取客人的同情。在这种情况下，很多客人会放弃当初的赔偿要求。

【相关链接】

如何面对“找碴儿”的客人

酒店员工在与客人的冲突中，始终处于“不利”的地位，或者说是“不占优势”的地位。那些故意来“找碴儿”的客人，对这一点非常清楚。他们知道，无论他们自己说了什么或做了什么，只要服务员稍稍有一点“出格”的言行，他们就可以去向经理投诉，而且，那些被投诉的服务员肯定要挨批、受罚的。这些客人知道，哪怕是他们先骂了服务员十句，只要服务员回了一句，他们也可以把自己说成“受害者”而大闹一场。对于这种“不平等”，那些“找碴儿”的客人知道得很清楚，而有些服务员却往往由于一时的冲动，而把它“忽略”了。一些服务员之所以在客人面前“吃亏”，就是因为他们忽略了自己与客人之间的这种“不平等”。

作为服务员，要进行自我保护，就必须面对现实，承认在与客人的冲突中，自己始终是处在不利的、不占优势的地位的。在客人面前，绝不能有“你厉害，我比你还厉害”的想法。尽量不让冲突发生，即便发生了，也绝不让它“升级”才是最佳的选择。面对那些带有挑衅性的、故意来“找碴儿”的客人，服务员只有用正确的想法，来控制自己的情绪和言行，才能使自己立于“不败之地”。

你是客人，我是服务员。此时此地，我是不可能与你平起平坐的。如果你骂我一句，我也骂你一句，虽然是“一比一”，到头来，吃亏的还是我。这个道理，作为服务员，一定不要忘记。

我知道你是故意来找碴儿的。你的办法是激怒我，等待我的还击，你就有了大闹一场的借口，就能赢得“观众”的同情。我要让您的如意算盘落空，所以我绝不还击！

你无理而又无礼，这是你的问题，不是我的问题。我犯不着因为你的问题而生气。不管你是谁，只要你还是客人，我就仍然把你当作客人来接待。能把礼貌待客坚持到底，我就立于不败之地。

五、投诉的统计分析与管理

投诉处理完以后，有关人员，尤其是管理人员，还应该对该投诉的产生及其处理过程进行反思和分析，防止它再次出现；另外，对这次投诉的处理是否得当，有没有其他更好的处理方法。只有这样，才能不断改进服务质量，提高管理水平，并真正掌握处理客人投诉的方法和艺术。

客人投诉有助于酒店发现其服务和管理中存在的问题，是酒店提高服务质量和管理水平的杠杆，因此，房务部管理人员应十分重视客人投诉，加强对客人投诉工作的管理，做好客人投诉的记录等基础工作，并定期对客人的投诉进行统计分析，从中发现客人投诉的规律，采取相应的措施或制定有关制度，以便从根本上解决问题，从而不断提高服务质量和管理水平（见表8－1）。

表8－1　客人投诉情况分析

<table>
<tr><th colspan="2">月份 / 项目</th><th>1</th><th>2</th><th>…</th><th>12</th><th>小计</th><th colspan="4">宾客分类</th><th>合计</th><th>情况分析</th></tr>
<tr><td rowspan="9">表扬</td><td>酒店印象</td><td></td><td></td><td></td><td></td><td></td><td rowspan="3">散客</td><td rowspan="6"></td><td rowspan="6">外卖</td><td rowspan="6"></td><td rowspan="9"></td><td rowspan="9"></td></tr>
<tr><td>前厅服务</td><td></td><td></td><td></td><td></td><td></td></tr>
<tr><td>客户服务</td><td></td><td></td><td></td><td></td><td></td></tr>
<tr><td>餐厅服务</td><td></td><td></td><td></td><td></td><td></td><td rowspan="3">团队</td></tr>
<tr><td>康乐服务</td><td></td><td></td><td></td><td></td><td></td></tr>
<tr><td>商品部</td><td></td><td></td><td></td><td></td><td></td></tr>
<tr><td>商务中心</td><td></td><td></td><td></td><td></td><td></td><td rowspan="3">常住</td><td rowspan="3"></td><td rowspan="3">内宾</td><td rowspan="3"></td></tr>
<tr><td>餐厅食品</td><td></td><td></td><td></td><td></td><td></td></tr>
<tr><td>客遗物品</td><td></td><td></td><td></td><td></td><td></td></tr>
<tr><td rowspan="12"></td><td>商品部服务</td><td></td><td></td><td></td><td></td><td></td><td rowspan="5">散客</td><td rowspan="5"></td><td rowspan="8">内宾</td><td rowspan="8"></td><td rowspan="12"></td><td rowspan="12"></td></tr>
<tr><td>商务中心</td><td></td><td></td><td></td><td></td><td></td></tr>
<tr><td>康乐服务</td><td></td><td></td><td></td><td></td><td></td></tr>
<tr><td>餐厅服务</td><td></td><td></td><td></td><td></td><td></td></tr>
<tr><td>客房服务</td><td></td><td></td><td></td><td></td><td></td></tr>
<tr><td>餐厅食品</td><td></td><td></td><td></td><td></td><td></td><td rowspan="3">团队</td><td rowspan="3"></td></tr>
<tr><td>客房卫生</td><td></td><td></td><td></td><td></td><td></td></tr>
<tr><td>前厅服务</td><td></td><td></td><td></td><td></td><td></td></tr>
<tr><td>客房用品</td><td></td><td></td><td></td><td></td><td></td><td rowspan="4">长住</td><td rowspan="4"></td><td rowspan="4">外宾</td><td rowspan="4"></td></tr>
<tr><td>客房设备</td><td></td><td></td><td></td><td></td><td></td></tr>
<tr><td>维修服务</td><td></td><td></td><td></td><td></td><td></td></tr>
<tr><td>……</td><td></td><td></td><td></td><td></td><td></td></tr>
<tr><td>建议</td><td colspan="12"></td></tr>
</table>

饭店客人提出的投诉，按性质划分，有控告性投诉、批评性投诉和建设性投诉三种。其中控告性投诉的特点是投诉人已被激怒，情绪激动，要求投诉对象做出某种承诺；批评性投诉的特点是投诉人心怀不满，但情绪相对平静，只是把这种不满告诉投诉对象，不需要对方做出什么承诺；建设性投诉的特点是投诉人一般不是在心情不佳的情况下投诉的，而是随着对饭店的赞誉而发生的。当然，投诉的性质不是一成不变的，不理睬的建设性投诉会逐步变成批评性投诉，进而发展成为控告性投诉或是客人愤然离店，并至少在短期内不再回来。无论哪一种局面出现，对饭店来说，都是一种损失。如果我们对某些饭店所接到的投诉进行统计分析，就会发现一条规律：凡控告性投诉所占比重较大的饭店，肯定从服务质量到内部管理都存在很多问题，过多的控告性投诉，会使饭店疲于奔命，仿佛像一部消防车，四处救火，处于被动状态。其员工必定是缺乏凝聚力和集体荣誉感。而建设性投诉所占比重大的饭店则应该是管理正规，秩序井然。饭店不断从客人的建设性意见中汲取养分，以改善自己的工作，员工的士气也势必高涨，从而形成企业内部的良性循环。

【相关链接】

外国客人对我国酒店的常见投诉

我国酒店与国际酒店业无论在硬件方面还是在软件方面，都有一定的差距，常常引起国际旅游者的投诉。此外，由于东西方文化的差异以及我国很多酒店从业人员缺少酒店意识，也常常引起外国客人的投诉。以下是外国客人对我国酒店的常见投诉。

1. 饭店内的公厕清扫员要分性别

男厕所应由男清洁员来清扫，我走了几家饭店，都是由上了年纪的女士在搞清洁卫生，外国人不习惯，有的甚至吓得退了出来。饭店要按国际习惯办事。

2. 闭路电视节目不准确，没法收看

一是节目单是中文的，我们看不懂；二是即使是英文的，我们按指定的频道，根本不是这个节目，或根本没有节目。希望能每天为客人调整到位。有的饭店有两条闭路线路，最好一条能放英文的，以满足外国客人的需要。

3. 克服没有冰块供应

我们美国人冬天都要吃冰块，更不要说夏天了。希望客房里能有冰块供应，至少大堂里应该有。这是美国人的基本生活需要。这与你们中国人爱喝茶是一样的道理。

4. 卫生间及卧室有“毛发”

客人走进给他安排的房间，如果发现毛发那是不能容忍的。将会认为“极不卫生”，但你们好多饭店对此并不在乎，枕头上、被子上、地毯上、浴缸边经常可见。

5. 酒店没有无烟区和无烟客房

中国人抽烟太厉害，我们西方国家在公共环境里很少有抽烟的。希望中国的饭店在大厅和餐厅里专门辟出一块无烟区。有的客房一进门，一股残留的烟味便扑面而来，我无法忍受，只能换房。

6. 商务客房多是灯光黯淡

我是常驻商务代表，每天办公到深夜。但住了许多饭店，商务客房多是灯光黯淡。你们对这些客房应该按办公室的要求来调整灯光，加强亮度。

7. 酒店工作人员大声喧哗

在酒店内任何地方，从总经理到服务员讲话都要注意轻声，切忌大声喧哗。饭店里大嗓门讲话，给客人留下不文明的印象。国外公共场所都是轻声讲话，这也是个礼貌问题。但在中国很多饭店，工作人员大声喧哗的现象却较为普遍。

8. 饭店服务要有明确的时间概念

外国人时间观念极强，很守时。饭店一切服务都应有明确的时间概念。如有意外服务或特殊要求，尽量少用“一会儿”“马上”“等等再说”之类的时间概念模糊的字眼，要明确告诉客人多少时间内提供，而且要说到做到。贻误时间，会让欧美和日本客人尤为恼火。

以上客人投诉与问题在我国很多酒店带有普遍性，应该引起我国酒店管理人员的高度重视，尽早与国际酒店业接轨。

第三节 客史档案管理

饭店接待人员在接受客人预订或迎接客人时，很想事先了解一些有关该客人的下列信息，诸如“如何称呼”“以前住过本酒店吗”“有哪些爱好、习惯以及喜欢哪个类型的房间?”等；而作为饭店销售人员，也许迫切需要一份客人的通信录，以便在圣诞节和新年给客人寄贺年卡，或给多次住店的客人寄感谢信，或将酒店新的娱乐项目和节日菜单寄给可能感兴趣的客人，等等。而这些信息的获取，均得依赖于客人较为完善的档案信息。

客史档案（Guest History Record）又叫宾客档案，是饭店在对客服务过程中对客人的身份信息、消费行为、信用状况、癖好和期望等做的历史记录。客史档案既是促进饭店销售的重要工具，也是饭店改善经营管理和接待服务工作的一项必要措施。

【同步案例】

记住客人的姓名

一位常住的外国客人从饭店外面回来，当他走到服务台时，还没有等他开口，问讯员就主动微笑地把钥匙递上，并轻声称呼他的名字，这位客人大为吃惊，由于饭店对他留有印象，使他产生一种强烈的亲切感，旧地重游如回家一样。

还有一位客人在服务台高峰时进店，服务员问讯小姐突然准确地叫出："××先生，服务台有您一个电话。"这位客人又惊又喜，感到自己受到了重视，受到了特殊的待遇，不禁增添了一份自豪感。

另外，一位外国客人第一次前往住店，前台接待员从登记卡上看到客人的名字，迅速称呼他以表欢迎，客人先是一惊，而后作客他乡的陌生感顿时消失，显出非常高兴的样子。简单的词汇迅速缩短了彼此间的距离。

此外，一位VIP随带陪同人员来到前台登记，服务人员通过接机人员的暗示，得悉其身份，马上称呼客人的名字，并递上打印好的登记卡请他签字，使客人感到自己的地位不同，由于受到超凡的尊重而感到格外开心。

分析：学者马斯洛的需要层次理论认为，人最高的需求是得到社会的尊重。当自己的名字为他人所知晓就是对这种需求的一种很好的满足。在饭店及其他服务性行业的工作中，主动热情地称呼客人的名字是一种服务的艺术，也是一种艺术的服务。通过饭店服务台人员尽力记住客人的房号、姓名和特征，借助敏锐的观察力和良好的记忆力，作出细心周到的服务，使客人留下良好的印象。目前国内著名的饭店规定：在为客人办理入住登记时至少要称呼客人名字三次。前台员工要熟记VIP的名字，尽可能多地了解他们的资料，争取在他们来店报家门之前就称呼他们的名字，当再次见到他们时能直称其名。同时，还可以使用计算机系统，为所有下榻的客人做出历史档案记录，对客人做出超水准、高档次的优质服务，把每一位客人都看成是VIP，使客人从心里感到饭店永远不会忘记他们。

一、建立客史档案的意义

建立客史档案是饭店了解客人、掌握客人的需求特点，从而为客人提供针对性服务的重要途径。对于饭店来说，客史档案对维护客户关系，提高酒店服务质量，改善经营管理水平，均具有重要意义。

（一）有利于饭店为客人提供针对性的服务

通过客史档案，饭店可以更全面地掌握客人信息，提前对接待回头客做好准备，提供更完善的服务。

（二）有助于减少客人投诉，提高服务质量

通过客史档案，饭店可以详细了解有关客人投诉的情况，并对投诉资料进行系统分析、总结，避免类似投诉的再次发生。

（三）有利于建立良好的宾客关系，培养忠实客人

客史档案的建立，不仅能使饭店根据客人的需求，为客人提供有针对性的、更加细致入微的服务，而且有助于饭店平时与客人加强联系，搞好沟通，建立良好的宾客关系。如通过客史档案了解客人的出生年月、通信地址，向客人邮寄饭店的宣传资料、促销信息以及生日贺卡等。

【同步案例】

胡萝卜汁的故事

10 年前，我和香港丽晶（Regent）酒店的总经理 Rudy Greiner 一起用餐时，他问我最喜欢喝什么饮料，我说最喜欢胡萝卜汁。大约 6 个月以后，我再次在 Regent 酒店做客。在房间的冰箱里，我发现了一大杯胡萝卜汁。10 年来不管什么时候住进 Regent 酒店，他们都为我准备胡萝卜汁。最近一次旅行中，飞机还没有在启德机场降落，我就想到酒店里等着我的那杯胡萝卜汁，顿时满嘴口水。10 年间，尽管酒店的房价涨了三倍多，我还是住这家酒店，就是因为他们为我准备了胡萝卜汁。

分析：客史档案是记录客人信息的重要资料，是未来饭店加强客户管理的利器。客史档案不仅记录了客人的姓名、年龄等基本信息，更记录了客人的个性化消费需求信息。案例中，饭店客史档案记录了客人喜欢胡萝卜汁的爱好，每次客人入住时饭店都为其提供针对性的服务，让客人受到了尊重。客人在 10 年间不仅多次入住，更愿意花高价入住。

二、客史档案的内容

（一）常规信息

包括客人的姓名、性别、年龄、出生日期、通信地址、电话、来源和公司名称等。收集这些资料有助于饭店了解客源市场的构成情况，了解饭店目标客源在哪里，有哪些

特征等重要信息。

（二）预订记录

包括客人的订房方式，介绍人，订房的季节、月份和日期，以及订房的类型等。掌握这些资料有助于饭店选择销售渠道和方式，做好客房预销售工作。

（三）消费记录

包括包价类别、客人租用的房间，支付的房价、餐费以及在商品、娱乐等其他项目上的消费，客人的信用、账号，喜欢何种房间和酒店的哪些设施等。这些信息有助于了解客人的消费水平、支付能力以及消费倾向、信用情况等。

（四）习惯、爱好信息

这是客史档案中最重要的内容，包括客人旅行的目的、爱好、生活习惯、宗教信仰和禁忌、住店期间要求的额外服务。了解这些资料有助于为客人提供有针对性的“个性化”服务。

（五）优惠信息

客人在饭店住宿、餐饮、娱乐等消费项目上的折扣优惠。了解这些信息有助于饭店完善房价体系，争取更多的客人。

（六）反馈意见

包括客人在住店期间的意见、建议、表扬和赞誉、投诉及处理结果等。

客史档案主要内容如图 8－1 所示。

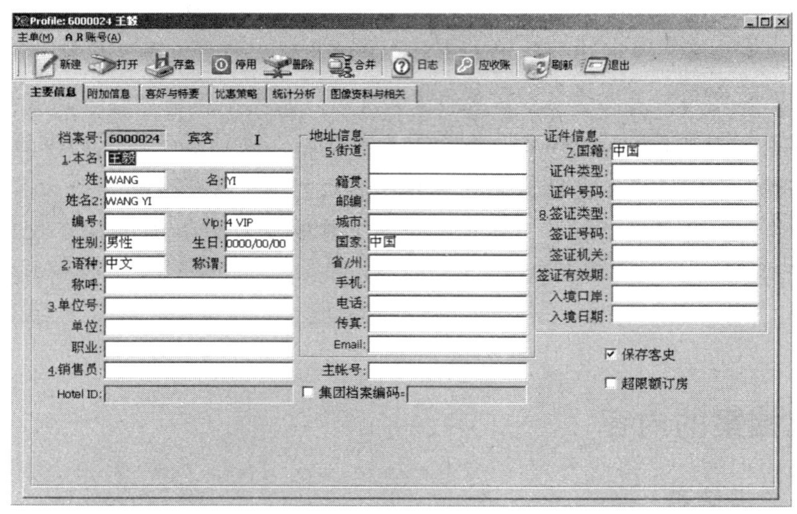

图 8－1　客户档案主要内容

三、客史档案的建立与维护

客史档案的资料可以通过总台、大堂副理、客房、餐饮、娱乐等对客服务部门以及销售部等渠道获得，并通过客史档案资料卡的方式予以建立，该资料卡可采用不同的颜色代表不同的内容与含义，并按客人姓名的拼音字母顺序有序存放，以便于查找。在有计算机系统管理的饭店，则通过建立客人数据库系统，形成结构化的客史档案信息，以方便对客人档案信息进行快速的条件搜索。

在客史档案建立后，还要注意对客史档案进行日常维护与管理。对有些客人，一方面档案资料可能还不完善，随着客人入住酒店次数的增多，获取的客人信息会逐渐增多，对于增加的客人档案信息，要及时补充到客人档案中；另一方面，客人的档案信息在生活中，经常会发生变化，如电话号码、通信地址等，因此，要及时更新客史档案中已变化的信息。更为重要的是，在建立客史档案的过程，有可能为一位客人建立了多份档案，一方面造成客人档案信息分散、不全，另一方面也造成客人消费统计分析信息的失误。因此，对于有多份客史档案的客人，也要及时将之多份档案合并为唯一档案。

【练习与思考】

一、单项选择题

1. 下列不属于客人投诉意义的是(　　)。

A. 帮助饭店发现存在的问题

B. 改善客人关系

C. 有利于饭店改善服务质量，提高管理水平

D. 促进饭店销售

2. 如果客人提出的要求超出了自己的权限，应(　　)。

A. 及时请示上级　　B. 婉言谢绝　　C. 及时为客人办好　　D. 不予理睬

3. 下列说法错误的一项是(　　)。

A. 处理客人投诉时服务员要完全站在维护饭店的利益上

B. 使用替代方法是解决客人投诉最积极有效的方法

C. 大胆地使用自己的权力，果断地处理问题是解决客人投诉的关键

D. 与客人建立亲密关系，是争取“回头客”的有效手段。

4. 对(　　)客人，特别要注意服务高效率，尽快把他们安顿下来。

A. 急躁型　　B. 社交型　　C. 价格敏感型　　D. 友善型

5. 对(　　)客人，特别要注意说明客房的特点及客人能得到的利益，以良好的态度和有效的销售技巧为其提供服务。

A. 急躁型　　B. 社交型　　C. 价格敏感型　　D. 友善型

6. 发泄类投诉的客人往往情绪激动，对待这类投诉首先应(　　)。

A. 认真聆听客人的投诉内容　　　　B. 对事情迅速展开认真调查

C. 改变投诉处理地点，隔离当事人　　D. 上饮料、毛巾，安抚客人情绪

二、多项选择题

1. 客史档案的资料可以通过多方面的渠道获得，包括(　　)。

A. 在总台收集的客人信息

B. 客人投诉及处理结果的记载资料

C. 客人意见征求书

D. 客房、餐饮等部门对客服务所获得的信息

E. VIP 申请登记表

2. 处理客人投诉时，大堂副理要注意(　　)，

A. 保持冷静　　B. 表示同情　　C. 做好记录

D. 采取行动　　E. 落实存档

3. 客人个人情况档案主要包括以下内容(　　)。

A. 客人的个人情况　　B. 客人的消费情况C. 客人的入住情况

D. 客人的特殊信息　　E. 客人的投诉资料

4. 客人投诉产生的积极作用包括(　　)。

A. 饭店完善服务工作的一种信息来源

B. 加强饭店同客人之间的沟通

C. 不断提高工作质量，以防止投诉的再次发生

D. 会提高饭店的声誉和形象

E. 帮助饭店发现工作中的不足和差距

5. 客人原因造成的投诉种类包括(　　)。

A. 客人对饭店的期望值过高　　B. 客人对规定的理解与饭店相悖

C. 客人希望通过投诉满足苛求　　D. 客人自身心绪不佳

E. 客人借题宣泄

6. 为了获得客人对饭店的良好印象，前厅人员应注意言谈举止方面的礼貌礼节，包括(　　)。

A. 用姓名称呼客人　　B. 注意倾听　　C. 使用礼貌语言

D. 注意身体姿态　　E. 注意电话礼节

三、名词解释

1. 宾客关系主任

2. 饭店投诉

3. 客史档案

四、思考题

1. 如何正确认识饭店客人的投诉？

2. 如何受理和处理客人的投诉？

3. 分析当前饭店为何都非常重视对客户档案的管理？

五、案例分析

某航空公司聘请了一位空姐训练员来指导公司的空姐。老师提了一个问题："如果飞机上有一个客人非礼你，你怎么办？"空姐都回答说："顾客是上帝，我不作声，我就忍耐。"老师说："不对，你不能忍耐，你应该对那个非礼的客人说：'您这样做是错误的。'如果他还继续，你可以给他一个耳光，然后再非常彬彬有礼地告诉他：'您还有什么我能够提供的需要和服务吗？'"

问题：结合案例，谈谈"客人是上帝"在饭店对客服务中的应用。

第九章

客房物品管理

客房用品又称日常用品，主要是供客人使用的生活资料。客房用品是体现饭店等级水平的重要方面，只有各种用品处于齐备、完好的状态，才能满足客人的需要，保证客房服务质量。同时，客房部应根据预测的客房年平均出租率、单房间每天配备数量和客房数科学制定客房用品的消耗定额，确保客房用品的发放和日常控制。

由于全球生态环境的日益恶化，保护环境、保证人类健康已受到全世界的关注。于是创建“绿色饭店”，充分利用资源，减少资源消耗、降低污染，一时成为饭店管理者高层次、高境界的追求目标。客房是饭店的主体，客房用品的使用和消耗是饭店减少资源消耗、降低污染的重要构成。因此，创建“绿色客房”是客房用品管理的新趋势。

【学习目标】

1. 熟悉客房用品的分类、选择和配置标准。
2. 掌握客房用品的日常管理。
3. 掌握布件的日常管理。
4. 理解创建“绿色饭店”的意义，了解创建“绿色客房”的措施。

【导入案例】

顾客起诉酒店提供“三无”用具遭驳回

酒店提供的一次性牙刷等用具，因未标注生产厂家，被顾客怀疑为“三无产品”，以消费欺诈为由诉至法院。调查之后，法院驳回了顾客诉求，但认定酒店的服务未能充分保障顾客的知情权。

徐先生日前入住某酒店后，发现酒店提供的牙刷毛严重卷曲，肥皂、牙膏等包装上没有生产厂家和产品执行标准。第二天退房时，他向服务员提出意见，但数天后入住时发现情况没有任何变化，他沐浴后感觉头痒。

徐先生认为，酒店提供的日用品不符合标准，且隐瞒了产品的真实情况，侵犯了消费者的知情权并构成欺诈，他因此诉至法院索赔住宿等费用1523.9元，同时要求酒店公开赔礼道歉。

向法庭举证时，酒店拿出了生产厂家的营业执照等，以证明这些用具等都是合格产品，只是在大包装上才印有生产厂家等信息，并不是“三无产品”。酒店方称，这些用具是免费的，“徐先生有权决定是否使用”。

最终法官根据证据认定，酒店向顾客提供用具不构成消费欺诈，因此驳回了徐先生的全部诉求。法官同时认为，这些用具包装上不标注生产厂家、执行标准等信息，说明其服务确实存在一些瑕疵，没有充分保障消费者的知情权，法庭因此提醒该酒店予以纠正。

分析：酒店提供的一次性牙刷等可用品，是饭店客房服务质量的构成要素之一，其质量好坏，直接影响客人的住宿体验。案例中的酒店因提供的客房日用品虽是正规厂家生产，但因未标注生产厂家，未能充分保障顾客的知情权，在服务上还是有瑕疵的。因此，饭店在对客服务中，一定要以客人为重，真正将“客人是上帝”这句话落实在日常经营的方方面面。

第一节　客房物品的选择与配置

客房用品又称日常用品，主要是供客人使用的生活资料。在客房部的费用中，客房用品的耗费占较大的比重，但伸缩性却很大，因为它涉及的品种多，使用频率高，数量大，再加上这些用品具有很强的实用性，是每个人都用得上的生活资料，故容易外流的环节也很多。所以，加强客房用品管理，确保客人需要，降低消耗是客房管理的一项重要工作。

一、客房用品的分类

客房用品的分类方法很多，但主要有两种。

（一）按消耗形式划分

1. 一次性消耗品

如茶叶、卫生卷纸、信封、洗浴液、香皂、化妆用品等。这些用品可连续多次供客人使用，价值补偿要在一个时期内逐渐完成。

2. 多次性消耗品

如床上布件、卫生间“五巾”、饭店宣传用品、衣架等。这些用品可连续多次供客人使用，价值补偿要在一个时期内逐渐完成。

此种分类方法有利于客房部分类、分项制定客人用品的消耗定额，加强客房部物资用品的管理。

（二）按供应形式划分

1. 客房供应品

即上面所说的一次性消耗用品。客房供应品是客人可以带离饭店的东西，包括香皂、洗衣袋、礼品袋、鞋擦、文具、一次性拖鞋、沐浴液、洗发液、牙具、浴帽、梳子、卫生卷纸、火柴、面巾纸、茶叶、针线包、圆珠笔、明信片等。不同饭店对客房供应品的范围作了不同的规定。有些豪华饭店的供应品还包括指甲钳、一次性剃须刀、糖果、鲜花等。

2. 客房备用品

这类物品是放在客房或在客房内使用的，一般不允许客人带走，但却常常被客人当作纪念品带走。客房备品包括：衣架，卫生间防滑垫、棉织品，茶水具、酒具、烟灰缸、服务夹等。

3. 客人租借物品

这类物品一般不放在房内，而是存放在客房服务中心，供客人临时需要而借用。有不少客人，特别是女客，常会向饭店借用各种用品，如吹风机（现有不少饭店已在房内配备）、熨斗、烫衣板、冰袋、急救袋、泡沫枕头、床板等。因此，客房部应准备这类物品，以满足客人的需求；同时需有一套制度，以保证这些借用物品的归还。

客房备用品和客人租借物品都属于多次性消耗用品。按供应形式分类有利于客房用品的分类保管和使用。

二、客房用品选择的原则

不同档次的饭店所提供的客房用品是有差别的。客房用品的消耗量也不相同。鉴于客房用品种类繁多，在选择时应遵循以下几项原则：

（一）实用

客房用品是为了方便客人的住店生活而提供的，因而物尽其用是其初衷。

（二）美观

美观而大方的客房用品布置在清洁、舒适的客房里，令人赏心悦目。反之，则有粗俗之感。

（三）适度

客房用品应能够体现饭店的档次，并突出其风格，而不是种类越多越好。

（四）价格合理

现在客房用品供应商越来越多，作为用户可以从好中选优，优中选廉。因为客房用品的耗量很大，故价格因素不能忽略。

总之，客房用品不仅种类多，而且也在不断筛选和改进中。我们在选择时应遵循上述四条原则，并结合工作经验和具体情况进行。有时，别出心裁的选择可以收到意想不到的效果。如南京金陵饭店在客房中提供了小袋装的洗衣粉，这不仅为客人洗内衣等小物件提供了方便，同时还节省了香皂的发放量。

三、客房用品配置

为满足客人在客房中生活的需要，饭店在客房中除配备各种家具、设备之外，还应配置各种用品，供客人使用，真正为客人创造一个舒适、方便的生活环境。同时，这也能提高客房的吸引力和规格，让客人感到饭店对其住店生活的关心，能使客人更容易接受饭店的房价，有“物有所值”之感。另外，饭店通常在客房用品上印有饭店的名称、标志及地址、电话等，使之成为饭店宣传、扩大社会影响的销售手段之一。

客房用品包括客房供应品和客房备用品两种。客房供应品是指供客人一次性消耗使用或馈赠客人而供应的用品，如肥皂、信封、明信片、针线包等，因此也成为客房消耗品。客房备用品是指可供多批客人使用，客人不能带走的客房用品，如布件、烟灰缸等。下面以一个标准间客房为例，介绍客房内应配置的供应品及备用品。

（一）房间用品

见表9－1。

表9－1 房间用品配置一览表

放置部位	备用品	供应品
床（中式铺床）	床单、被芯、被套、枕芯、枕套、床罩、床尾垫、靠枕等	
床头柜	电视遥控器、电话使用说明等	便条纸、笔、简易拖鞋、擦鞋布（纸）套
书写桌	饭店介绍册、《服务指南》、《安全须知》、房间用餐菜单、烟灰缸	信封（航空及普通）、信纸、明信片、电传及传真用纸、笔、行李箱贴、《客人意见书》、购物袋、洗衣袋、《洗衣登记表》
小酒吧	茶杯、烧水壶、开瓶器、调酒棒、茶叶盒等	瓶装水、杯垫、纸巾、小酒吧点算单
软面椅桌	茶杯、热水瓶、烟灰缸等	茶叶包、火柴
壁橱	衣架、折叠式行李架	

（二）卫生间用品

见表9－2。

表9－2　卫生间物品配置一览表

放置部位	备用品	供应品
洗脸台	口杯、面巾、手巾、烟灰缸	牙具、面巾纸、肥皂、沐浴液、洗发水、浴帽、梳子、指甲具、剃须刀片
坐便器旁	废纸篓	卫生纸、卫生袋
浴缸边	浴巾、脚垫巾	肥皂

除上述用品以外，客人或许会要求一些较特殊的用品。对此，客房部可配备这样的用品供客人租借使用。

上面所列的客房用品只是标准间客房所应配置的。在普通套房、豪华套房、总统套房内，还应配置相应的特殊用品，在此不一一列举。

不同饭店的各类客房由于等级、规格、风格不同，在配置客房用品上可能根据各自的经营决策及实际需要而增减，形式、规格也可不求一致，但不能违背经营原则，不降低客房规定标准，要求以满足客人需求出发，使客房的“价”与“值”保持一致。

第二节　客房用品日常管理

客房用品是为客人使用方便而设的。这类物品数量大、品种多、消耗快，难以掌握和控制。因此，加强对客房用品的日常管理是客房管理的一项重要工作。

一、客房用品的消耗定额管理

客房用品价值虽低，但需要量大，而且花色品种多、适用范围广，随处可见，不易控制，容易造成浪费，影响客房的经济效益，造成客房管理的混乱。实行客房用品的消耗定额管理，就是在一定时期内，以保证客房经营活动正常进行所必须消耗的客房用品数量标准为基础，将客房用品消耗数量定额落实到每个楼层，进行计划管理，用好客房用品，达到增收节支的目的。

（一）消耗定额的制定

客房日用品的分类方法很多，其中一个最基本的分类方法，是按消耗的方式不同，把客房日用品分为两类：一次性消耗品和多次性消耗品。一次性消耗品是一次消耗完毕，完成价值补偿的用品。如茶叶、卫生纸、信封、香皂、沐浴液、牙具等。多次性消耗品是可连续多次供客人使用，价值补偿在一个时期内逐渐完成的用品，如玻璃器皿、瓷器、布件等。

1. 一次性消耗品的消耗定额

一次性消耗品消耗定额的制定方法，是以单房配备为基础，确定每天的需要量，然后根据预测的年平均出租率来制定年度消耗定额。其计算公式为：

$$A = B \cdot x \cdot f \cdot 365$$

式中：A 为单项客房用品的年度消耗定额；B 为单房间每天配备数量；x 为客房数；f 为预测的年平均出租率。

例如，某饭店有客房 400 间，年平均出租率预测为 80%，茶叶、牙具的单房间每天配备数量分别为 3 包、2 只。求茶叶、牙具的年度消耗定额。

根据上述公式计算得：

$$\begin{aligned} A[\text{茶叶}] &= B \cdot x \cdot f \cdot 365 \\ &= 3 \times 400 \times 80\% \times 365 \\ &= 35.04(\text{万包}) \\ A[\text{牙具}] &= B \cdot x \cdot f \cdot 365 \\ &= 2 \times 400 \times 80\% \times 365 \\ &= 23.36(\text{万只}) \end{aligned}$$

2. 多次性消耗品的消耗定额

计算公式为：

$$A = B \cdot x \cdot f \cdot r$$

式中：A 为单项客房用品年度消耗定额；B 为日用品单房配备套数；x 为客房数；f 为预计的客房年平均出租率；r 为单项客房用品年度损耗率。

（二）消耗定额落实到楼层班组

制定消耗定额是客房用品管理的基础。客房用品消耗是逐日、逐月在每个楼层的接待服务中实现的。所以，必须将各种用品的消耗定额落实到每个楼层、每个班组。在制定年度消耗定额的基础上，根据季节变化和业务量的变化，分解同楼层、班组的季节、月度消耗定额，并加强日常控制。这样才能真正把消耗定额管理落到实处。

以消耗定额为基础，决定楼层、库房等各处的配备或储存标准。一般来说，楼层工作车上的配备，以一个班次的耗用量为基准。楼层小库房通常备有楼层一周的使用量，具体品种、数量应用卡条列明，并贴在库房内，以供领用和盘点时对照。客房部中心库房的用品储存量，通常以一个月的消耗量为标准。既可定期对楼层进行补充，又可应付临时的意外需要。

二、客房用品的发放

客房部中心库房用品的发放员或客房服务中心负责对各楼层的客房用品的发放工作。一次性消耗品，如香皂、洗发液、火柴、牙具等，需要每天补充。但为了方便工作，并使各楼层的工作有条不紊，减少漏洞，客房用品的发放应根据楼层小库房的配备量、楼层的消耗量明确规定一个周期和时间。在发放日之前，楼层服务员应将本楼层库房的消耗及现存情况统计出来，按楼层小库房的规定配备标准填好“客房用品申领表”（见表9－3），报领班审批，凭申领单到中心库房领取，或由中心库房物品领发员发送到各楼层，请领班验收。

中心库房根据客房用品的消耗和发放情况及仓库最高库存量，定期填写用品的申购单，经主管或经理批准，交采购部门办理，从采购部门领取物品。

表9－3　客房用品申领表

Floor（楼层）________　　　　Date（日期）________

项目名称 Items	标准量 Standard	现存量 Present	补充量 Request
平邮信封 Surface Envelope			
空邮信封 Air Mail Envelope			
平邮信纸 Surface Letter Paper			
空邮信纸 Air Mail Letter Paper			
客人意见书 Questionnaire			
服务指南 Directory of Service			
电报表格 Telegram Form			
电讯表格 Telex Form			
洗衣单 Pressing List			
干洗单 Valet list			
熨衣单 Pressing List			
档案夹 Stationery Folder			
圆珠笔 Ball Pen			
烟灰缸 Ash Tray			
面纸 Facial Tissue			
厕纸 Toilet Paper			
水杯 Glass			
浴帽 Shower Cap			
肥皂 Soap			
擦鞋纸 Shoe Shine Paper			
鞋油 Shoe－Horn			
火柴 Matches			
留言便条 Message Pad			
记事册 Memo Pad			
衣架（男）Hanger（Man）			

续表

项目名称 Items	标准量 Standard	现存量 Present	补充量 Request
衣架（女）Hanger（Women）			
请勿打扰牌 Do Not Disturb Card			
洗衣袋 Laundry Bag			
鞋刷 Shoe Brush			
鞋膏（黑）Shoe Polish（Black）			
鞋膏（棕）Shoe Polish（Brown）			
鞋膏（无色）Shoe Polish（Colorless）			
垃圾袋 Rubbish Bag			
酒店胶袋 Hotel Plastic Bag			
请打扫牌 Make Up Room Card			
早餐单 Door Knob Menu			
卫生袋 Sanitary Bag			
水杯袋 Glass Bag			
明信片 Post Card			

三、客房用品的日常控制

客房部对客房用品的日常控制，一般采取三级控制的方法。

（一）楼层领班对服务员的控制

1. 通过制定工作表控制服务员消耗量

楼层领班可通过服务员做房报告分析和比较各服务员每房、每客的平均耗用量，以控制每个服务员领用的消耗品。服务员按规定数量和品种为客房配备和添补用品，并在服务员工作表上做好登记。领班凭服务员工作表对服务员领用客用品情况进行核实，防止服务员偷懒或克扣客人用品据为己有。

2. 检查与督导

领班通过现场指挥和督导，减少客用品的浪费和损坏。督导服务员在引领客人进房时，必须按服务规程介绍房间设备用品的性能和使用方法，避免不必要的损坏。督导和检查服务员清扫房间的工作流程，杜绝员工的野蛮操作。例如，少数员工在清洁、整理房间时图省事，将一些客人未使用的消耗品当垃圾一扫而光，或者乱扯乱扔客房用品等。对此，领班应及时加强爱护客房用品的教育，尽量减少浪费和人为的破坏。

（二）建立客房用品的领班责任制

各种物资用品的使用主要是在楼层进行的，因此，使用的好坏和定额标准的掌握，关键在领班。建立楼层客用品的领班责任制，是客房部对物资用品的第二级控制。

一是楼层配备物资用品管理员，做到专人负责。楼层可设一兼职的行政领班和一名业务领班。行政领班负责楼层物资用品的领发和保管，同时协助业务领班做好对服务员的清洁、接待工作的管理。小型饭店则可不设行政领班，而由楼层领班监管物资用品的保管和领发工作。

二是建立楼层物资管理档案。平时如有物资增减或移动，必须由楼层主管或经理批准，并由楼层主管在物资登记卡上进行更改，以加强领班的责任心。

三是领班每天汇总本楼层消耗用品的数量，向客房部汇报。

四是领班每周日应根据楼层的存量和一周的消耗量开出领料单，交客房中心库房。

五是每月底配合客房中心库房的物品领发员盘点各类用品。

六是随时锁好楼层小库房门，工作车按规定使用。

（三）客房部对客房用品的控制

客房部对全饭店各楼层客房用品的控制可以从两个方面着手。一是通过客房中心库房的管理员（物品领发员），负责整个客房部的客用品领发、保管、汇总和统计工作。二是楼层主管应建立相应的规范，使客用品的消耗在满足业务经营活动需要的前提下，达到最低限度。这就是第三级控制。

1. 中心库房对客房用品的控制

设立客房部中心库房的饭店，可由中心库房的物品领发员或客房服务中心对客房楼层的客房用品耗费的总量进行控制。负责统计各楼层每日、每周和每月的客用品使用耗损量。结合客房出租率及上月情况，制作每月客房用品损耗分析对照表。

2. 楼层主管对客房用品的控制

楼层主管或客房经理对客房用品的控制，主要是通过制定有关的管理制度和加强对员工的思想教育来实现的。

3. 防止客人的偷盗行为

这就要求饭店实行访客登记制度；尽可能少设置出口通道；对多次性消耗用品，如烟灰缸、茶杯、茶叶盒等，可印上饭店标志；管理好工作车，以及将衣架固定起来等。

第三节　客房布件日常管理

布件，又称布草、布巾或棉织品。在饭店经营活动中，布件不仅是一种日常生活必需品供客人使用，也是饭店客房装饰布置的重要物质，对室内气氛、格调、环境具有重要作用。

一、布件的分类和质量要求

（一）布件的分类

按照用途划分，饭店的常用布件可分为四大类：

1. 床上布件

如床单、枕套等。

2. 卫生间布件

包括方巾、面巾、浴巾和地巾。由于它们基本上属于毛圈织物，故都可称为毛巾。

3. 餐桌布件

如台布、餐巾等。

4. 装饰布件

如窗帘、椅套等。

（二）布件的质量和规格要求

这里，我们仅就床上布件和卫生间布件的质量和规格要求予以简要介绍。

1. 床上布件

床上布件有很多种，主要是床单和枕套，其质量主要取决于以下因素：

（1）纤维质量。纤维要求长，纺制出来的纱比较均匀，条干好、强力高，使用上耐洗、耐磨。

（2）纱的捻度。纱纺紧密，使用中不易起毛，强度也比较好。

（3）织物密度。密度高且经纬分布均匀的织物比较耐用。用作床单的织物密度一般为288×244根/10平方厘米，高级的可超过400×400根/10平方厘米。

（4）断裂强度。织物的密度越高，其强度越高。

（5）制作工艺。卷边平齐，尺寸标准，缝线平直、耐用。

（6）纤维质地。常用的床单和枕套质地有棉质、人造纤维及棉与人造纤维混纺（人称“混纺”）。棉质床单或枕套柔软透气，吸水性好，使用舒适，但易皱不耐用。人造纤维不具有棉质的优点，但具有耐磨、耐用、耐洗涤的特点。混纺吸收了二者的优点，因而目前一般客房多使用混纺床单和枕套。

床单的规格选择，要根据床垫的规格尺寸来确定，枕套的规格尺寸一般要求比枕芯宽2～5厘米，长20～30厘米。无论哪种规格和质地的床单、枕套，其颜色均选用白色。因为白色有纯洁、素雅、卫生、清爽、明快之感。

2. 毛巾

对卫生间毛巾的质量要求，是舒适、美观、耐用，而要达到这一要求则主要取决于以下因素：

（1）毛圈数量和长度。毛圈多且长，则柔软性好、吸水性佳。但毛圈太长又容易被钩坏，故一般毛圈长度在3毫米左右。

（2）织物密度。毛巾组织是由地经纱、纬纱和毛经纱组成。地经纱和纬纱交织成布，毛经纱和纬纱交织成毛圈，故纬线越密则毛圈抽丝的可能性越小。

（3）原纱强度。地经要有足够的强度以经受拉扯变形，故较好的毛巾地经用的是股线，毛经是双根无捻纱，这就提高了吸水和耐用性能。

（4）毛巾边。毛巾边应牢固平整，每根纬纱都必须能包住边部的经纱，否则，边部容易磨损、起毛。

（5）缝制工艺。折边、缝线、线距是否符合要求。

二、布件的消耗定额管理

客房布件的配备定额，是布件管理工作中的一个重要问题。定额不合理，布件过多或过少会影响客房经营活动的正常运转及浪费和损耗。制定客房布件消耗数量定额，是加强布件科学管理，控制客房费用的重要措施之一。其定额的确定方法，首先应根据饭店的档次规格，确定单房配备数量，然后确定布件的损耗率，最后核定出消耗定额。

（一）确定单房配备量

各饭店由于档次和洗涤设施条件不同，布件的配备数量有所差异。要考虑饭店的档次、资金情况，以及维护布件正常运转所必需的数量来确定单房配备量。以床单为例，三星级饭店要求配备3~4套（每套4张），其中一套在客房，一套在楼层布件房，一套在洗衣房，另外一套在中心库房。配备完成后，只有到了更新周期才陆续补充和新购床单。确定单房配备量后，整个客房部的各种布件总数按客房出租率为100%的需求量配备。

（二）确定年度损耗率

损耗率，是指布件的磨损程度。饭店要对破损或陈旧过时的布件进行更换，以保持饭店的规格和服务水准。确定损耗率要考虑如下两点：

1. 布件的洗涤寿命

不同质地的布件有着不同的洗涤寿命。例如，棉质床单的耐洗次数为250~300次，而混纺床单大于此数，毛巾约为150次。

2. 饭店的规格等级要求

不同规格等级的饭店，对布件的损耗标准是不同的。例如，豪华型饭店对布件六成新即行淘汰，改作他用，而经济型饭店则可能到破损才能淘汰。

根据布件的洗涤寿命和饭店确定的损耗标准，即可计算出布件的损耗率。

例如，某饭店床单单间客房配备为3套，每套4张，床单每天一换，其洗涤寿命为

350 次，试确定该饭店床单的年度损耗率。

计算如下：

（1）每张床单实际年洗涤次数：

360（天）÷3（天/次）=120（次/年）

（2）每张床单的有效使用年限：

350（次）÷120（次）=2.9（年）

（3）该饭店床单的年度损耗率为：

1÷2.9=34.5%

（三）制定客房布件消耗定额

客房布件消耗定额的计算方法，与多次性消耗品的消耗定额计算相同，计算公式为：

$$A = B \cdot x \cdot f \cdot r$$

式中：A 为单项布件年度消耗定额；B 为布件单房配备套数；x 为客房数；f 为预计的客房年平均出租率；r 为单项布件年度损耗率。

例如，某饭店有客房 400 间，床单单房配备 3 套（每套 4 张）。预计客房平均出租率为 75%。在更新周期内，床单年度损耗率为 35%，求其年度消耗定额。

根据上述公式计算得：

$$\begin{aligned} A[\text{床单}] &= B \cdot x \cdot f \cdot r \\ &= 3 \times 400 \times 75\% \times 35\% \\ &= 315(\text{套}) \end{aligned}$$

三、布件的日常管理

由于布件是分散在各处的，使用得好坏，定额标准的掌握，必须依靠日常的管理。

（一）布件存放要定点定量

在用布件，除客房有 1 套外，楼层布件房应存放多少，工作车上放置多少，中心布件房存放多少，各种布件摆放位置和格式等，都应有具体的规定，以使员工有章可循。

（二）建立布件收发制度

布件收发制度包括数量控制和质量控制两方面的内容。

以脏布件换取干净布件。通常由楼层杂工将脏布件送交洗衣房，由洗衣房指定人员清点复核，在“客房布件换洗单”（见表 9－4）上签字认可。杂工凭此单即可去中心库房领取相同数量的干净布件。

表9－4 客房布件换洗单

项目 数量	床单	枕套	面巾	小浴巾	浴巾	地巾	方巾			收发员
收到数										
发还数										值台员
备注										

如果使用部门需超额领用，应填写借物申请，经有关人员核准方可。如果中心库房发放布件有短缺，也应开出欠单以做凭证。

收点或叠放布件时，应将破损、有污迹的拣出，单独处理。

（三）建立布件报废和再利用制度

对破损或有无法清除的污迹，以及使用年限已满的布件应定期、分批进行报废。

布件报废应有严格的核对审批手续。一般由中心库房主管核对并填写“布件报废单”（见表9－5），洗衣房主管审批。对可再利用的，可改制成其他用品。

表9－5 布件报废单

品名：________ 规格：________ 申报人：________ 批准人：________		
报废原因	数量	处理意见
无法除迹		
无法修补		
年限已到		
其他		
合计		年 月 日

（四）控制员工使用布件

要严格禁止员工对布件的不正当使用，如用布件做抹布或私自使用客用毛巾。这样既造成浪费，又使劳动纪律失去保证。因此，对不正当使用布件的员工要严肃处理。

（五）建立盘点制度

布件需定期进行全面盘点，通过盘点，了解布件的使用、消耗、库存情况，发现问题及时处理。盘点工作通常为一月一小盘，半年一大盘（见表9－6）。大盘点由客房部会同财务部进行。

表 9-6 布件盘点表

____年____月____日

项目＼使用情况	客房内	楼层服务间	洗衣房	仓库	上次盘点	本月投放量	总计	报废	应存数	实存数	盘盈	盘亏	备注
床单													
枕套													
面巾													
方巾													
浴巾													
地巾													
浴袍（黄）													
浴袍（白）													
小白毛巾													

四、布件的保养和贮存

（一）布件的保养

布件的保养必须贯穿于使用和贮存的全过程。

——尽量减少库存时间。存放时间过长会使布件质量下降，所以，备用布件不宜一次购买太多，同时应遵循“先进先出”的原则配发。

——新布件应洗涤后再使用，这样有利于提高布件的强度。

——洗涤好的布件应搁置一段时间后再使用。这样可以散热透气，延长布件的使用寿命。

——切勿将布件随便乱放，以防污染和损坏布件。

（二）布件的贮存

布件的贮存主要有下列几项要求：

——具有良好的温湿度和良好的通风条件。库房的温度以不超过20℃为佳；湿度不大于50%，最好在40%以下。

——要经常查库，通风晾晒，并放入干燥剂和防虫剂，以免变质，特别是在盛夏伏天进入雨季时。

——防止外来人员随意出入，并要经常清洁整理和定期进行安全检查。

——布件要分类上架，布件房不应存放其他物品，特别是化学药剂、食品等。对一些长期不用的布件用布兜罩住，防止积尘、变色。

第四节　中国绿色客房

一、创建“绿色饭店”的意义

（一）“绿色饭店”的概念

“绿色饭店”是指那些为客人提供的产品与服务符合充分利用资源、保护生态环境和对人体健康无害的饭店。从可持续发展角度而言，“绿色饭店”就是指饭店业的发展必须建立在生态环境的承受能力之上，符合当地经济发展状况和道德规范，既满足当地人的需要，又不对后代人构成危害。

（二）创建“绿色饭店”的意义

1. 创建“绿色饭店”符合社会利益

“绿色饭店”在经营过程中，以及为客人提供的所有产品和服务中，应注重更有利于充分利用物资、尽量降低能耗、减少对环境的污染，为社会和经济的可持续发展作出贡献。

2. 创建“绿色饭店”符合饭店利益

近几年来，我国大多数饭店经营步履维艰，一些饭店入不敷出。在这种情况下，如何在经营中节能、降耗、减少开支，以提高经济效益，就越来越受到经营者的关注。尽管为“创绿”需要饭店进行一些投资，但从长远看，仍能达到饭店提高经济效益的目的。因为，根据创建“绿色饭店”的要求，结合各饭店具体环境因素分析，一定会制定出各项控制环境污染、合理使用能源、减少物料消耗、降低成本的措施，只要不折不扣地执行，就一定能提高经济效益。

3. 创建“绿色饭店”有利于提高管理水平

许多饭店往往只重视营销和前台服务的管理，而忽视对设备设施、物资消耗的管理，造成能源、物资的严重浪费，导致了饭店经营成本过高；通过创建“绿色饭店”，势必促使饭店克服上述薄弱环节，提高管理水平。

4. 创建“绿色饭店”，有利于满足“绿色消费”的理念

由于人们环保意识的增强，“绿色消费”逐渐深入人心。据西方发达国家统计，90%的美国人在购物时关心是否为“绿色”商品。另外，推出“绿色”产品还能满足顾客猎奇的消费心理。这些均顺应了消费新趋势，有利于饭店扩大市场份额。

5. 创建“绿色饭店”有利于提高环保意识

饭店作为一个国家、城市的对外窗口，对提高整个社会的文明程度具有很大的影响。“创绿”是一个全体员工的活动，需要员工与客人共同参与，这必将提高全社会的环境保护意识，实现社会的可持续发展。

【同步案例】

“绿色客房”意识

某市机械进出口公司戴副总经理，陪同几位泰国客人游览著名文化古城绍兴市，下榻在该市唯一的三星级饭店绍兴饭店。办好住店手续，戴副总和几位泰国客人各自进入房间，服务员温文尔雅的举止和恰到好处的言谈使戴副总不由得叹道：毕竟是文化古城的人，处处显出儒雅之态！

因为白天一连游了兰亭等好几处名胜，戴副总感到腿酸、浑身乏力，脱下皮鞋便一头倒到床上。忽然电话铃响了。原来是同来绍兴的一位泰国朋友从隔壁打来的，询问国际电话如何打。戴副总翻开《服务指南》，把打电话的程序原原本本翻译成泰语告诉他。忽然一眼瞥到一串很有新意的句子：

“请您用正楷全称填写住房登记表。”

“请写清您的房间号码。”

“请您不要将客房改变用途。”

“请您使用客房内的保险箱。”

……

戴副总似有很深的感触，回过头去，一眼瞅到床头柜上有一块写着“欢迎参加我们的环保活动”的醒目牌子，正文说：“欢迎参加我们的活动，您只需在离开房间前做几件事：将房间的灯熄灭，关掉暖气、空调、电视、收音机，减少被单、浴巾的更换次数，节约用水。我们绍兴的全体同人对您为节约大地资源所做的一切表示衷心的感谢！对环保活动有何建议，请拨分机7。再次对您表示感谢。”牌子的另一面则写着“床上请勿吸烟”。

戴副总脑海中立刻浮现出另一幅画面：3天前，他们一行在另一座中等城市的一家规格不低的酒店里，床头柜上白底红字：“严禁床上吸烟！”后面还有一个不容疏忽的大感叹号。在这儿，“严禁”换成了“请勿”，戴副总感到非常亲切，他一时兴起，躺不住了，干脆朝四周环视，看看还有什么新鲜事儿。喏，那不是，镜台上有块色彩素淡的牌子，上面写着几行字。他提起牌子读起来：“为了您的方便，客房内已为您提供了备用物品，这些物品是客房备品的一部分。请您协助服务员做好房内设备、用品的保管、保养工作。如使用不当造成房内设备损坏和用品失少等，饭店将向您收取一定的费用，作为补偿。如果您想选购，请与客房部联系。”

戴副总又转到卫生间，贴在梳妆镜旁边的草绿色的牌子吸引了他的目光："在世界各地千万家旅馆中所使用的床单、浴巾每天都需要更换清洗，用掉了以几百万加仑计的水和以吨计的清洁剂。通常我们每天都对客人的浴巾、毛巾进行换洗，如果您觉得不必要时，请将继续使用的浴巾、毛巾放到毛巾架上；如果需要换洗，请将它们放在梳妆台下的藤筐里。"他越读越觉得字里行间充满了文明礼貌与环保意识，不禁拍案叫好！

分析：饭店尽管都把"客人是上帝"作为服务的金科玉律，然而在具体细节上却常常与此相悖。例如饭店的《服务指南》中，"必须""应该""严禁"之类的词语大可信手拈来。对"上帝"竟敢以严词斥之显然有悖情理，"上帝"读了那样的《服务指南》一定噤若寒蝉。大堂内挂着的"宾至如归"与那些"必须""应该""严禁"等出现在同一家饭店，常会使人产生一种滑稽的感觉。绍兴饭店在这类告示中以"请"字取代那些生硬的词语，很有意识，体现出饭店对客人应有的礼貌。

另外，那块镜台上的牌子字里行间处处浸透着饭店待客的挚意。这段文字回避了多数饭店惯常使用的"如有损坏，照价（甚至还有加倍）赔偿"之类冷峻的语言。有些客人确实会随意取走房内的物品，随之而来的一定是不愉快的交涉、争辩。这段文字中的"如果您想选购"等用语，内涵清楚，但不失礼貌，堪称一绝。

二、创建"绿色客房"的具体措施

客房作为饭店的最重要产品之一，在创建"绿色饭店"的工作中占有非常重要的地位。绿色客房（Green Room）是指无建筑、装修、噪声污染，室内环境符合人体健康要求的客房；客房内所有物品、用具及对它们的使用都符合环保要求。被国内外专家一直认同的"6R 原则"同样适用于创建"绿色客房"。

（一）"6R 原则"在创建"绿色客房"中的具体应用

1. 减量化原则（Reducing）

（1）减量化原则是指减少客用物品的不必要包装。如相对固定进货渠道，建议生产厂商将非必要的包装减到最少。绿色饭店客房卫生间墙上敬告宾客"请节约用水"的宣传牌。

（2）减少不必要的客用品的供应量。如拖鞋、梳子、牙刷、剃须刀等并非每天一换，有些是根据客人要求决定是否提供。

（3）减少布件的洗涤次数。如床单、被套可以不是每天更换，而是做到不同客人使用各自清洁的床上卧具，以减少水电消耗和减少排污量。

（4）降低洗澡用热水的温度（45℃），控制客房淋浴喷头、洗脸盆龙头每分钟的出水量，减少冲洗马桶的用水量等。如每个马桶的水箱里都放进一个装满水的雪碧瓶，据介绍，这样每次冲水都比原来减少一雪碧瓶容积的水，但根据科学测试，冲刷效果是一样的。

（5）减少客房的整理次数。不加区分地一天多次整理客房，有时不仅不能体现"服务质量"，还会妨碍和影响客人的工作和休息，同时增加了服务成本，增加了资源的使用。所以每天整理客房以一次为准，再视客人要求适当增加或减少整理客房次数是比较科学的。

减量化服务的开展要时刻注意客人的要求和反馈，以客人的需求为重，以客人的满意为先，故客房通常配有绿色服务提示卡。

2. 废物利用原则（Reusing）

在确保不降低饭店的设施和服务的标准的前提下，物品要尽可能地变一次性使用为多次使用或调剂使用，不要轻易丢弃，减少一次性用品的使用范围和用量。如将废弃的床单改制成小床单、洗衣袋、枕套、抹布等，提高其利用率。

3. 再生利用原则（Recycling）

物品在使用后回收处理，成为可利用的再生资源。注意加收旧报纸、易拉罐和玻璃瓶等，并将有机物垃圾专门堆放在一起，送往回收站，以便再生利用。

4. 替代使用原则（Replacing）

为节约资源、减少污染，饭店使用无污染的物品或再生物品，作为某些物品的替代。将客房放置的洗衣袋从塑料制品改为纸制品，或用可以多次使用的竹篮或布袋等代替。用天然棉麻布件替代化学纤维含量较高的布件等。用节能灯替代一般照明灯。

5. 添加使用原则（Refilling）

卫生间每天为客人配备的肥皂，罐装沐浴液、洗发液等卫生清洁用品，以前凡客人用剩的都扔掉，既浪费了资源，又污染了环境。绿色客房可将惯用的小罐子改成能添加的固定容器，以免消费和污染。

6. 维修再用原则（Repairing）

加强客房设备设施的维修保养，在饭店允许的折旧年限内，尽可能延长使用寿命，对某些设施设备的配件应考虑其延伸使用。在实施以上这些做法的同时，一定要记住一个重要的前提，即必须尊重客人的意愿，引导而不是强制，不影响设备用品的使用效果，不降低服务质量。这些做法可以通过在客房或饭店公共区域放置告示牌或提示卡形式使客人知晓。

（二）某些告示性信息样本

1. 客房中的提示卡

示例见图 9－1。

（正面）

尊敬的客人：

为了您的健康，我们为您准备了符合国际环保要求的“绿色客房”，它将为您创造更为理想的居住环境。

在您居住的“绿色客房”里，我们将按国际环保组织的要求减少一次性用品的消耗和棉织品的洗涤次数，希望得到您的理解和支持。

谢谢您的合作！让我们携手共同爱护我们的家园！

（反面）

Dear guest:

For the purpose of reducing the environment pollution, we'd like to recommend you to stay in our "green floor".

In the rooms of the green floor, smoking is strictly forbidden. Environment-friendly and recyclable products replaced some disposable ones, the detergent for laundry washing is also reduced to the minimum.

Let's boost our effects in improving the environment! Thank you very much!

图 9-1 客房中的提示卡

2. 员工环保须知

（1）节约用电。随手关灯，合理控制设备开关。

（2）节约用水。一水多用；能开小，不开大，不用时要关紧；不用长流水洗涤物品；提前将冰冻食物解冻。

（3）保护水源。尽量减少油脂排入下水道，尽量用肥皂不用清洁剂。不向水体倾倒垃圾，废弃物。

（4）珍惜纸张，正反面使用；使用再生纸；采用“绿色”简易包装；不送贺年片。

（5）不浪费食品。珍惜粮食，适量点菜，剩菜打包，余酒代存。

（6）使用无磷洗衣粉。

（7）收集废电池。

（8）使用无公害物品，少备一次性物品，不用一次性筷子；自备布袋子、菜篮子；不用不可降解的塑料制品。

（9）保护野生动物，拒食野生动物，不饲养野生动物，拒用野生动物制品。

（10）文明旅游。除了脚印，什么也别留下；除了照片，什么也别带走。

【练习与思考】

一、单项选择题

1. 客房备用品是放在客房或在客房内使用的，一般不允许客人带走。它包括(　　)。

A. 衣架、卫生间防滑垫、棉织品　　B. 香皂、洗衣袋、礼品袋

C. 鞋擦、文具，一次性拖鞋　　D. 沐浴液、洗发液、牙具

2. 按照客房用品配置标准，茶杯、热水瓶、烟灰缸、茶叶、火柴一般放置于客房的(　　)。

A. 床头柜　　B. 书写桌　　C. 小酒吧　　D. 软面椅桌

3. 按照客房用品配置标准，饭店介绍册、《服务指南》、《安全须知》一般放置于客房的(　　)。

A. 床头柜　　B. 书写桌　　C. 小酒吧　　D. 软面椅桌

4. 布件一般贮存在具有良好的温湿度和良好的通风条件的库房。库房的温度以不超过(　　)为佳。

A. 20℃　　B. 25℃　　C. 30℃　　D. 35℃

5. 下列哪些物品属于客房供应品(　　)。

A. 衣架　　B. 毛巾　　C. 圆珠笔　　D. 文件夹

二、多项选择题

1. 客房用品按消耗形式划分可以分为(　　)。

A. 一次性消耗品　　B. 多次性消耗品　　C. 客房供应品　　D. 客房备用品

2. 客房用品按供应形式划分可以分为(　　)。

A. 一次性消耗品　　B. 客房供应品　　C. 客房备用品　　D. 客人租借物品

3. 客房用品选择的原则包括(　　)。

A. 实用　　B. 美观　　C. 适度　　D. 价格合理

4. 饭店的常用布件可分为(　　)。

A. 床上布件　　B. 卫生间布件　　C. 餐桌布件　　D. 装饰布件

5. 下列物品属于客房供应品的有(　　)。

A. 洗衣袋　　B. 烟灰缸　　C. 信封　　D. 衣架

E. 肥皂

三、思考题

1. 客房部对客房用品的日常控制，一般采取什么方法?

2. 以一个标准间客房为例，介绍客房内应配置的供应品及备用品有哪些?

3. 简述饭店布件的日常管理。

4. 什么是绿色饭店和绿色客房? 简述创建“绿色饭店”的意义。

5. 谈谈“6R 原则”在创建“绿色客房”中的具体应用。

6. 酒店应如何处理好绿色消费与保证服务品质的关系?

四、案例分析

一次性用品又恢复供应了

一段时期，一些饭店启动“绿色行动”，取消了一次性牙刷、一次性刮胡刀等客用消耗品“六小件”。这些饭店取消一次性客用品的目的是节约和环保。以香皂为例，一块净重30克的香皂，宾客每次只使用1/5左右，剩余的4/5在清扫房间时常常当垃圾扔掉。另外，一次性用品大多以塑料为原料，很难在土壤中被降解，成了城市中的污染源。作为一种国际惯例，在一些发达国家，饭店不提供一次性用品。一个有责任感的企业，不仅仅在于它要提供高等级的用品，还要传达一种科学、文明、现代化的消费理念；不仅仅要让顾客享受到周到的物质服务，也应该传递一种高尚的精神价值。饭店之“气派”，应该是外在硬件和内在品质的双重丰足。

但事隔不久，其中部分饭店却恢复供应一次性用品。

问题：1. 为什么这些饭店不久又恢复供应一次性用品?

2. 饭店业实施“绿色行动”应该采取的配套措施是什么?

第十章 客房安全管理

客房是饭店经营的主要产品，同时也是客人停留时间最长并存放财物的场所。因此，客房安全管理对于保护客人生命财产安全具有极其重要的意义，也是现代饭店房务管理的重要工作内容。客房安全管理一方面需要配备完善的客房安全设施，另一方面需要建立和执行安全管理制度，以预防和处理各类安全事故的发生。

【学习目标】

1. 了解客房安全的含义。
2. 熟悉客房安全设施的配备。
3. 掌握客房火灾与盗窃的预防和处理工作。
4. 掌握其他意外事故的预防和处理方法。

【导入案例】

一切为您安全着想

夏日的一个上午，某大酒店客房部小郑和往日一样，整理完工作车，便开始了一天的工作。

小郑根据房态来到408房间打扫卫生，做床的时候，听到走廊内有人叫服务员，她便立即放下手中的工作，快步走出房间。

409房门口站着一位先生，手里拎着很多东西。小郑微笑着迎上去问候客人并询问有什么事需要帮忙。站在409房门口的先生说："我的一位朋友住在409，早上他打电话给我，让我把东西送过来，并在这里等他回来。"

"先生，请问你的朋友贵姓?"小郑微笑着问客人。"怎么，不相信我?"客人用质疑的语气反问小郑，并把手里提的东西往地毯上一放，从上衣口袋里掏出他的证件，伸到小郑面前，是警官证。

小郑明白客人误解了自己的意思，但还是有礼貌地对客人笑着说："先生，您误会了，首先，我对您是肯定的信任，但是您的朋友住在我们酒店，这个房间目前的所有权归他，如果不经他本人同意，我们是无权为任何人开门的。您想，如果这个房间是您的，而在您不在的情况下，我们服务员……"

客人听完小郑的一席话后，脸上露出了温和的笑容。他拿手机拨通了朋友的电话，讲明情况后，客人把电话递给了小郑。客人在电话里说："小姐，谢谢你，我是409房间的客人，叫××，麻烦你把房间门打开，让我的朋友进去，我马上就回来。谢谢。"

挂断电话后，小郑对访客说："先生，对不起，请稍等，我去拿钥匙。"小郑借机打电话到总台，对409房间的情况再次进行了确认，并在最短的时间内来到了客人面前打开房门，帮客人把东西提进房间。

放好东西后，小郑礼貌地为客人沏了一杯茶。放到客人面前。来访的先生微笑着对她说："姑娘，你这样对工作认真负责的态度，我的朋友在这里住，还有什么不放心、不满意的，谢谢你。"小郑听到客人的赞赏，心里感到十分高兴，并对客人说："应该谢的是您，谢谢您对我们工作的支持和理解，耽误了您这么长的时间，实在抱歉，您先休息一下，喝点茶水，如有什么事情，可以拨打电话'8'，我们随时为您提供服务。"说完之后，小郑便退出房间，并帮客人关好房门，继续干自己的工作。

分析：这是一个语言技巧服务的典型案例，展现了语言艺术的重要性。在案例中，访客在小郑的耐心解释下，由不高兴到认可，再到最后的赞扬，说明小郑恰如其分地做到言之有"礼"，言之有"理"的语言艺术!

作为一名楼层服务人员，在某种程度上担负着客人安全保卫的职责，小郑在安全方面有着极高的警惕性，在对客服务过程中很好地做到了这一点。

在通过访客电话确认后，小郑没有拿出随身佩带的万能钥匙给客人开门，而是礼貌地让客人稍等，并在最短时间内与总台联系，再次对409房情况进行确认，把工作做到最细处，不忽视每一个细节。

"让客人满意"是服务宗旨，按规范化的标准程序达到客人最终的满意，就需要服务人员达到像小郑那种对客服务的境界。

第一节　客房安全管理概述

安全是客人对饭店最基本的要求，也是客人选择饭店的前提条件。客房是饭店经营的主要产品，同时也是客人停留时间最长并存放财物的场所。因此，客房安全管理对于保护客人生命财产安全具有极其重要的意义，也是现代饭店房务管理的重要工作内容。

一、客房安全的概念

客人入住饭店，需要接受房务部的各项服务，其主要活动范围包括前厅、楼层和客房。因此，客房安全是一个全方位的概念，是指客人在前厅、楼层和客房范围内人身、财产等权益没有危险的状态。

二、客房安全事故发生的原因

（一）人为侵害

由人们不安全行为所造成的侵害，主要是违法犯罪活动，如客房偷盗、恐怖爆炸案件等。

（二）自然侵害

由于自然灾害等不可抗力造成的侵害，如地震、台风、暴风雪（雨）、水灾等。

（三）心理侵害

由于最高经营者责任心不强，导致安全管理制度和安全管理组织不完备、安全管理标准不明确等造成的侵害，如房门未安装安全链、窗户无防盗网等。

三、客房安全工作种类

（一）防火工作

防火工作是客房安全管理的首要工作。房务部门应在酒店总经理统一领导下，成立防火小组，制订完整的防火计划，防患于未然。

（二）防盗工作

防盗工作是客房安全工作的又一重要内容。发生在客房的盗窃事件是饭店内最普遍、最常见的安全威胁，不但造成客人和饭店的财产损失，还使饭店的声誉受损。因此，房务部必须采取有效措施，预防盗窃案件的发生。

（三）防范其他意外事故

除火灾、盗窃以外，客房中还会发生许多意外事故，如停电、客人伤病、客人醉酒等，因此房务部门应重视防范其他意外事故的发生。

四、客房安全设施的配备

安全设施，是指一切能够预防、发现违法犯罪活动，保障安全的技术装备，由一系列机械、仪表、工具等组成。

（一）饭店安全设施

1. 电视监控系统

电视监控系统，是由一个摄像镜头、控制器、监视器和录像机等组成的闭路电视系统。电视监控系统是饭店必备的安全设施，其摄像镜头（监视器或电眼）主要分布在前厅大堂、客用电梯、楼层过道、公共娱乐场所和贵重物品集中场所。配备电视监视系统可以提高饭店处理问题的效率，同时可以及时发现不法分子，确保饭店及客人的安全。

2. 安全报警系统

安全报警系统，是由多类报警器组成的自动报警系统，常用的有微波报警器、红外线报警器、声光报警器等，一般设置在饭店的关键部位，如收银处、贵重物品和财物集中处、消防通道等。其目的在于防盗、防抢、防爆等。

3. 消防监控系统

饭店消防监控系统，一般由火灾报警器（烟感器、热感器、手动报警器）、灭火器（消防给水系统、化学灭火器材）和防火设施（防火墙、防护门、排烟系统）等组成，主要安置在客房、餐厅和走廊等处。

4. 通信联络系统

通信联络系统，是指以安全监控中心为指挥枢纽，即通过电话、传呼机、对讲机等通信器材而形成的联络网络。这个简单的网络系统使饭店的安全工作具有快速反应能力，对保障饭店的安全起着十分重要的作用。

5. 饭店钥匙系统

钥匙系统，是饭店最基本的安全设施，其作用在于防止饭店钥匙被盗、遗失和复制，以确保安全。现在饭店大多采用了电子磁卡钥匙系统。作为钥匙使用的磁卡在一面涂有可存储密码信息的磁条，由总台使用计算机和配备的刷卡器将客人特征信息记入磁条。将磁卡插入门锁读卡器，经计算机芯片运算判断为“合法磁卡”后，通过电磁铁控制锁的开关。钥匙卡不慎丢失，到总台重新设置密码、制作新卡即可。

磁卡用途很多，可以作为客房节能开关卡，可以用来签单消费等。作为工作钥匙使用时可设置主控卡、楼层卡、清洁卡、禁止卡等，分级管理。有双重保险和换电池提示功能，也可储存200次开锁信息，并能随时提取。这种钥匙系统还具有防撬和记录使用的功能。

（二）客房安全设施的配备

1. 客房消防设施的配备

为保证住店客人的生命财产安全，必须在客房及所属公共区域加强各类安全设施的配备，同时客房内的各种生活设施设备也要安全可靠，以保证客人在使用中不发生意外。

客房内的消防设施用品，主要有设于屋顶的烟感报警器、自动喷淋灭火装置、贴在门后的《安全通道出口示意图》、摆放在床头柜上的“请勿在床上吸烟”的中英文标志。

烟感报警器的作用，是当室内烟雾达到一定程度时自动鸣叫报警，饭店消防中心监控器同时显示报警位置。喷淋灭火装置的作用，是当室内温度达到一定程度时，堵在喷头出水口的水银球受热膨胀炸裂，喷头向房间喷水灭火。有烟才有火，因此，有的饭店客房只设烟感报警器。

安全通道出口示意图，是指示客人所在位置和发生火灾时的安全撤离路线。

设置“请勿在床上吸烟”的中英文标志，是国际饭店业通行的做法。另外，给予吸烟客人经常的提示是有益的。

以上各类安全设施都自成系统，但在实际运转中，又是相互联系发挥作用的。

2. 客房防盗设施的配备

在安全方面，客人最关心的要数客房防盗。防盗设施首先是门。门上应设置猫眼及能够双锁的门锁，并装有安全链。门锁系统是客房防盗的关键环节，使用高科技产品对于增强客房安全极为有效。

客房服务及管理人员每天到服务中心领取钥匙，在钥匙记录本上登记领取时间、领取人、退返时间、退返人等内容。客房的万能钥匙不能随身带出饭店，更不能带回家过夜。这是饭店的一项很重要的安全措施。钥匙领出后不能随意借给其他人员使用，只能亲自为客人开门，或专为送餐服务员、洗衣房送衣员、工程部维修人员等开门。随着科学技术的发展，钥匙逐渐从金属钥匙过渡到磁卡钥匙，或是被其他更高级的智能钥匙所取代。

五、房务安全管理制度

安全管理是房务管理的重要内容之一，为了更好地为宾客服务，保障宾客的人身财产安全，制定房务安全管理制度，具体要求如下。

（一）钥匙的管理

——各类万能钥匙只能由相关级别的人携带，携带者必须妥善保管。

——任何员工遗失了钥匙都必须立刻上报管理人员，并报告安全部经理。

——部门任何员工都不能复制万能钥匙，如有发生，将做严肃处理。

——客房磁卡钥匙的制作都必须有记录，不允许任何人都可以制卡。

——宾客遗失钥匙要求补发时，必须核实宾客的身份。

——宾客要求开门时，必须核实宾客的身份。

（二）前厅接待登记的管理

——宾客登记时必须出示身份证或护照等有效证件，核实登记资料是否正确。

——根据公安机关指示，及时对宾客的有效证件进行扫描。

——检查身份证或护照上的照片与本人是否相符。

——检查外国人的护照有无入境查验章。

——严格保密宾客登记的资料，未经允许不得向任何机关或人员泄露（公安机关执行公务例外）。

（三）现金的管理

——认真执行国家财务法规，发现问题和漏洞及时汇报并妥善处理。

——每日营业结束后，必须将现金、支票等上交财务专门人员，放入专用保险柜。

——总台不得将大量现金留存过夜，应放入专门保险柜妥善保存。

——总台严禁存放私人现金及贵重物品。

——每次开启保险柜，都必须做好记录。

（四）设施设备的管理

——所有员工必须进行相关设备使用程序的培训，对于比较复杂的设备使用可以进行相关测试，保证安全操作。

——对使用的机器设备必须定时检查，发现损坏及时报修。

——建立一机一卡制度，保养人、检查人均须认真记录保养、检查情况，并留存备查。

（五）化学品及操作的管理

——任何化学品在使用前都必须有安全质料单，并对员工培训正确的使用方法及应急措施。

——任何化学品都必须按规范贮存，并定期检查。

——员工在日常操作中必须戴手套按规范操作。

第二节　火灾的预防和处理

火灾是房务部的头号安全问题。房务部员工应该具有火灾的防范意识，掌握火灾的预防、火灾发生的应急处理等相关知识。

一、火灾形成的原因

客房发生火灾的主要原因，一般有以下几种：

——客人卧床吸烟引起火灾。如1969年1月美国芝加哥山楂饭店的火灾，该火灾烧死了4人。

——酗酒后吸烟引起火灾。如2014年2月16日深夜2时，射洪县宏源宾馆10楼101房间因客人醉酒卧床吸烟引发火灾，幸亏自动喷水灭火系统及时发挥作用，才使火势控制，也保住了醉得一塌糊涂的客人聂某性命。

——乱扔烟头、火柴棒引起火灾。如2002年7月13日23时左右，北京凯迪拉克大酒店1020房间发生火灾，造成住在1022房间两名赴京旅游的香港女学生死亡，住在1021房间的一名韩国女学生受伤。据调查，警方认定火灾由1020房间的香港男学生邓某（12岁）和李某（14岁）在房间内划火柴玩火造成。

——客房内电器设备故障引起火灾。如1987年1月27日，拥有3000间客房的俄罗斯大饭店发生的特大火灾，就是由于客房内电视机发生故障而引起的。

——常住客无限度地增加电器设备，引起负荷量超载，造成电源短路引起火灾。

二、火灾的预防

火灾的预防可以从以下几个方面入手：

（一）安装必要的防火设施与设备

为了防止火灾的发生，饭店在建设时就应选用适当的建筑材料，设计安装必要的防火设施与设备。饭店在建设时，主体建筑内设有太平门、安全通道等消防逃生设施，房间内所有的装饰材料（如地毯、床罩、灯罩、窗帘等）尽可能地采用非燃料或难燃烧材料，房间安装自动喷水灭火装置、烟感报警器等。针对电器设备起火这一现象，酒店在各种电路系统中应设保险装置，并安装防火报警装置。

（二）增强员工防火意识

加强消防安全培训工作，增强员工防火意识。利用各种形式布置和组织防火宣传教育工作，使房务部员工增强防火安全意识，熟悉防火制度和灭火常识，掌握各种灭火器材的使用方法。

（三）采取有效的防火管理措施

防火管理应该从以下几个方面着手：

——加强防火工作的组织管理。设立防火安全领导小组，由房务部门负责人担任组长。建立完善的防火组织，制定防火制度和火灾应急方案。

——房务部要配合保安部、消防中心定期检查防火、灭火设备设施，提出维修保养和更换的要求。

——服务人员要熟悉住店客人的情况，要勤看、勤听、勤检查，善于发现存在的火灾隐患。注意饮酒过量和吸烟的客人，发现异常情况立即汇报。

——加强对住客的防火宣传和客房安全检查，尤其是对常住客擅自使用电器的不安全因素加强规范。要通过各种形式向客人宣传：不要在床上吸烟；烟头和火柴棒不得乱扔；入睡前或人离开房间时，要关闭房内电器开关。

——加强对安全疏散通道的管理，确保任何时候都能畅通无阻，发挥应有作用。

三、火灾发生的应急处理

客房楼层一旦发生火情，房务部员工要以高度的责任心，沉着冷静，按平时消防训练的规定要求迅速行动，确保宾客的人身、财产和饭店财产的安全，努力把损失降到最低限度。火灾发生的应急处理流程见图 10－1。

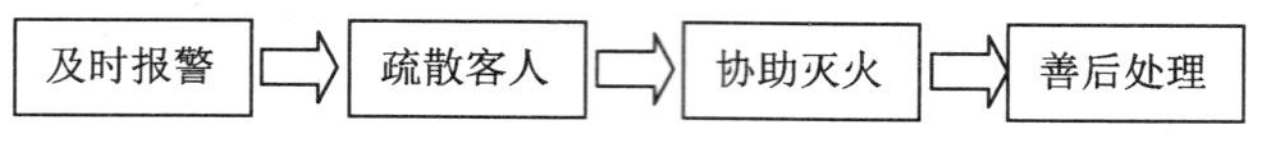

图 10－1　火灾发生的应急处理流程

（一）及时报警

当听到自动报警装置发出火警信号或闻到烟味时，应停止一切工作，迅速到现场查明情况。要根据平时掌握的住客情况，有针对性地查找火源。

如发现火情，要查明火源的准确位置及燃烧物质，立即向饭店消防中心报警。报警时一定要镇静，口齿清楚，讲明情况。

在火情初起阶段，消防队员没有到达之前，可利用就近的消防器材扑救，并按次序向客人发出通报，进行自救，以控制火势蔓延。

（二）疏散客人

如果火势不能控制，听到疏散信号，立即打开所有安全通道，组织客人撤离，并组织人员把守各梯口、过道口，有计划、有步骤地引导客人从各安全通道撤离，避免拥挤造成挤压伤亡现象。特别要注意帮助老弱病残及儿童，护送他们到达安全地带。同时，指定人员逐一检查客房，确定无人后在门上做记号或挂“已检查过”的牌子，并将门关好，以阻止火势蔓延。最后，客房部人员撤离火灾现场。

（三）协助灭火

专业消防队到场后，房务部负责人应及时将火情、被困人员位置和人数报告给专业消防队，配合专业消防队灭火。其他人员协助警戒，维护现场秩序。

（四）善后处理

火灾扑灭后，房务部负责人要清点人员，看是否全部撤出火险区域，防止遗漏。客房服务员负责指导检查疏散情况，检查内容包括：床上、洗澡间是否留有未疏散的人；是否留有行动不便的老人；是否留有未熄烟头和未关闭的灯；主要出入口是否关闭。

第三节　盗窃的预防和处理

盗窃案件是发生在饭店内最普遍、最常见的犯罪行为之一，而客房又是失窃最多的地方。盗窃案件对饭店造成的后果也较为严重，不但造成客人和饭店的财产损失，还使饭店的声誉受损，直接影响到饭店的客源。因此，房务部必须采取有效措施，预防盗窃案件的发生。

一、盗窃的类型

房务部员工应掌握盗窃的类型和作案手段，以利于工作中识别和防范。盗窃的类型大致有以下四种：

（一）外部盗窃

外部盗窃，即社会上的不法分子混进饭店进行盗窃。这些人往往装扮成客人蒙骗店方，盗取住店客人及饭店的财物。为防止外部盗窃发生，饭店只有加强内部管理和提高员工警惕。

（二）内部盗窃

内部盗窃，即饭店员工利用工作之便盗取客人及饭店的财物。这种类型的盗窃在整个偷盗事件中占很大比例。俗话说："家贼难防。"如酒店成箱的名酒、餐具以及卫生用品的盗窃大都是饭店内部员工所为。由于内部员工对饭店的各种情况、工作程序及客情比较熟悉，作案手段更具隐蔽性，给破案工作带来一定的困难。

（三）内外勾结

内外勾结类型的盗窃，一般是由酒店内部的员工向社会上的同伙提供"情报"及各种便利，由其同伙作案、销账，这种盗窃案件手段"高明"，容易成功，给酒店造成的损失较大。

（四）客人自盗

客人自盗，即住客中的不良分子盗取饭店物品，或是伺机盗窃同房间住客的财物。同室盗窃多见于一些低档次的饭店，如有的惯盗持假身份证住店，趁同室客人熟睡时伺机行窃。为避免此类案件的发生，饭店应按房间出租，不要将互不相识的人员安排在同一间客房，或者要求客人将贵重物品存放在饭店的保险箱内。

二、盗窃事故的预防

为有效防止盗窃事故的发生，房务部应从以下三方面采取防范措施：

（一）加强对员工的管理

客房部的员工平时接触饭店和宾客财物的机会较多，因此，客房部应加强对员工的管理，要从实际出发制定有效的措施，防范员工的偷盗行为。

——严把招工关。聘用员工时，要严格进行人事审查，对品行不端、有过偷盗前科的人员，不能录用。

——对员工进行职业道德教育，提高员工的素质，增强员工遵纪守法的自觉性。

——严格管理制度，加强培训教育。采取各种有效办法和手段，如合理排班、加强员工通道的管制检查、设置检举箱等，以杜绝管理漏洞，不给作案者以可乘之机。

——严禁在工作时间会客、串岗或擅自离岗。

——一旦发现有人偷盗，要予以严厉打击，严肃处理，要让每一位员工都明白，任何偷盗行为，无论窃取物品的价值量大小，都要受到开除的处罚，情节严重者要受到法律的制裁。

（二）做好客房钥匙的管理

1. 饭店钥匙的主要种类

（1）住客用钥匙。供客人使用，只能开启该房号房门。

（2）通用钥匙。供客房服务员打扫房间使用，可开启十几个房门。

（3）楼层总钥匙。供楼层领班使用，可开启该楼层所有房门。

（4）总钥匙。专供客房部及工程部经理使用，可开启各楼层及公共区域所有房门。

（5）紧急万能钥匙。只供总经理使用，也称饭店总钥匙。

（6）楼层储藏室钥匙。供楼层服务员使用。

（7）公共区总钥匙。供公共区领班使用。

2. 钥匙的管理措施

客房钥匙是客房安全管理的重要环节，绝不能马虎大意。钥匙丢失、随意发放、私自复制或被盗都会给客人的生命财产和饭店本身的安全带来威胁。因此，必须严格控制和管理客房钥匙。一般应采取以下措施：

（1）做好钥匙的交接记录。

（2）禁止随便为陌生人开启客人的房间。确因工作需要，如工程部员工维修房间设施设备、餐饮服务员收拾餐具等，应由客房服务员陪同进入房间，并做好记录。

（3）服务员在清扫房间时，必须随身携带钥匙，不得随处丢放或插在房门锁上，也不得交他人保管。

（4）服务员或保安人员在巡视时，若发现客人房门插有钥匙，还要敲门提醒客人收好；若房中无人，可将钥匙拔下，交领班处理，并做好记录。

（5）严禁将工作钥匙带出饭店。

（6）对于把钥匙忘在房中的住客，能够确认的可用工作钥匙为其开门，并嘱咐下次出门别再忘记；不能确认的要礼貌查验证件，并与总台登记核对无误，方可开门。

（三）加强对访客的管理

——凡住客本人引带的客人，台班要做好记录。

——对独自来访者，要问明情况，必要时可礼貌查验证件，并应先往房间打电话征得客人同意，再陪访客到门口，待其与客人握手后再离开。

——如住客不在房间又没有亲自留言，不得让访客进房等候。

三、失窃事故的处理

防盗工作必须坚持以防范为主，但这样可能仍无法完全杜绝盗窃事故的发生。因此，一旦发生此类事故，饭店一定要正确处理好。

客人在住店期间财物丢失、被盗或被骗后，会向饭店反映情况，或是直接报告当地公安机关，前者叫报失，后者叫报案。无论报失还是报案，饭店都应该积极协助客人或公安机关调查失窃原因，寻找线索，尽快破案。

（一）报失的处理

——客房部服务员接到客人报失后，应立即报告上级，由部门经理与大堂副理、保安部取得联系，共同处理。

——向客人了解丢失物品的时间、地点及详细内容，并帮助客人回忆物品丢失的前后经过，分析是否确实属于失窃。

——将客人丢失物品的情况做好详细记录。

——征得客人同意后，由保安人员与客房服务员共同在房间帮助寻找。

——如果客人丢失的财物属于贵重物品或金额较大，应立即向总经理汇报，保护好现场。并经总经理同意向公安机关报案，由公安机关进行处理。

（二）报失处理的注意事项

——客人报失后，服务员只能听取客人反映情况，不能随意对客人作出任何猜测，以免给以后的调查工作增加困难。

——服务员接到报失后，不能擅自进房间寻找。

——客人报失后，进入过该房间的服务人员也要接受询问。服务人员须予以积极协助，不要有委屈不满情绪，更不可为逃避责任而有意隐瞒真实情况。

第四节　其他事故的预防和处理

除火灾、盗窃，客房中还会发生许多意外事故。任何能导致对客人造成伤害的不安全因素，都应该加以重视和防范。一旦事故发生，要做妥善处理。

一、伤病客人的处理

在客人住店期间，因身体原因或意外情况而导致身体不适或突发疾病或其他伤害，房务部门员工要及时发现，及时汇报处理。一般性疾病要帮客人请驻店医生，严重性疾病要派人派车将病人送往医院救治。另外，在客房的卫生间还应设有紧急呼救按钮或紧急电话，以及供人浴晕时用的紧急开门器等，以备突发疾病时使用。

（一）一般性疾病

客人可能会偶感风寒或有其他小恙，服务员发现后可询问病情，建议客人及时看医生。在此后的几天中应多关心该客人，多送些开水，提醒客人按时服药。

客人患一般性疾病的处理流程见图 10－2。

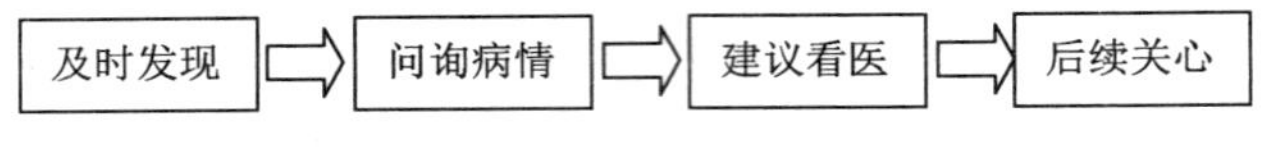

图 10－2　客人患一般性疾病的处理流程

（二）突发性疾病

客人患突发性疾病，包括心脑血管病、肠胃疾病、食物中毒等，服务员要立即请驻店医生来，同时上报主管人员。绝对不能自己擅作主张，救治病人，那样可能会导致更加严重的后果。在没有驻店医生的情况下，如果患者头脑尚清醒，请服务员帮助购药服用，服务员应婉言拒绝，劝客人立即到医院治疗，以免误诊。

客人病情严重，客房部要立即与同来的家属、同伴或随员联系。若客人独自住在饭店，客房部经理应立即报告在店经理或大堂副理，请饭店派车送客人去医院救治，随后设法与客人的公司或家属联系。对于突发性疾病的处理，应做详细的书面报告，记录发生的原因、处理经过及后续追踪的结果。

客人患突发性疾病的处理流程见图 10－3。

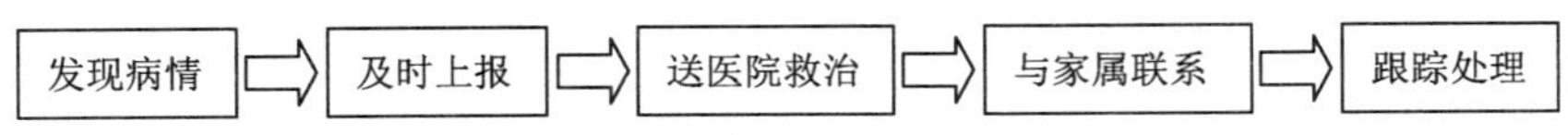

图 10－3　客人患突发性疾病的处理流程

【同步案例】

蓝灯闪动酒店情

某年3月31日晚上8点，前厅部经理接到大堂副理报告，二楼有紧急情况，大家到现场发现2518房客人躺在二楼餐饮区域的大理石地上，神志不清，不停呕吐。身上、头发上沾满了呕吐物，强烈的气味刺激着每个人的嗅觉。前厅部经理与大堂副理、保安、行李员一起动手将客人抬上轮椅，送到房间，让他休息，并叮嘱客人同伴如情况不见好转立即与大堂副理联系。时间不长，2518房客人的同伴张先生来电话叫大堂副理过去，说情况更加严重。在征得张先生同意后，前厅部经理当机立断，让大堂副理打120急救，说明酒店地址、客人病情、房间号、联系方式，并在大堂等候急救车，以便引领。时间不长，闪烁着蓝灯的白色救护车呼啸着来到酒店正门。医院的担架上不了电梯，2518房离大堂又较远，前厅部经理、大堂副理与医生、行李员、保安员到房间再次用轮椅将仍在剧烈呕吐的客人运到大堂，把浴巾垫在客人头下吸取呕吐物，提醒客人同伴带好随身物品，并通知房务中心立即打扫2518房，更换被污染的布草。前厅部经理与2518房客人的同伴张先生交换名片以便保持联系。救护车走后，大家才发现行李员、保安员的上衣沾满了客人的呕吐物，一想在当时的情况下也顾不上了。

深夜，从医院传来消息，2518房客人脱离了危险，其爱人也及时到医院护理。饭店这才把心放下。次日2518房客人的爱人来酒店结账，并表示由衷的感谢。

分析：该案例中，客人患突发性疾病，前厅部经理与大堂副理、保安、行李员通力协作将客人送上救护车，使客人及时得到救治，保证了客人的生命安全。

1. 酒店员工应掌握救护常识，不能怕麻烦，人命关天，安全第一，密切注意事态发展，确保客人不发生意外。

2. 如将救护车引到酒店后院，从那里护送客人，既达到救护客人的目的，又避免影响其他住店客人，则更为妥当。

3. 应提醒救护车来的路上可以鸣笛，临到酒店时应关闭，以免造成其他客人恐慌。

4. 对意外情况的处理建立预案，事先有防范意识，发生问题才能指挥自如，各部门相互配合，以保护客人生命财产安全，维护酒店利益，做到客人满意，酒店受益。

5. 酒店经理人要在关键的时候，出现在关键的岗位，处理关键的问题。

二、住客死亡的处理

住客死亡，是指客人在住店期间因病死亡、意外事件死亡、自杀、他杀或其他原因不明的死亡。除前一种属于正常死亡外，其他均为非正常死亡。

住客死亡多发生在客房。楼层服务员要提高警惕，发现客人或客房有异常时要多留心，及时报告管理人员。例如，客人连日沉默不语，客房长时间挂“请勿打扰”牌，房内有异常动静，访客离去后再不见客人出来，房内久无声响等。对于怀疑有自杀倾向的客人，尤其要多留意观察，要多接近，讲些开导的话。

（一）住客死亡的处理流程

一旦发现客人在客房内死亡，应立即报告客房部经理、总经理、保安部等有关方面，双锁房门，由保安部报告公安机关并派人保护现场，等候调查。

如调查验尸，证实客人属正常死亡，经警方出具证明，由大堂副理通知死者家属并协助处理后事。

如证实属于非正常死亡，饭店应积极配合调查取证，并随时与警方保持联系，直到破案为止。客房服务员与客人接触相对最多，应密切配合调查，尽可能详细提供线索，同时也要注意保密。随后，由大堂副理通知死者家属并协助处理后事。

发生事故的房间事后应进行消毒，并将该住客所使用的物品全部报请销毁。

整体事件处理后，应由客房部书面记录处理经过及处理结果上报总经理。

住客死亡的处理流程见图 10－4。

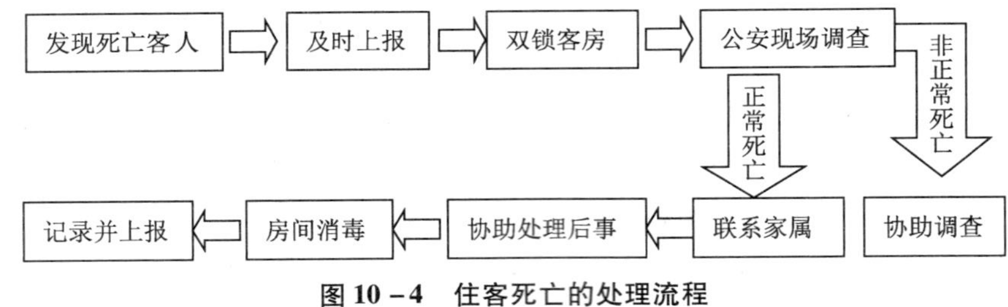

图 10－4　住客死亡的处理流程

（二）住客死亡善后工作注意事项

客人遗留的财物，客房部要列明清单专人保管，待家属领取。公安机关因侦破需要带走的物品，也要有记录和经手人签字。

待相关单位的检查及勘验工作完成后，应与家属协调，利用夜晚后门进出，以免惊动其他客人或员工。

三、醉酒客人的处理

饭店经常发生客人饮酒过量现象，此时客人处于不能自控状态，处理起来要格外谨慎。

（一）醉酒客人的处理流程

发现客人在房间喝醉酒或在外面喝醉酒回来时，上前询问客人入住的房号，有无同伴，掌握客人醉酒的程度。通过客人的房卡以及有效证件，与计算机资料核对、确认房号。

把确认后的客人送入房间，调节空调温度，设法使客人保持安静。询问客人或同伴是否需要去看医生。对醉酒客人专人负责，耐心照顾，防止发生不良后果。

在安置醉酒客人回房休息后，客房服务员要特别注意其房内的动静，以免客房的设备及家具受到损坏或因其吸烟而发生火灾。

将醉酒客人的房号及处理过程记在交接本上，做好交接。若醉酒后造成客房设备物品损坏，做好记录，客人酒醒后按酒店规定处理。

醉酒客人的处理流程见图 10－5。

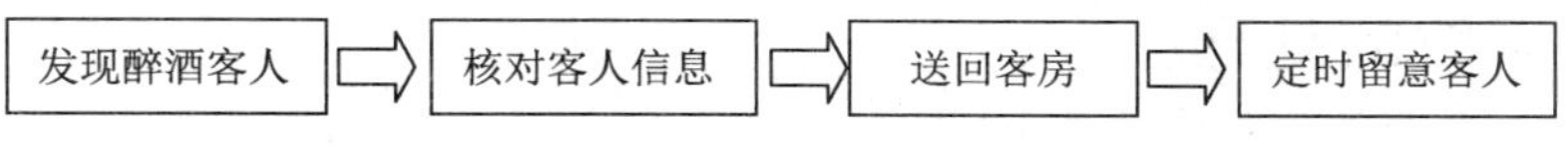

图 10－5　醉酒客人的处理流程

（二）注意事项

若服务员在楼层走廊遇见醉酒的客人，不要单独扶其进房甚至为其宽衣休息，以免客人酒醒后发生不必要的误会。醉酒客人如有召唤，服务员应与值班主管一同前往，女服务员应避免独自进入客房，以免发生意外。

【同步案例】

酒店特殊情况下的紧急执行

早上 7 点左右，某酒店监控室发现 5208 房间的门口站着一位头发花白的老大妈，敲了几分钟门，没有人开，她仍然在敲。保安立即联系值班经理。该经理上前询问，老大妈告诉他，这房间里住的是她儿子，一早要赶往飞机场，怎么敲门他都不开，打电话也不接，不知道是怎么回事。

值班经理立即去总台查验，5208 房间的客人信息与老大妈陈述非常一致。拨通房间电话，但没人接听。值班经理立即叫来服务员将门锁打开，但门后面的安全链连接得非常结实，仅从这微小的缝隙里看，根本无法确定房间里有没有人。待仔细询问老大妈后，得知昨天这位客人出去喝酒了。焦急的老大妈总是在念叨其儿子的安全，值班经理看到这情况后，立即查看了监控录像，发现该房间的客人昨天是回来了，但是回来得很晚，而且是带着醉态进入酒店的。怎么办？看到正在掉眼泪的老大妈，如果这时不能立即确定客人是否在房间，肯定要出大事的。

紧急情况下，值班经理立即通知工程部人员，采取了切断安全链、强行进入该房间的紧急措施。结果发现，该客人仍然醉态朦胧，经过一番折腾后，该客人辨认出了自己的母亲，老大妈看见儿子平安在床，也就松了一口气。

分析：在对客服务过程中，针对某些特殊情况，有时酒店可能不会遵守服务中的常规对客程序，需要采取特殊措施紧急执行，处理的后果有风险。但只要本着为客人着想、方便客人的原则，多数情况下，会得到客人的感谢和谅解。

本案例中，客人因醉酒而无法开门，如果按照正常的程序敲门或打电话，肯定行不通。但围绕客人安全，酒店通过切断安全链，强行打开该房间，消除了一件潜在的安全事故，也是值得肯定的。

四、停电事故的处理

目前在我国城市用电中，停电是比较常见的，因而影响到使用外部供电系统的饭店，也有饭店内部供电系统出现故障所致。对于拥有100间以上客房的饭店，应当配备紧急供电装置或足够数量的应急灯，以满足照明的需要。

房务部门在处理停电事故方面，应制订周密计划，使各部门各岗位上的员工临场不乱。楼面员工更应该从容镇定、沉着指挥，以减少客人的不满或惊慌情绪，保障客人安全。

——如事先得知将要停电，应在客房内放入告示并尽可能通知到所有宾客。

——立即打开应急灯照明公共场所，帮助正在楼道中的客人迅速回到自己房间或转移到安全地带。

——要向客人说明停电原因和饭店正在采取的措施。请客人锁好房门，在房间安心等候。

——所有员工要坚守岗位，并对楼道、安全出口、库房等处密切注意，防止有人趁机行窃。

——提醒宾客勿在停电期间乘坐电梯。

——楼层上严禁使用明火照明。

——如有客人投诉，要做好解释工作。

——恢复供电后检查本楼层的各区域是否有异常情况。

五、侵害骚扰事件的处理与防范

外来的对住客侵害骚扰事件，是客房安全管理中很棘手的问题。不但影响饭店的声誉和正常经营，而且也干扰客人在饭店中的正常活动和休息，甚至威胁着客人的安全。这些骚扰者往往以住店客人的名义进入饭店，所以管理起来难度较大。可采用一些灵活方法加以防范。

——保安人员和服务人员可进行暗中监视，一旦有可疑人员准备乘电梯上楼时，保安人员立即用对讲机或电话通知楼层服务员，告知其特征，注意对其的“接待”。

——当“客人”走出电梯时，客房服务员可让其办理访客登记手续，并以巧妙的方式提问试探，必要时可委婉地请其离开。

——客房服务员应尽量记住住客和访客，特别是一些可疑者的特征，如发现异常情况应及时向管理人员或保安部门报告。

——可在饭店总机房安装电话来电显示器，如发现有相同号码的电话经常打往饭店不同客房时，可采取预防措施。

【练习与思考】

一、单项选择题

1. 饭店客房内装配的防火设备设施物品有(　　)。

A. 烟灰缸、浴缸　　B. 烟感报警器、紧急疏散图

C. 防火标志牌、自来水龙头　　C. 消防栓、烟感报警器

2. 饭店在楼层走廊装配的防火设施设备有(　　)。

A. 消防栓、灭火器　　B. 紧急疏散图、防火标志牌

C. 防火隔离门、安全消防灯　　D. 疏散图、安全门

3. 饭店为防止客人因吸烟不慎引起火灾，在房间内(　　)放置防火标志牌。

A. 写字台上　　B. 茶几上　　C. 床头控制柜上　　D. 卫生间台面上

4. 客房楼层一旦发生火灾，服务员应(　　)，尽最大努力减少损失。

A. 及时报告　　B. 高声叫客人逃生

C. 打开所有的客房门　　D. 注意财产的安全

5. 当火灾发生时，服务员应先(　　)。

A. 打开安全门、安全梯，有步骤地疏散宾客

B. 打开所有的客房门，疏导宾客

C. 注意不法分子乘机浑水摸鱼

D. 打开报警器

6. 饭店一旦发生火灾，服务员最重要的工作是(　　)。

A. 抢救客人　　B. 救火　　C. 迅速逃生　　D. 按消防规程行动

7. 客房是客人旅途中的家，对他们所携带的贵重物品，客房服务员应提醒客人(　　)。

A. 保管好　　B. 饭店提供贵重物品保管服务

C. 注意锁好门　　D. 随身携带

8. 客用保险箱服务的关键是(　　)。

A. 客人亲自存取　　B. 确保其钥匙的安全

C. 规定存取时间　　　　　　　　D. 确信是贵重物品

9. 客房卫生间的热水温度应控制在(　　)为宜，过低不利于客人调选，温度过高则易发生烫伤事故。

A. 40℃ ~50℃　　B. 70℃ ~80℃　　C. 50℃ ~60℃　　D. 60℃ ~70℃

二、多项选择题

1. 客房安全事故发生的原因有(　　)。

A. 人为侵害　　B. 自然侵害　　C. 心理侵害　　D. 物品侵害

2. 盗窃的类型有(　　)。

A. 外部盗窃　　B. 内部盗窃　　C. 内外勾结　　D. 客人自盗

3. 客房安全工作种类包括(　　)。

A. 防火工作　　B. 防盗工作　　C. 防自然灾害　　D. 防客人伤病

三、思考题

1. 简述客房安全管理的含义。

2. 客房火灾发生的原因有哪些，如何防范？

3. 怎样应急处理客房火灾？

4. 如何防范客房盗窃案件？

5. 饭店经常发生客人饮酒过量现象，作为饭店服务人员该如何处理客人醉酒？

四、案例分析

客人声称“房间内1万元现金被窃”

上午10点，某酒店1904房的客人王先生称其1万元现金在房间内被窃。大堂副理接报后，立即与保安部主管、管家部主管赶到现场。据王先生述说，他公务完毕后，回到房间时发现放在行李架上的皮箱被撬开，里面的物件零乱，内层的1万元现金不翼而飞。王先生怀疑有人进入其房间行窃，要求酒店给予处理。大堂副理与各部门主管就此展开调查。

前台接待员报告，曾接过一位自称是1904住客王先生打来的电话，说他的朋友现在在前台要进入他的房间，他因事不能赶回来，请为其开门。该接待员为确定1904客人的身份，要求其报身份证号，对方流利回答。接待员未经核对证件便为客人的朋友打开了房门。但王先生坚决否认曾打过电话回来。

问题：该案例中，在住客人现金被窃，酒店存在哪些安全管理问题？

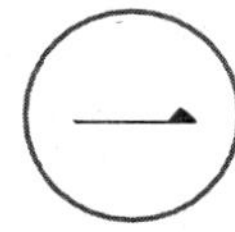

第十一章

客房销售及收益管理

客房销售是房务部最重要的职能之一，房务部员工要强化销售意识，掌握销售工作的艺术与技巧，努力提高销售效果及酒店的经济效益。客房销售工作的最佳境界是：将合适的客房卖给合适的客人，而非将最高价格的客房卖给客人，否则即使客人勉强接受了，心里也不乐意，以后就不会再来，更不会将酒店推荐给亲友。这样，饭店将永远失去一位客人和许多潜在的客人。

饭店收益管理是通过制定一套灵活的且符合市场竞争规律的客房价格体系，对饭店资源进行动态调控，从而实现饭店获得最大收益的经营目标。概括来说，收益管理能使饭店产品在最佳时刻，以最好的价格，通过最优渠道，出售给最合适的顾客。近年来，收益管理在国际酒店经营中得到了越来越广泛的应用，成为酒店竞争的重要手段，也成为未来酒店业经营管理非常重要的发展趋势，因而受到国内外酒店经营管理人员前所未有的重视。

【学习目标】

1. 了解房态的含义及近远期、实时房态图信息。
2. 掌握客房销售的技巧、报价方法和有关销售指标。
3. 理解收益管理的含义及在饭店客房经营中的应用。
4. 掌握常见的客房收益管理方法。

【导入案例】

客人要求低折扣

某日，一位香港常客来到某酒店前台要求住房。接待员小郑见他是常客，便给他9

折优惠。但客人还是不满意，想要更低的折扣。这时正是旅游旺季，酒店的客房出租率很高，小郑不愿意在黄金季节轻易给客人让利。于是香港客人便提出要见经理。

其实，酒店授权给前台接待员的卖房折扣不止9折，小郑原可以把房价再下降一点，但他没有马上答应客人。一来不想让客人产生以下想法：酒店客房出租客人可以随便还价；二来他不希望给客人留下这样的印象：接待员可以再多打一点折扣，但他不愿意，只是客人一再坚持才无可奈何地让步，这会使客人认为大酒店员工处理问题不老实。小郑脑中闪过这些想法后，同意到后台找经理请示。于是他请香港客人先到沙发上休息片刻。

数分钟后，小郑满面春风地回到总台，对客人说："我向经理汇报了您的要求。他听说您是我店常客，尽管我们这几天出租率很高，但还是同意再给您5美元的优惠，并要我致意，感谢您多次光临我店。"小郑稍作停顿后又说："这是我们经理给常住客的特殊价格，不知您觉得如何？"

香港客人计算一下，5美元相当于半折，这样他实际得到优惠折扣是8.5折，这对于位于南京路，又处旅游旺季的三星级酒店来说，已经是给足面子了，客人连连点头，很快便递上通行证办理入住手续了。

分析：客房价格是客人购买客房产品时重要的考虑因素。客房价格也是饭店实现收益的重要手段。对于客人来说，客房价格越优惠，客人越愿意购买；但对酒店来说，客房价格越优惠，酒店的潜在收益就要降低。因此，做好两者的平衡，制订灵活有效的价格体系，至关重要。客房价格的制订与调整，是酒店做好客房销售、扩大收益的关键环节。

第一节　客房销售管理

一、客房状态

房态又叫客房状态，是指对客房占用、清理或待租等情况的一种描述。饭店的客房随着客人的入住、退房以及饭店楼层清洁整理工作的开展而处于各种状态。总台预订处和接待处只有掌握并控制好饭店即时即刻的客房状态，才能准确、高效地进行客房销售。建立合适的客房状态显示系统和保持正确的客房状态是做好饭店客房销售工作以及提高接待服务水平的前提。

——住客房（Occupied Room，OCC）。表示正有客人居住的客房。根据住客房的清洁卫生状况，又分为住净房（Occupied Clean，OC）和住脏房（Occupied Dirty，OD）。

——空房（Vacant）。是指暂时未出租的客房。根据空房的清洁卫生状况，又分为空净房（Vacant Clean，VC）和空脏房（Vacant Dirty，VD）。

——走客房（Check - out ，O/C）。是指客人已经退房，但楼层还未清扫的客房。

——预留房（Blocked Room，BL）。是指饭店内部掌握的客房。饭店会为一些大型团体和会议客人预留他们所需的客房，或者还有一些客人，尤其是常客在订房时常常指明要某个房间，或处于某个位置，具有某种景观的客房。对此，预订员或接待员应指明该房已在某个时间为某位客人保留，以防止将客房出租给其他客人。

——维修房（Out of Order，OOO）。是指因设施设备故障而等待维修的客房。

——外宿房（Sleep Out）。是指客人住店期间不在酒店过夜的客房。

——请勿打扰房（DND）。是指挂有“请勿打扰”标志的客房。

——自用房（House Use）。是指酒店工作用房。

——双锁房（Double Locked）。是指酒店特殊控制的客房。由于上了内外双锁，住店客人无法自主打开。

饭店常见房态见表 11－1。

表 11－1　饭店常见房态

房态	英文	中文	解释
Occ	Occupied	住客房	住店客人正在使用的客房
V	Vacant	空房	暂时未出租的房间
OC	Occupied Clean	住净房	
OD	Occupied Dirty	住脏房	
VC	Vacant Clean	空净房	已完成清扫工作但未检查
VD	Vacant Dirty	空脏房	
OK		可租房	随时可以出租的客房
C/O	Check－out	走客房	客人已经退房，房间未清洁
OOO	Out of Oder	维修房	房间设施故障，等待维修
OOS	Out of Service	停用房	已被暂停使用的客房
BL	Blocked Room	预留房	为客人预留的客房
SK	Skipper	走单房	发生逃账的客房，表现为前台为住客房，楼层为空房
SL	Sleep	睡眠房	前台为空房，而楼层为住客房
S/O	Sleep Out	外宿房	住店客人不在酒店过夜
LL	Occupied with Light Luggage		携少量行李的住客房
NB	No Luggage		无行李的住客房
DND	Do Not Disturb	请勿打扰房	客房的“请勿打扰”灯亮着，或门把手上挂有“请勿打扰”牌
DL	Double Locked	双锁房	酒店处于某种目的而将房门双锁

二、客房状态的转换

空房一经售出，房态就转变为住净房（OC）；客人可能会携带轻便行李（L/B）入住，也可能不带行李（No/B）入住，而且在住宿期间，客人可能会外宿（S/O）和要求

“请勿打扰”（DND），客房在使用过程中可能会出现一些设备维修的情况，则该房就变成了“维修房”；客人退房后，该房间就变成了空脏房（VD），待客房经楼层清扫后，该房就转换为空净房（VC）。房态的变化便如此循环，周而复始（见图11－1）。

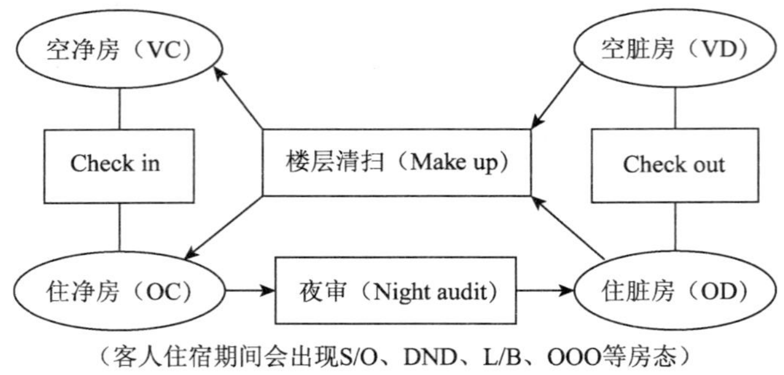

图11－1　房态转换

三、客房状态的核对

前台的工作量大，而且房态时常处于变化中，虽然很多饭店可通过计算机查询实时房态，但是员工工作上仍可能出现差错，从而造成接待处的房态与客房楼层房态的不符。因此，进行房态的核对是必要的，以免出现“走单房”“睡眠房”等矛盾房态（见图11－2），导致客房销售及客房服务的混乱。

OPERA1 - Room Discrepancies

Show: ☑ Sleeps　☑ Skips　☑ Person Discrepancy　☐ Due Out Only

Floor　Room　Room Class

Search

Room	Room Type	Room Status	HK Status	FO Status	Status	FO Pers.	HK Persons	Discrepancy
406	SKG	Inspected	OCC	OCC	Arrived	2	4	Person
407	SKG	Inspected	OCC	OCC	Arrived	2	1	Person
501	SKC	Inspected	VAC	OCC	Arrived	2	2	Skip
607	SKG	Inspected	OCC	VAC	Not Reserved	0	0	Sleep

Billing　Resv.　Report　Save　Close

Share with wuhanzhonglv 12

图11－2　矛盾房态

一般饭店客房部应每天2~3次安排专人填写“客房报告表”（见表11－2），交接待处进行房态的核对，以减少差错，提高房间分配的准确性，如发现房态不准确，应按饭店既定程序及时处理。有的饭店接待处填写“房态差异表”，然后分送给客房部、财务部等相关部门，具体由大堂副理牵头负责处理。

表11－2 客房报告表

________饭店　　　　　　　　　　　　　　　　　日期：________

客房	当天	本月累计	客房	当天	本月累计
客房总数			可容客人总数		
酒店自用房			酒店自用房人数		
可出租房					
待修理房					
团体					
散客					
常住户					
已出租客房			客人每人平均房价		
未出租客房					
已出租客房平均房价			当天客人总数		
团体客房比例			客人占用比例		
散客客房比例			单人房占用比例		
可出租客房平均房价			双人房占用比例		
散客客房 单人房 双人房			新入住客人人数		
团体客房 单人房 双人房			实际离店人数		
预订空房数			NO SHOW 客人数		
Walk－in 客人用房数			Walk－in 客人数		

当天客房收入		上月的今天		去年的今天	
本月累计		上月累计		去年本月累计	

免费、回扣的客房					
房号	客人姓名和理由	回扣比例	房号	客人姓名和理由	回扣比例

制表人：　　　　　　　　　　　　　　　　　　　　　　审核人：

四、房态图

（一）远期房态图

远期客房状态主要根据客人住宿和预订的情况来预测和统计未来一个时期的各种房类和每间客房的预订、占用情况，为客房的销售、预订、排房等业务能否满足客人的要求提供依据，并且为酒店未来的经营决策服务。

1. **房间预测图**

房间预测图以甘特图的形式来反映酒店的每一间客房在未来任意一个时期的使用情况。它可以显示任意指定日期起的一定天数（如10天）内每间客房的预订、在住、离店、维修、停用的情况，可以用不同颜色表示客房的使用状态，从而为预先排房和避免冲突提供直观图示（见图11－3）。

Date 08/02/09　Room Type　Room Class　Rooms　Floor　Features　Smoking
☑ Assigned Rooms　☑ Unassigned Rooms　☑ Partially Assigned R..
☐ Vertical Zoom　☐ Horizontal Zoom　☐ Component Rooms

Room	Status	Rm. Type	Sun 08/02/09	Mon 09/02/09	Tue 10/02/09	Wed 11/02/09	Thu 12/02/09	Fri 13/02/09	Sat 14/02/09	Sun 15/02/09	Mon 16/02/09	Tue 17/02/09
1001	Pickup	SKC										
1002	Inspected	SKC										
1003	Inspected	SKC										
1004	Inspected	SDC										
1005	Inspected	SDC	>>									
1006	Inspected	SKG	Hugl	>>								
1007	Inspected	SKG										
1008	Inspected	SKG	[illegible]									
1009	Inspected	SDG										
101	Inspected	SKC	>>									
1010	Inspected	SDG										
102	Inspected	SKC	Xu, Songhua	>>								
103	Inspected	SKC										
104	Pickup	SDC										
105	Inspected	SDC										
106	Inspected	SKG										
107	Inspected	SKG										
108	Inspected	SKG										
109	Inspected	SDC										
110	Inspected	SDC										
1101	Inspected	A2B										
1102	Out of Order	A2B	OO MNT									
1103	Inspected	A2B										
1104	Inspected	A3B										
1105	Inspected	A1B										

图11－3　房间预测

2. **房类预测图**

房类预测图根据在住客人和预订情况实时统计各种房类在未来一定时期内的使用情况。包括每类客房的占用数、可售数、出租率等概要情况统计，从而为未来客房销售和预订提供房类可售性判断的依据（见图11－4）。通常在接到客人的订房要求时，需要通过房类预测图检查客房的可售性。

Start Date 20/02/09 ◉ Availab... ☐ Include Non Deducted

Room Class ○ Occupancy ☑ Include Overbooking

☑ Include OOO

Date		Total	SKC	SKG	SDC	SDG	A1B	A2B	A3B	PH
Fri	20/02/09	145	24	26	22	18	11	33	12	2
Sat	21/02/09	147	26	26	22	18	11	33	12	2
Sun	22/02/09	157	30	32	22	18	11	33	12	2
Mon	23/02/09	157	30	32	22	18	11	33	12	2
Tue	24/02/09	157	30	32	22	18	11	33	12	2
Wed	25/02/09	157	30	32	22	18	11	33	12	2
Thu	26/02/09	157	30	32	22	18	11	33	12	2
Fri	27/02/09	157	30	32	22	18	11	33	12	2
Sat	28/02/09	157	30	32	22	18	10	33	12	2
Sun	01/03/09	157	30	32	22	18	10	33	12	2
Mon	02/03/09	157	30	32	22	18	10	33	12	2
Tue	03/03/09	157	30	32	22	18	10	33	12	2
Wed	04/03/09	157	30	32	22	18	10	33	12	2
Thu	05/03/09	157	30	32	22	18	10	33	12	2

图 11－4　房类预测

3. 可售房间图

可售房间图是对上述房类预测图的更详细的分解，它显示任意指定日期起的一定天数内每间客房的明细情况预测和每天的合计，包括总房数、散客用房、团体用房、维修房数、停用房数、可售房数、超额预订限额、预计出租率、预订抵或离的散客或团体房数、自用或免费房数，从而为决定是否接受客人的订房要求提供更精确的依据（见图 11－5）。特别指出的是，预计抵离的散团房数可作为超额预订调整的参数。

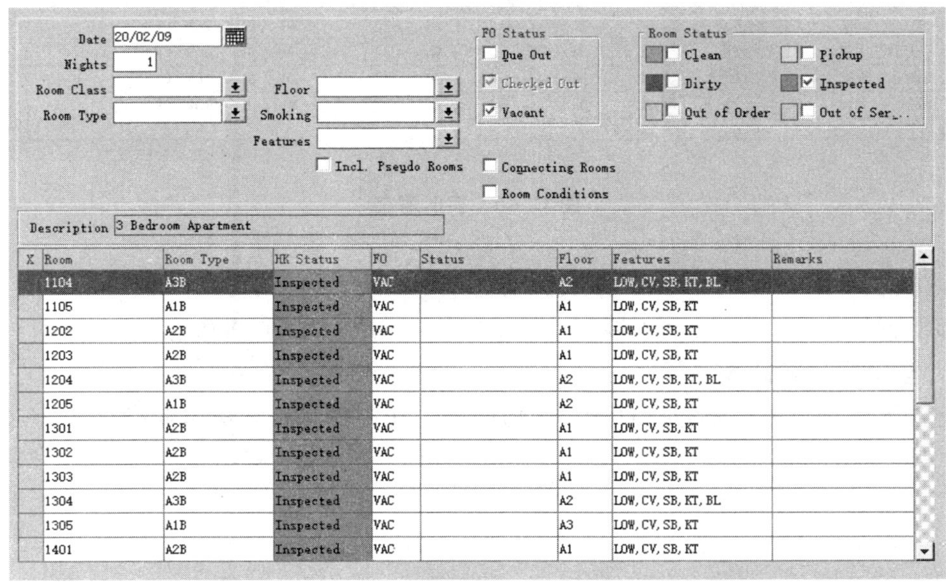

Date 20/02/09

Nights 1

Room Class / Floor

Room Type / Smoking

Features

☐ Incl. Pseudo Rooms

FO Status: ☐ Due Out ☑ Checked Out ☑ Vacant

Room Status: ☐ Clean ☐ Pickup ☐ Dirty ☑ Inspected ☐ Out of Order ☐ Out of Ser...

☐ Connecting Rooms

☐ Room Conditions

Description 3 Bedroom Apartment

X	Room	Room Type	HK Status	FO	Status	Floor	Features	Remarks
	1104	A3B	Inspected	VAC		A2	LOW, CV, SB, KT, BL	
	1105	A1B	Inspected	VAC		A1	LOW, CV, SB, KT	
	1202	A2B	Inspected	VAC		A1	LOW, CV, SB, KT	
	1203	A2B	Inspected	VAC		A1	LOW, CV, SB, KT	
	1204	A3B	Inspected	VAC		A2	LOW, CV, SB, KT, BL	
	1205	A1B	Inspected	VAC		A2	LOW, CV, SB, KT	
	1301	A2B	Inspected	VAC		A1	LOW, CV, SB, KT	
	1302	A2B	Inspected	VAC		A1	LOW, CV, SB, KT	
	1303	A2B	Inspected	VAC		A1	LOW, CV, SB, KT	
	1304	A3B	Inspected	VAC		A2	LOW, CV, SB, KT, BL	
	1305	A1B	Inspected	VAC		A3	LOW, CV, SB, KT	
	1401	A2B	Inspected	VAC		A1	LOW, CV, SB, KT	

图 11－5　可售房间

（二）当前房态

当前客房状态主要是根据客人在住、客房维修、客房停用等反映酒店中全部客房的即时状态，同时也根据客人的预订、离店、对当天预订、预离的房间做出标记。

当前房态可通过实时房态图、楼层平面图、酒店当前状况统计等多种工具进行控制和统计。

1. 实时房态图

实时房态图实时地显示酒店全部客房的当前房态，包括房号、房类、楼层房态、前台房态、预计情况、楼层信息等，可使用不同颜色标志不同的房态（见图 11 –6）。

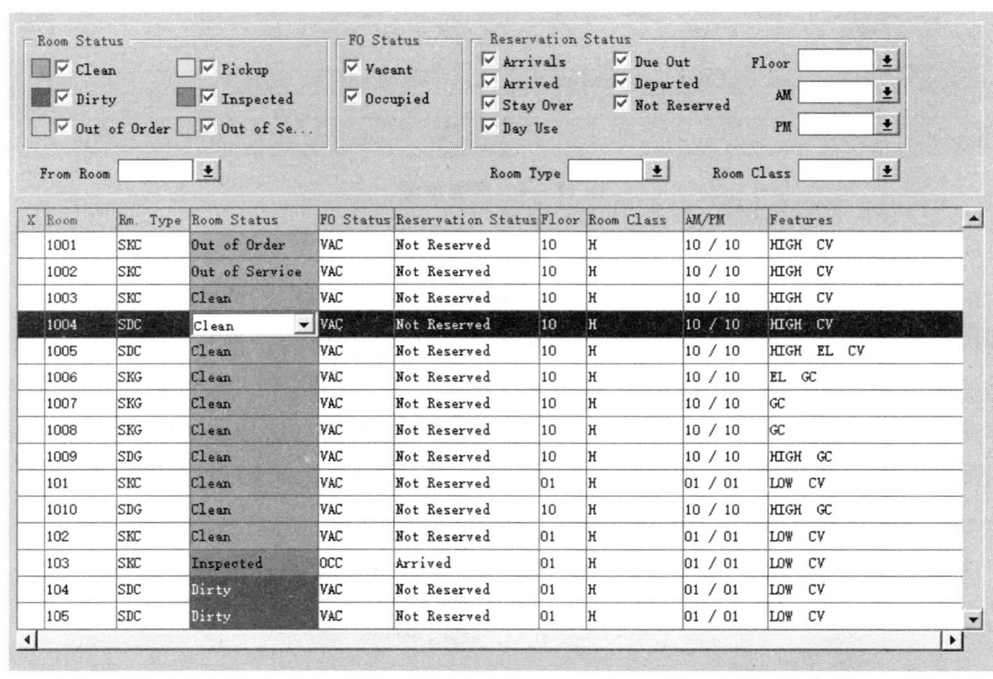

X	Room	Rm. Type	Room Status	FO Status	Reservation Status	Floor	Room Class	AM/PM	Features
	1001	SKC	Out of Order	VAC	Not Reserved	10	H	10 / 10	HIGH CV
	1002	SKC	Out of Service	VAC	Not Reserved	10	H	10 / 10	HIGH CV
	1003	SKC	Clean	VAC	Not Reserved	10	H	10 / 10	HIGH CV
	1004	SDC	Clean	VAC	Not Reserved	10	H	10 / 10	HIGH CV
	1005	SDC	Clean	VAC	Not Reserved	10	H	10 / 10	HIGH EL CV
	1006	SKG	Clean	VAC	Not Reserved	10	H	10 / 10	EL GC
	1007	SKG	Clean	VAC	Not Reserved	10	H	10 / 10	GC
	1008	SKG	Clean	VAC	Not Reserved	10	H	10 / 10	GC
	1009	SDG	Clean	VAC	Not Reserved	10	H	10 / 10	HIGH GC
	101	SKC	Clean	VAC	Not Reserved	01	H	01 / 01	LOW CV
	1010	SDG	Clean	VAC	Not Reserved	10	H	10 / 10	HIGH GC
	102	SKC	Clean	VAC	Not Reserved	01	H	01 / 01	LOW CV
	103	SKC	Inspected	OCC	Arrived	01	H	01 / 01	LOW CV
	104	SDC	Dirty	VAC	Not Reserved	01	H	01 / 01	LOW CV
	105	SDC	Dirty	VAC	Not Reserved	01	H	01 / 01	LOW CV

图 11 –6　实时房态

2. 楼层平面图

按酒店建筑平面布局设计的楼层平面图，方便以楼层为对象的客房管理（见图 11 –7）。

3. 客房实时统计表

客房实时统计表反映客房总计、客房中心、业务流转、客房营业指标统计（见图 11 –8）。

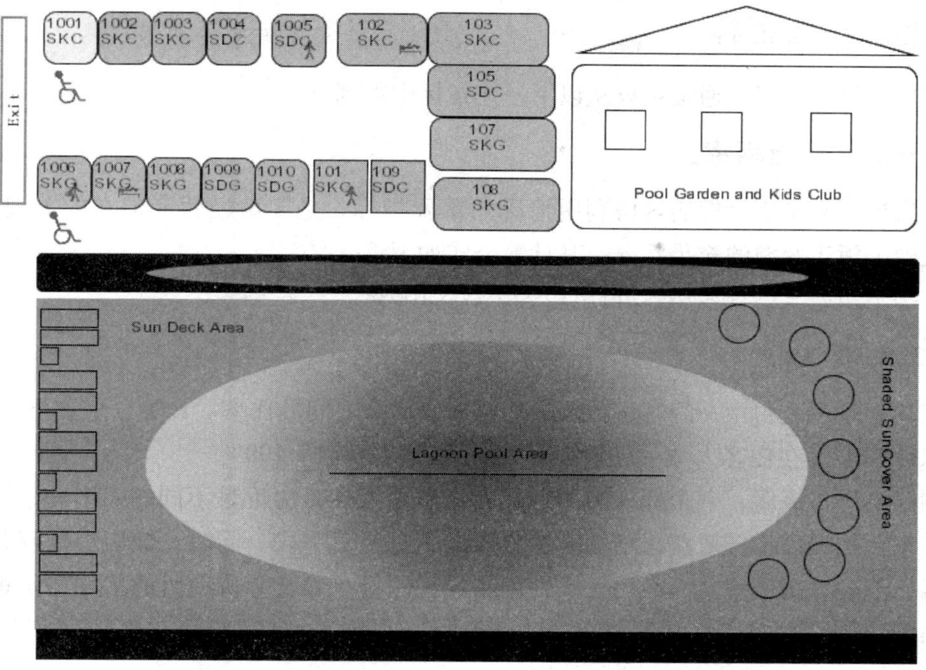

图 11－7　楼层平面

Room Summary

Total Physical Rooms	155
Out of Order	2
Total Rooms to Sell	153
Out of Service	0

Activity

	Room	Persons	VIP
Stayovers	0	0	0
Departures Expected	3	3	0
Departures Actual	0	0	0
Arrivals Expected	3	3	0
Arr. Exp. Made Today	0	0	0
Arrivals Actual	0	0	0
Extended Stays	0	0	0
Early Departures	0	0	0
Day Use Rooms	0	0	0
Walk Ins	0	0	0
Day of Arrival Cancels	0	0	0

Date 08/02/09　Room Class　Room Type

Search　Close

Complimentary and House Use

	Room	Persons	VIP
Complimentary Arrivals	0	0	0
Stayovers	0	0	0
Departures	0	0	0
House Use Arrivals	0	0	0
Stayovers	0	0	0
Departures	0	0	0

End of Day Projection

Min. Available Tonight	127		
Max. Occupied Tonight	26	3	0
Max. % Occupied Tonight	16.99	Include Day Use	
Blocks not Picked Up	21		
Individuals	5	3	0
Groups & Blocks	0	0	0
Room Revenue	4,307.20		
Room Revenue Avg.	165.66		

Housekeeping Room Status

	Vacant	Occupied
Inspected	144	2
Clean	0	0
Dirty	4	1
Pickup	2	0
Out of Order	2	0
Out of Service	0	0
Queue	0	

Turndown Status

Required / Not Required	0	0
Completed	0	

图 11－8　客房实时统计

五、客房销售指标

客房的销售状况，通常可以从以下一些指标中得到反映。

（一）客房出租率

客房出租率是表示饭店客房利用情况的重要指标，是客房经营者追求的关键指标，直接反映了饭店客源的充足状况，其计算公式如下：

客房出租率 = 已售客房数/可出租客房数 × 100%

（二）双住率

双住率是两人租用一间客房数与饭店已售客房数之间的比率。计算公式如下：

双住率 = （在住客人数 - 已售客房数）/已售客房数 × 100%

国际上许多饭店，一个标准间两位客人住与单人住，房价是不同的。因此，饭店注重双住率，是提高经济效益，增加客房收入的一种经营手段。同时，饭店通过双住率指标可以预测餐饮的销售量、客用一次性用品的耗用量，以及分析饭店的平均房价都是十分有用的。

（三）平均房价

平均房价是指饭店每出租一间客房所获得的平均客房收入。计算公式如下：

平均房价 = 客房总收入/已售客房数

平均房价对客房收入有重要影响，其高低主要受出租客房的类型及比例、双住率、白天房价，以及房价折扣等影响。通过分析平均房价，可以掌握前台销售人员向客人出租高价客房的效果。

（四）客房收益率

客房收益率是指饭店每天的客房实际收入与潜在的最大客房收入之间的比率。计算公式如下：

客房收益率 = 实际客房房费收入/潜在最大房费收入 × 100%

潜在最大客房收入是指饭店通过出租客房所能获得的最大房费收入。如某饭店共有100 间客房，每间客房的门市价为 380 元，则潜在的最大客房收入为：100 间 × 380 元 = 38000 元。所以，客房收益率既可反映客房的经营状况，又可反映客房销售人员的销售成效。

（五）人均支付房价

人均支付房价是指每一个住客所支付的平均客房价格。人均支付房价对饭店确定目标客源、调整房价结构，具有重要的参考价值，其计算公式如下：

人均支付房价 = 客房房费总收入/客人数

（六）Rev/PAR

Rev/PAR 是 Revenue Per Available Room 的缩写，即每间可供出租房产生的平均实际客房营业收入或单位客房收入。计算公式为：

Rev/PAR = 实际平均房价 × 实际客房出租率

在横向比较不同饭店客房经营状况时，用 Rev/PAR 指标能真实地反映在同等服务容量下的经营业绩水平，也是对投资汇报效果的最佳测量。

六、客房销售过程中的报价方法

（一）冲击式报价法

即先报出客房价格，再介绍房间所提供的服务设施和项目，这种报价方式适合推销价格比较低的房间，以低价打动客人。

（二）三明治报价法

这种报价方式是将价格置于所推荐的服务项目中，以减弱价格对客人的直接冲击，增加客人购买的可能性。这种报价方式适合于中高档客房，可以针对消费水平高、有一定社会地位和声望的客人。如含早餐房价。

（三）鱼尾式报价法

先介绍客房设施和项目及客房的特点，再报房价，突出客房物有所值，减轻价格对客人购买决策的影响。这种报价方式适合推销中档客房。

总之，价格放在什么阶段、报价的顺序以及报几种房价等，都要根据不同客人的特点及需求，有针对性地宣传推销；介绍要恰如其分，不要夸大其词，因为客人很快就会发现任何不实之处，对饭店产生不信任感。

【同步案例】

巧妙推销豪华套房

某天，南京某饭店前厅部的预订员小张接到一位荷兰客人从青岛打来的长途电话，想预订两间每天收费在 180 美元的标准间，三天以后开始住店。

小张查阅了一下订房记录表，回答说标间已经全部订满了。但小张仍用关心的口吻说：“您是否可以推迟两天来，或者您可以直接与南京某某饭店联系如何?”但该客人表示，仍希望能够在该饭店住宿，希望该饭店能再想想办法。

小张这时感到应该尽量不让客人失望，于是用商量的口气说：“先生，感谢您对我的信任，我很乐意为您效劳，我想，您可否先住 3 天我们饭店的豪华套房，套房是外景房，在房间可眺望紫金山的优美景色，紫金山是南京名胜古迹集中之地，室内有我们中国传统雕刻的红木家具和古玩瓷器摆饰；套房每天收费也不过 280 美元，我想您和您的朋友住了一定会满意。”小张讲到这里，等待霍曼先生回答，对方似乎犹豫不决，小张又说：“霍曼先生，我想您不会单纯计较房价的高低，而是在考虑豪华套房是否物有所值吧。请告诉我您和您的朋友乘哪次航班来南京，我们将派车来机场接你们，到店后，我一定先陪你们参观套房，到时您再做决定好吗？我们还可以免费为您提供美式早餐，我们的服务也是上乘的。”

荷兰客人听小张这么讲，倒有些感到盛情难却了，最后答应先预订两天的豪华套房。

分析：推销过程中，小张有以下值得称赞之处：

第一，接待热情、礼貌、反应灵活、语言得体规范，在接受霍曼先生电话预订的过程中，为客人着想，使客人感到自己受到重视，因而增加了对饭店的信任和好感。

第二，小张在推销豪华套房的过程中，采用的是利益引诱法，在报价中语气委婉，采用了“三明治式”报价方式，避免了高价格对客人心理产生的冲击力。

七、客房销售技巧

（一）把握客人特点，要“读懂”客人

不同的客人有不同的特点，对饭店也有不同的要求。比如商务客人通常是因公出差，对房价不太敏感，要求设施设备齐全、舒适，光线明亮（有可调亮度的台灯和床头灯），办公桌要宽大，便于会客、办公等；旅游客人则要求房间干净卫生，比较在乎客房价格；度蜜月的新婚夫妇则喜欢宁静、免打扰的大床房；年老的和有残疾的客人喜欢低楼层或电梯附近的客房等。因此，总台接待员在接待客人时，要注意从客人衣着打扮、言谈举止以及随行人数等方面把握客人特点（年龄、性别、职业、国籍、旅游动机等），进而判断其住宿需求偏好，从而有针对性地为客人推荐房间。

（二）要突出客房产品的价值，而非价格

总台接待员在接待客人时，常常只报房价，而不介绍客房的特点，结果常常使很多对价格敏感的客人望而却步，或者勉强接受，心里却不高兴。因此，接待员在销售客房时，必须对客房做出适当的描述，以减弱客房价格对客人的心理冲击，突出客房物有所值。比如不能直接向客人说“一间 500 元的客房，您要不要”，而应说“一间舒适、宽

敞、宁静，能看到美丽海景的客房”，尽量多用描述词汇对客房进行介绍，只有这样，客房的价值才能凸显，客人才容易接受。

当然，要准确描述客房，有赖于总台接待员对客房特点的详细了解。因此，预订员、接待员必须要了解每一间客房的特征（种类、位置、形状、朝向、面积、色彩、装潢、家具等），以及价格，这是对总台员工最基本的要求之一。

（三）推销时要给客人提供可比较的范围，请客人自己选择

对于所有人来说，都喜欢作答选择题，而不是填空题。同理，总台员工在给客人推荐房间时，要根据客人特点明确给出供客人选择的几种房型选择，而不是唐突地问客人需要何种房型。因为对于大多数客人来说，他既不清楚饭店有哪些房型，也不清楚不同房型能够入住的人数情况，因此，客人内心希望饭店能针对他的需求特点，为他提供几种不同的房间安排方案，最后由他选择和决定。

（四）推销要用正面介绍引导客人

总台员工在推销客房、接待客人时，说话不仅要有礼貌，而且要讲究艺术性，正面引导客人。否则，即使没有恶意，也可能会得罪客人，至少不会使客人产生好感。比如应该对客人说：“您运气真好，我们恰好还有一间漂亮的单人间。”而不能对客人说：“单人间就只剩这一间了，您要不要？”

第二节　饭店收益管理

收益管理始于20世纪70年代末期的美国航空业，后来逐渐被应用到饭店的经营管理中。世界上许多著名的酒店集团，尤其是欧美的酒店集团管理层都对收益管理高度重视，先后建立了专门的收益管理部门，使饭店取得了巨大的收益。

一、收益管理的核心内容

（一）需求预测

在分析饭店有关以往客房预订率以及当前旅客预订的情况下，正确估计未来每天的旅客需求和空房的供给。其中包括每天不同时段可能有多少旅客会来预订房间、预订旅客的类型及特点、要住何种房间、住宿时间，以及每天各个时段有多少空房可供预订等。鉴于旅客需求的季节性和时段性，收益管理系统往往进行3~9个月的长期、7天至3个月的中期和当天多个时段至7天的短期预测。由于许多旅客是当天临时登记入住的，有的收益管理系统还每间隔几个小时就进行一次短期预测，以保证预测的准确性。

（二）优化调控

饭店制定最佳房价并推荐最佳空房分配的方案，以供管理者们决策参考。这些最佳

房价与最佳空房分配方案的制定，是在以持续增长的酒店总收益为目标，并依据旅客需求与客房供给的预测，以及考虑其竞争对手的情况下，通过建立和分析复杂的数学模型而获得的。其中，最佳房价是包括每天各个时段不同房间的价格，最佳空房分配方案则是动态地调控每日不同时段各种空房供给的配额。

二、收益管理的主要手段

不同的酒店和酒店集团，由于各自的市场定位、顾客来源、管理理念、控制机制的不同，其价格和收益管理的方法及其作用也不尽相同。但总体而言，饭店业的价格和收益管理系统可以通过下列几个方面发挥作用。

（一）顾客分类及需求预测

尽管每一酒店都有自己的市场定位，但顾客的性质、来源渠道以及消费特点仍有许多不同之处。饭店要通过科学的方法对不同的顾客进行分类，并得出各种行为模式的统计特性，然后再对每一类顾客的需求进行准确的预测，包括预订的迟早、入住的长短、实际入住和预订的差异、提前离店和延迟离店的概率等。有了这些精确的预测，再根据各种客人对价格的敏感度等，酒店就能很好地控制资源，提高收益。

（二）优化控制

有了精确的需求预测，然后饭店依据各自不同的预售和价格控制系统，采用线性规划、动态规划、边际收益控制、风险最小化等方法，形成一套价格和收益控制体系，以有效地利用酒店各项资源，实现收益或利润最大化。

（三）节假日价格需求控制

节假日以及特殊事件日往往是酒店获利的最佳时机，许多酒店在此期间一般能达到很高的入住率。但高入住率并非就是高利润率。要使收益和利润率最大化，还必须有一套完善的节假日需求预测及控制方法。

（四）动态价格设定

酒店的定价及其管理是调节一家酒店赢利能力的最直接的杠杆。建立在收益管理基础上的实时竞标定价、浮动定价、竞争定价等方法则是通过对市场细分和有效的控制使得价格杠杆的功能发挥到极致。

（五）超额预订控制

由于预售和实际入住往往存在一定的差异，因此如何预测及控制这种差异从而保证实际入住率是酒店经常要解决的一个问题。尤其是在高峰季节，这一问题特别突出。对酒店而言，既要保证尽可能高的入住率，又要避免超售而使得客人无房的尴尬，因此，一种精确的超售控制则是保证酒店在最大收益条件下使得客户服务损失变得最小的一个重要工具。

（六）团体和销售代理管理

团体销售几乎是每一家酒店都有的业务，且多数情况下有一定的折扣。但如何定量对这项业务进行分析并有效地控制折扣程度，则是收益管理很重要的部分。相应地，对代理销售及批发代理等，也都可以通过抽象的模式来进行优化控制。

三、收益管理在酒店经营中的应用

在酒店业，随着计算机和信息技术的迅速发展，多数酒店已经引入了计算机联网的预售及客房管理系统，使得酒店管理进入了数字化阶段。相应地，酒店业的价格与收益管理系统的功能也日益显得重要。过去手工操作时的粗线条管理模式已不能满足日益激烈的市场竞争的需要。代之而起的是大数据量的微观分析以及针对具体客户的精确的定量管理。就收益管理的方法来说，先后由点式管理、网式管理发展到了结合客户服务的综合管理。在价格管理方面，也从单一静态价格到多重动态价格，再到结合市场竞争的优化价格控制。这一切虽使得价格与收益管理系统变得日益复杂，但同时其创造的效益也日益显著。根据用户统计分析，一个现代化的收益管理系统每年可为酒店增加4% ~8%的额外收益。对许多饭店而言，这几乎相当于50% ~100%的净利润。

以往，酒店业都将客房利用率的高低看作成功的标志。衡量酒店经营成功与否的另一个指标是已出租客房的平均房价。收益管理根据酒店历史的销售资料，通过科学的预测，将两项指标联系在一起，找到客房出租率与平均房价的最佳结合点。因此，饭店要在任何特定的时间段内，按照客房需求量来调整客房价格。也就是说，如果客房快要订满了，就没有必要还对房价进行打折；相反，如果有天晚上客房肯定住不满，那么，将房间以折扣价出租，总比空着要好。总之，酒店宁愿接受一个房价稍低但连住数日的预订，也不愿意接受一个房价稍高，但只住一晚的预订，因为他们认为这样做使房间空置的风险要小一些。在实践中，酒店客满与低出租率之间有很多种情况，这时都需要做出定价决策。此外，每天或每季度要做的超额预订决策也可以被纳入收益管理系统之中。在一些酒店的员工利用人工方式管理本酒店的收益管理系统的同时，越来越多的酒店开始采用计算机程序进行收益管理，它们利用对本酒店客房需求的历史资料预测未来需求情况，并根据需求量在不同时期的变化情况，不断调整客房价格水平。另外，越来越多的中央预订系统将收益管理的内容纳入其计算机程序之中。

酒店在供不应求时，如何销售能使客房的收益最大？酒店在供大于求时，如何销售又能使客房的收益最大？这是收益管理法的精髓。收益管理在饭店的实施，就是做好存房和订房管理。其中存房管理是指客房销售人员为各个细分市场的顾客合理安排一定数量的客房；订房管理是指客房销售人员根据不同时期客房需求量，确定不同的房价。

在客房需求量高时，饭店可以采取以下措施：限制低价客房的数量，停售低价房和收益差的包价房；只接受超过最短住宿期的顾客的预订；只接受愿意支付高价的团体的预订。在客房需求量低时，饭店则可采取以下措施：招徕要求低价的团体顾客；向散客提供特殊促销价；向当地市场推出少量廉价包价活动。

由此可见，饭店收益管理的关键是对客房需求情况进行准确的预测，并根据预测情况，确定具有竞争力的、能够保证酒店最大收益的客房价格。

【同步案例】

“收益管理”错在何处

有一家酒店在一天中同一规格房间的价格变化无常，前后入住的房价差别很大，因此屡屡接到付出相对高房费顾客的抱怨和投诉。原来，该酒店高层管理人员在听了一次“收益管理”讲座之后，突发灵感，做出一个决定：要求总台一天每隔3小时，根据即时计算机显示的住房率升高或下降，将房价相应地调高或调低。此所谓“求得收益的最大化”。

分析：饭店收益管理的关键是对客房需求情况进行准确的预测，并通过客房价格进行需求控制。其中客人住宿需求管理的内容主要包括预订的迟早、入住的长短、实际入住和预订的差异、提前离店和延迟离店的概率等，而不是案例中该酒店的客房出租率指标。而且案例中对客房价格管理的时效只有3小时，也太短，显然念坏了“收益管理”的经，屡收客人投诉就必然了。

四、饭店实施收益管理的条件与优势

（一）客房产品具有不可储存性的特点

对于其他的行业来说，存货是缓解供求矛盾的重要手段，但饭店所经营的产品是无法储存的。若产品在给定的时间内不能售出，其价值便消失了，不可储存性是服务业最重要的特性之一。客房产品具有不可储存性，如果一间客房在某一天没有被销售出去，那么其在这一天被使用和为酒店创造利润的机会就永远消失了。

（二）相对固定的生产能力

饭店的客房数是相对固定的，在一定的时间内，饭店的生产能力是相对固定的，除非饭店通过改建而扩容。

（三）需求随时间而变化

客人对客房的需求受到多方面的影响，需求的变动性较明显。通常需求曲线随时间、日期、季节的不同而波动。收益管理可以通过不同的价格策略平滑需求曲线。

（四）高固定成本，低可变成本

饭店是资金密集型的行业，投资巨大，固定成本高，但可变成本却很小。

（五）客房产品的可预订性

消费者一般通过预订或临时购买两种方式消费饭店产品。通常消费者是通过预订系统来完成的，饭店可综合其他技术预测和控制需求，根据日常经验的总结，管理者可大致判断出每一时段饭店产品的需求情况。

（六）可以细分的市场

饭店可以根据消费者对产品特性的需要或价格敏感程度的不同而细分为不同的群体。饭店可针对这些不同的目标市场，实行差别化定价，开展收益管理，使购买同一等级产品的不同顾客承担不同的费用。

五、饭店收益管理的主要方法

（一）超额预订

超额预订是一些饭店经常采用的预订策略，也是酒店进行收益管理的一个重要技术方法。它是指酒店实际接受预订的客房数量超过酒店可供预订客房的数量，以防止由于宾客取消订房或应到未到，而造成当天酒店较低的出租率，从而引起酒店收益的损失。实行超额预订是有风险的，一旦出现预订客人抵达饭店却发现没有客房可以入住，很容易引起投诉，饭店超额预订成本或者风险随着超额预订数量的增加而增加。因此，超额预订数量的确定成为超额预订的核心问题。因此，饭店必须制定有关超额预订比例以及因超额预订而引起饭店违约情况的处置办法。

其实，客房在销售过程中时常会遇到这样的问题，降低顾客的不确定性，可以有几种方法：第一，核对预订。前厅部在接受客人预订的时候，都希望客人能如期到达。但总会有部分客人因为种种原因而无法按期抵达，变更预订时间甚至是取消预订单。为了保证客房的收益，前厅部的工作人员，要在客人抵达前通过多种手段与客人取得联系，一旦变更便可迅速做出应对措施，并做好部门间的沟通和协调工作。第二，增加保证类预订。所谓保证类预订是指客人通过使用信用卡、预付订金和订房合同的方式保证来饭店住宿，否则将会承担经济责任，而饭店在任何情况下都应保证落实的预订。饭店可以通过预收保证金或要求信用卡担保等方式来转移风险，尽可能地减少饭店的损失。

（二）折扣配置

折扣配置，就是通过运用折扣策略，寻求出租率和房价的最佳结合，达到饭店客房收入的最大化。这一办法的关键在于需求预测是否准确，并寻找饭店销售的规律性。如度假饭店，其销售高峰一般为周五、周六、周日三天，而其余四天则为淡季，这就为饭店的折扣配置提供了基本依据，即对周五、周六、周日这三天的预订规定某些限制条件，并采取不打折或实行折扣限制，而对淡季四天的销售，则采取折扣价刺激，以提高客房出租率。

（三）住宿天数控制

住宿天数控制是有效管理市场需求，提高饭店客房收入的重要收益管理方法。通过对入住天数的控制，饭店可以使需求强与不强的整个时段均达到收益的最大化，而不是需求大的时段。对饭店来说，因淡季或需求不足推出特价房以填补开房率不足时，或者是在旺季或需求处于相对高峰时，均可设置最低入住天数，以提高客房占用率，减少空置率。饭店设置最高入住天数主要是为了避免一些低价的客人住宿时间太长，占用了本来可以出售给高价客人的情况。例如，饭店推出的一些特价赠券，给予客人 5 折优惠，为了防止客人在饭店旺季或高峰期使用，就应当设置这些赠券使用日期和入住的最高天数，从而减少饭店因赠券低价带来的损失。

（四）升档销售（upsale）

升档销售就是饭店通过恰到好处的推销，促使客人接受高档次客房，以实现收益最大化的一种策略。升档销售应注意对象和时机，其对象主要是价格敏感较低的商务客人，而升档销售的最佳时机一般为客房紧缺和夜深人静之时。

（五）降档销售（downsale）

降档销售就是饭店引导客人从一个较高档次的客房转到较低档次的客房，以降低客房空置率，从而实现饭店收益最大化的一种策略。例如，当饭店高档次的套房销售完毕后，对于要入住套房的客人，就要积极引导客人入住低档次的普通房；或者当市场需求量不大，套房或豪华房有剩余，普通房不足时，可以拿出一部分无法出售的套房或豪华房以普通房的价格出售。显然，客人以降低的价格入住套房或豪华房，是非常乐意的。而饭店通过降档销售也减少了客房空置率，增加了收益，可谓“两全其美”。

（六）入住天数折扣法

提高客房入住率和整体收入的一个有效措施是鼓励客人多住几天或吸引住宿天数长的客人入住，根据住宿天数长短给予一定的折扣能帮饭店有效达到这个目的。例如，某饭店是个商务客为主的饭店，周一到周四客房出租率相当高，但是周五开房率开始下降，由于大部分商务客在周四退房，赶回家同家人团聚过周末。为了提高周五、周六和周日的客房出租率，该饭店决定：从周四到周日，客人如果住宿两晚，第二晚给予 20% 的折扣；如果住宿三晚，除第二晚得到 20% 的折扣外，第三晚得到半价的优惠；如果住宿四晚，除第二、第三晚的折扣外，第四晚只收 30% 的房费。这一措施有效提高了周四到周日的客房出租率和客房收入。由于饭店的客人多了，该饭店餐饮、娱乐等部门的收入也相应增长。这种根据入住天数给予折扣的促销办法在淡季，尤其是有规律的节假日低峰期十分有效。

收益管理作为全新的管理思想，已经渗入以饭店业为首的服务业的经营管理之中，并在实践中起到了指导性的作用。收益管理是一个复杂的系统，以计算机网络为平台，用庞大的信息数据作为支撑，如预订的资料和客户的资料等，除了饭店自身的数据信息之外，还有外部市场环境的信息，这些数据的获得需要长期的努力与坚持，是大量的基础工作的积累。构建一个规范的整合化的服务业收益管理体系，还需要走很长的路，并付出更艰苦的努力，需要经过大量的实践过程来总结其活动。相信未来收益管理能在饭店客房的预订和销售中发挥着更积极的作用，为饭店获取更多的收益。

【练习与思考】

一、单项选择题

1. “OCC”是指(　　)。

A. 维修房　　B. 走客房　　C. 住客房　　D. 长包房

2. (　　)的客房状态，表示该客房为没有经过打扫的空房。

A. Vacant Dirty　　B. Sleep Out　　C. Out of Order　　D. Vacant Clean

3. (　　)的房态，表示住客会因会客或其他原因需要服务员立即打扫。

A. L/B　　B. DND　　C. OOO　　D. MUR

4. C/O 房即(　　)。

A. 住客房　　B. 维修房　　C. 走客房　　D. 保留房

5. OOO 房即(　　)。

A. 住客房　　B. 维修房　　C. 走客房　　D. 保留房

6. DND 房即(　　)

A. 请勿打扰房　　B. 贵宾房　　C. 无行李房　　D. 常住房

7. 饭店客房的价值补偿能否实现和实现的程度，关键在于客房(　　)的高低。

A. 维修率　　B. 出租率　　C. 装修档次　　D. 客房数量

8. 前厅部的一个重要职能是任何时候都能正确显示(　　)状态。

A. 客房　　B. 饭店　　C. 客流　　D. 经济

9. 适合推销价格比较高的房间的报价方式是(　　)。

A. 鱼尾式报价　　B. 冲击式报价　　C. 夹心式报价　　D. 鱼头式报价

10. 饭店客房的(　　)即先介绍所提供的服务设施与服务项目、特色等，最后提出房价。

A. 渐进式报价　　B. 冲击式报价　　C. 夹心式报价　　D. 鱼尾式报价

11. 在前台客房销售中，应重点强调客房产品的(　　)而不仅仅是价格。

A. 面积　　B. 价值　　C. 朝向　　D. 环境

12. 对来年客房销售预测和分析的关键指标是(　　)。

A. 出租率　B. 没平均房价　C. 营业收入　D. 出租房间数

13. 饭店客房实际收入与潜在最大客房收入的比率是指(　　)。

A. 客房理想收益率　B. 客房收益率

C. 客房预期收益率　D. 客房最大收入率

14. 两人租用一间客房数与饭店已售客房数之间的比率是(　　)。

A. 双人住房率　B. 加床住房率

C. 实际出租率　D. 预期标间出租率

15. 对预测餐饮的销量、布件需要量和分析平均房价有十分参考意义的客房经营指标是(　　)。

A. 实际人均房价　B. 客房收益率　C. Rev/PAR　D. 双人住房率

16. 寻找房价与出租率的最佳结合点，从而使得客房收入最大化是指(　　)。

A. 收益管理　B. Rev/PAR

C. 盈亏临界分析　D. 客房最大利润分析

17. “夹心式”报价适用于(　　)的客房销售。

A. 高档　B. 中高档　C. 中档　D. 低档

18. 先报价格，再报出房间所提供的服务设施及项目等的报价方法，称为(　　)。

A. 夹心式报价　B. 冲击式报价　C. 鱼尾式报价　D. 混合式报价

二、多项选择题

1. 最基本的客房状态包括(　　)。

A. 走客房　B. DND 房　C. 维修房

D. 住客房　E. 双锁房

2. 影响房态的因素包括(　　)。

A. 排房　B. 入住　C. 关闭楼层　D. 换房

E. 退房　F 待修房

3. 客房现状显示系统中显示的客房状态有(　　)。

A. 空房　B. 住房　C. 走客房

D. 待修房　E. 标准房

4. 客房销售预测数据的来源主要有(　　)。

A. 竞争对手营业实绩　B. 饭店下达的销售指标

C. 最近两年的客房营业实绩　D. 客房预订情况

E. 营销部与财务部预测

5. 客房经营状况的主要指标有(　　)。

A. 客房出租率　B. 平均房价　C. 客房收益率

D. 客房实际营业收入　E. 客房在店人均消费

6. 实际平均房价的高与低受到很多因素的影响，其中主要有(　　)。

A. 客源种类　　B. 客人住宿时间的长与短
C. 房价折扣　　D. 出租的客房类型
E. 双人住房率

7. 影响客房营业收入的因素主要有(　　)。
A. 客房出租率　　B. 客房门市价　　C. 房价折扣率
D. 客源种类　　E. 饭店的档次

8. 从收益的衡量与分析的角度，提高客房营业收入的办法其中主要有(　　)。
A. 提高服务质量　　B. 提高单位房价　　C. 提高客房出租
D. 降低成本支出　　E. 多出售高价客房

三、名词解释

1. 房态
2. 收益管理
3. 升档销售

四、思考题

1. 前厅销售时应注意哪些技巧?
2. 什么叫“客房状况差异”? 请列举产生客房状况差异的原因。
3. 请说出饭店主要房态的类型及其英语术语。

五、案例分析

张先生在一个月内已多次入住某挂牌的三星级酒店，由于对它感觉不错，所以决定还是下榻该酒店。可是，由于没有预订，张先生要的房间没有，只有价格高出100元的豪华房间。张先生对接待小姐说，他是老客户，是否打个折解决一下，但还是被告知没有。考虑到费用，张先生无奈放弃了在这家酒店入住。然而，大热天张先生又不想到处找酒店。于是，他就给网络订房公司打了订房电话，讲了要求的地段和价位，不到10分钟，张先生就要到了该家酒店的豪华房间，而且，价格比总台小姐的报价还便宜60元。进了房间才知道所谓豪华房间就是他原来住过的那种类型的标房……

问题：该酒店在客房销售和收益管理方面存在哪些问题?

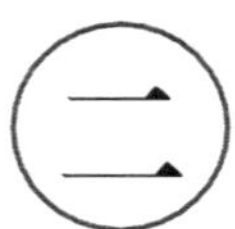

第十二章 现代饭店房务管理的发展趋势

随着社会的发展和科技的进步，21 世纪酒店房务部在服务和管理模式上将发生一些重大变化。及时准确地把握和预测这些变化趋势，对于指导并搞好酒店房务部的经营管理工作具有重要意义。

【学习目标】

1. 了解最新饭店房务部在经营上的变化规律及趋势。
2. 掌握最新饭店房务部在对客服务上的变化及趋势。
3. 理解现代科技发展对饭店房务部服务设施及方式的影响。

【导入案例】

酒店要不要与网络订房公司合作?

进入 21 世纪，网络订房似乎已经成为一种发展趋势，除了携程、e 龙等知名公司以外，社会上还有上百家网络订房公司为社会公众提供订房服务。这一方面为酒店提供了一种预订渠道，增加了酒店的客源，但另一方面，这些公司又开出了非常苛刻的条件，有的甚至提出要 2 ~3 折的房价，极大地压低了酒店的利润空间，而有些网络订房公司订了房客人又不来，无疑增加了管理的难度，但如果不接受这些网络中介订房，则酒店又少了一个预订渠道，影响了开房率。面对这种情况，酒店到底应该如何选择?

正方：随着网络的普及与发达，在商务或是观光旅行之前登录订房网站预订酒店，已经成为许多时尚人士的“必修课”。因此，一个网络订房公司的网站也可以看成酒店可选择的广告媒体，尽管网络订房的利润空间较小，但网络订房减少的利润相比在其他广告媒体上投入的广告费用来说要少得多，而且，网络订房为客户提供了一种快捷、便利的预订方式，缩短了与客户的距离，减少了酒店异地促销的成本，何乐而不为呢？对于很多中小酒店来说，酒店投入的资源与来自网络的预订量是不成正比的，因此，选择信誉度高、访问量大、后台营销管理完善的几家网络订房平台作为酒店的合作伙伴是酒店较好的选择，在网络订房管理方面也方便了许多。在接受网络预订时，预订部应该关注客人的到店时间，以决定是否接受预订。另外，对于网络订房客人订房未到的情况，在酒店的经营旺季，通常可以采取担保订房的方式，由网络订房平台提供担保，减少客人 No Show 给酒店带来的风险和损失。

反方：酒店使用网络订房是拓宽经营业务的一种必备的管理需要。当然，我们在经营过程中也需要规范网络订房公司，建立适合双方互惠互利的双赢的合作制度。比如：

1. 每月网络公司订房的数量与它的价格优惠程度确定成正比例关系。
2. 网络订房的准确达到时间的确定。
3. 网络订房的最晚保留时间。
4. 订房后对于客人不能到达的最后通知时间。
5. 网络订房公司与酒店签订合作合同，必须严格约定双方的权利和义务。

分析：互联网 + 背景下的饭店产业，既面临着技术进步带来的发展机遇，也面临着市场竞争的挑战。饭店究竟要不要与网络订房公司合作，取决于饭店自身的规模、技术条件，以及客源构成等情况，饭店可以自由选择。但饭店无法拒绝利用互联网技术和现代信息技术等新科技手段，开展广告宣传、客房销售，以及对客接待等工作。

第一节 房务部服务与管理的发展趋势

一、前厅对客服务的发展趋势

（一）一站式服务

前厅任何一位员工都必须为有需要的客人提供服务及帮助，不会由于部门的不同而怠慢客人，客人只需将其问题向一位员工提出就可得到解决，不会遇到将同一个问题向不同的员工复述或被推来推去的现象。

（二）一条龙服务

越来越多的酒店将为客人提供一条龙服务：酒店代表在机场接到客人后会致电有关部门，接待组就会准备客人的入住资料、钥匙等，司机在快到达酒店时会再致电回酒店，金钥匙或行李员会在门口迎候客人，客人一下车会称呼其姓名并带客人前往接待处登记，取钥匙进入房间，整个过程一气呵成。为客人提供一条龙服务，要求部门和岗位之间有良好的沟通和衔接。

（三）总台接待由站式转为坐式

传统的酒店是由客人站立办理住宿登记手续，进入21世纪，将有越来越多的酒店，特别是度假式酒店，将改站式接待为坐式接待。主要是能够使经过长途旅行的客人彻底放松，同时也能够拉近酒店与客人之间的距离，使客人有回家的感觉。

（四）“快捷服务”将成为前厅对客服务的追求

在一个各种信息化更新更快的时代，客人希望有更多的私人空间和私人时间。入住和离店的快捷服务将成为大部分客人的期盼。例如在北美，一些酒店集团开始在机场取行李的地方，为客人办理入住手续。很多客人在机场等行李的20分钟内，就可以进行酒店入住登记，客人到酒店后只要提着箱子直接入住就行了。在美国迈阿密，有一家酒店根本看不到总服务台，客人的住宿登记工作都在由机场开往酒店的专车上完成。此外，假日酒店推出了早餐时办理退房结账手续，这样客人可以在餐厅里用完早餐后就可马上离店，既提供了方便，又大大节省了客人的时间。

（五）网络订房将成主流

进入21世纪，酒店为了提高客房利用率和市场占有率，将利用包括价格在内的各种手段鼓励客人提前预订客房，客人将根据其提前预订期的长短，在房价上得到不同程度的优惠（提前期越长，优惠程度越大）。而且，信息技术的发展也极大地方便了客人的预订，绝大部分客人在来酒店前通过电话或互联网预订客房，没有预订而住店的“散客”将越来越少。其中，网上客房预订将成为一种新的发展趋势。

二、前厅经营管理的发展趋势

（一）一职多能，人尽其才

一职多能既可以精简机构，也可以培养人才。就总台而言，根据客人的活动规律，上午是客人退房较为集中的时段，收银员的工作较为繁忙，接待员则没有多少事干；而下午入住客人较多，办理登记的前台接待人员较为繁忙，而办理结账退房手续的收银员则较为清闲。考虑到这一特点，可以将总台的接待与收银岗位合二为一，总台的每一位职员都可为客人提供登记、问讯和结账服务。此外，总机接线员也将承担起多项职能。按下酒店房间电话机上客房服务中心的功能键，接听电话的总机话务员会将接收到的信息及时传递给相关部门跟办。

对员工进行一职多能的培训，可让他们掌握更全面的业务技能，成为出色的服务人员，为客人提供全方位的服务。能拥有这样的员工队伍，不仅为酒店节约了人力成本，更可提高酒店的整体服务水平。

（二）商务中心的职能进一步弱化

由于信息技术的飞速发展，越来越多的客人拥有自己的手机和计算机，也可以通过互联网直接订票、发送、接收电子邮件和传真，对酒店商务中心的依赖程度将大大减少。因此，酒店商务中心的职能将弱化，或者业务范围将发生转换。

（三）客房产品价格更加灵活多变

首先，前台接待人员将得到更大的授权，根据客人及酒店的实际情况，灵活定价。为了提高前台销售人员工作的积极性，最大限度地提高酒店的经济效益，酒店会将接待人员的奖金与其每月的销售效果挂钩。

其次，越来越多的酒店将没有固定的房价，而是根据当天的开房率来定价，以创造最大的利润。

但也有些酒店为了维持其档次及其在消费者中的信誉，会保持其相对固定的价格水平，不会轻易降低价格或提高价格。

（四）收益管理将被广泛实施

收益管理能够使酒店的客房等资料得到最有效的利用，使酒店管理从经验管理上升为科学管理，从而最大限度地提高酒店的经济效益。因此，越来越多的酒店及酒店集团将日益重视并实施收益管理。

从发展的现状和趋势而言，收益管理已经从一种管理思想转化为一种先进的计算机管理系统，高级的酒店计算机管理系统都会有收益管理的内容。

（五）部分服务会被“外包”，经营方式社会化

充分利用社会上的专业公司为酒店服务，如将酒店外围的保安工作（正门、停车场等）交由专业的保安公司承包，将商务中心出租等，使酒店的组织机构虚拟化。

三、客房对客服务的发展趋势

（一）零干扰服务

客房零干扰服务是指客房楼层服务员在对客服务过程中与客人保持适当距离，尽量以“暗”的、非接触的方式为客人提供热情、周到、细致的服务，即楼层服务员在提供服务时不妨碍客人，让客人既感受到楼层服务员的存在，又较少接触到楼层服务员，从而为客人提供一个相对独立的生活空间。在饭店服务工作中，有时服务员热情地为客人提供服务，客人不仅不领情，反而流露出厌烦或不满情绪。这是由于这部分客人认为服务员所提供的“热情”服务并不是他所需要的，这在一定程度上干扰了他。现代社会的大众客人，越来越崇尚个性发展，注重独立、自尊、自由等精神追求，要求饭店的服务

尽量少干扰他的住宿体验过程。因此，现代饭店向客人提供的不仅仅是标准化的规范服务，更应该提供个性化的服务，满足客人的潜在需求，当然，客人的潜在需求也包括“无需求”“零干扰”需求。

（二）客房装饰与布置更注重文化内涵

客房作为酒店的核心和主体，其在装饰和布置上的差异化和别具匠心，往往成为不同于其他酒店的点睛之笔，也能成为酒店客人保持忠诚度的重要因素。例如，将酒店毛巾折叠成憨态可掬的大象、调皮好玩的猴子、优雅浪漫的双天鹅等动物形状，就打破了星级酒店模式化的奢华，为客房增添了生动气息，也给客人心中留下了一抹温馨的感动。皇家加勒比国际邮轮酒店的服务人员还会贴心地在毛巾折叠的小动物边放上教学卡片，以便游客自己学习，每天床上的浴巾都翻花样不同动物造型，还把客人的个人物品当道具配合，比如放上墨镜、戴上耳机，让客人又惊又喜。酒店客房的各种文化表达让客人感觉到被关注、被尊重，让客人的住宿体验变得更加温馨和有趣，进而与酒店建立长期关系。因此，酒店客房文化是对客人生活品质、兴趣爱好、文化修养的诠释，可变古板为新鲜，化平凡为神奇，无须额外增加房间的费用，也可给客人多一个再次光临的理由。

（三）客房进一步绿色化

在倡导可持续发展的今天，创建绿色饭店已经成为一种时尚，而客房的绿色化则是其中重要的组成部分。因此，客房通常在客房的房间和卫生间中放置棉织品的免洗提醒卡；减少并非大多数客人需要的客用品的品种和数量，同时提醒客人如果需要这些物品可以通知客房中心提供；在卫生间使用沐浴液、洗发液的液体分配器取代传统的一次性容器，减少一次性容器对环境造成的污染；客房小冰箱选用吸收式的环保产品；减少一次性塑料用品的使用等。

（四）客房设计更加科技化

随着高科技时代的到来，宾客，尤其是一些商务宾客，对酒店的各种设施都提出了更高的要求，促使客房的设施向着智能化的方向发展。进入 21 世纪，高科技在酒店服务与管理中将得到广泛的应用。

越来越多的酒店，特别是商务酒店（或者酒店的商务楼层），计算机将成为其必不可少的客房设备。为宾客提供网络浏览、E－mail 收发、FTP 文件下载、Telnet 远程登录、网络游戏等多项 Internet 服务；客房管理将完全实现计算机化、自动化，客房内的设施设备也将完全由计算机控制，出现智能型客房，等等。此外，光线唤醒系统、无钥匙锁门系统、虚拟现实窗户、自动感应系统、客房内虚拟娱乐中心和电子控制的床垫都将逐步在未来客房中得到应用。总之，“未来客房”的目标是尽量满足所有宾客——可以满足不同的旅行目的（商务或度假）、不同的年龄、不同的健康状况、不同的职业对客房的要求。

（五）客房服务社会化

客房服务包括清洁卫生服务和接待服务两部分。其中清洁卫生工作是指酒店中客房及楼层、大堂等公共区域的客房部管辖范围内的清扫、整理等工作，今后越来越多的酒店客房清洁卫生工作将由社会上的专业清洁公司或家政公司来承担，以提高工作效率，降低酒店成本。

【相关链接】

上海饭店业尝试社会化劳务

近几年，上海一些高星级酒店开始采用社会化的劳务，尤其是一些国际品牌酒店，如四季酒店、威斯汀酒店等。这些酒店的做法是：在酒店内部某些适用简单劳动的部门，按照最低限度的劳务需求测算社会化劳务的启用线（如威斯汀是按出租率60%时清扫客房所需的劳务来测算）；启用线内的劳务需求折算成员工数，配置正式员工；启用线以上超出部分向社会采购。

1. 积极作用

从实施的情况看，劳务的社会化使用使酒店的人力资源管理显得更有效率。主要表现在三个方面：

首先，社会化劳务的使用直接减少了酒店的人力资源成本开支。以某家饭店为例，养一个客房服务员，基本工资1500元，加上50%的各类保险、年终双月奖和其他福利，每人每年要近5万元，如果分摊上广告费、面试费、体检费等招聘管理费就更多。使用社会化劳务后，酒店不但省去了招聘管理费，支付给劳务公司的费用平均下来只相当于原来的70%，节省的幅度为20%～30%。如果员工的基本工资更高（1800元），节省的幅度也更大，达到1/3。

其次，社会化劳务人员比较稳定，避免了人员频繁流动对员工情绪的负面影响。劳务公司提供的劳务人员一般固定到人，情绪也比较稳定，不存在跳槽的问题。即使有人员变动，也是劳务公司的内部调配所致，与酒店无关，有利于酒店稳定自己的员工队伍。

最后，高素质复合人才的薪酬变得较有吸引力。成功使用社会化劳务的酒店节省了简单劳动的成本，有可能将较多的资金用于激励高素质骨干人才，提高了酒店的吸引力和凝聚力。从实际情况看，上述酒店的中、高层人员相对比较稳定，人才流动保持着顺差。

2. 需要注意的问题

酒店劳务社会化的前提是酒店业比较发达或者酒店存在一定程度的集聚，而这是与所在地经济发展到一定阶段相联系的；酒店劳务社会化也不可能靠单个酒店的活动来实现，而是有赖于社会上的酒店群体与劳务产品供应商的协作互动。这样的前提和条件并不是所有地方都具备的。因而我们这里介绍酒店劳务社会化只是给具备条件的地区和酒店提供了一条思路。酒店是否采取劳务社会化的方法来改进用工形式、用工结构和人力资源管理，应从实际出发，视具体情况而定。

专业的酒店劳务供应商是实现酒店劳务社会化的关键。酒店劳务供应商应该具备三个条件：一是专业化，如上海客房清扫承包商某清洁公司的经营者都是从原华亭、喜来登出来的，只有熟悉酒店相关部门的业务和流程，才能有效承接和组织实施酒店业务；二是规模化，一家公司只有同时经营多家酒店的业务，才能从营运和管理中产生效益，降低成本；三是角色化，劳务供应商在劳务社会化使用关系中是酒店所需劳务产品的供应商，而不是酒店所需劳动的中介商，这一点至关重要。劳务供应商只有坚持这个角色才能继续发展业务，否则转变为劳动力中介商，劳动社会化的关系就不复存在了。

对社会化劳务的使用要把握好“度”。劳务社会化可以在一定程度上降低人力成本，但并不是酒店中所有的劳动力都可以用社会化劳务来替代。此外，从质量保险系数看，社会化劳务似乎要略逊于酒店自有员工。因此，在决定使用社会化劳务的时候，应从全面出发，既要考虑节约成本的因素，又要根据人力资源储备、质量监控要求等具体情况把握好使用的范围和程度。

对社会化劳务的培训应恰当分责。由于酒店之间存在差异，对劳务产品的要求也不尽相同，劳务供应商难以按不同酒店的不同具体要求分别对劳务人员进行差异化的培训。因此，酒店有必要进行补训，但是酒店要与供应商双方就各自负责培训的内容作了明确界定。否则，酒店承担的培训内容过多，起不到使用社会化劳务降低人力成本的作用；承担的培训内容过少，劳务产品又不能符合本酒店的要求。在实践中，上述酒店是这样与对方分责的：劳务产品的供应商负责有关酒店业务的基本培训；酒店则根据自己需要的内容进行入店培训或岗前培训。双方各司其职，便可避免培训交叉或培训不到位的现象。

四、客房经营管理的发展趋势

随着饭店业竞争的加剧，饭店越来越多地注重客人需求的满足程度以及对运转成本的控制。而对顾客需求的进一步调查发现，饭店提供的相当一部分服务和客用品并非是客人所期望得到的。加上社会的发展和科学技术的进步，21 世纪酒店客房的经营管理和服务将发生一些重大的变化，及时准确地预测和把握这些变化趋势，对于指导并做好酒店客房部的经营管理工作具有重要的意义。

（一）项目丰富化

客房服务项目的设立既考虑而又不局限于档次、星级等的限定，而是充分考虑客人的需求和饭店的实际情况，使服务项目趋向于丰富化的目标。即使是同一种服务项目，也努力形成本饭店的服务特色。一些位于环境优美的风景区的饭店，考虑到客人进出不方便，在楼层区域设立小图书室以丰富一些喜静客人的晚间生活，如合肥外商国际俱乐部酒店。同是客房小酒吧服务，由于接待客人不同，有的饭店摆放零食类为主的食品，而有些饭店则摆放快餐面等可以让客人果腹的食品。这种种的不同使得客房服务项目趋于丰富且更能满足客人的需求。

（二）服务个性化

标准化、程序化和规范化的服务是饭店服务质量的基本保证。但是，只有标准化，而没有个性化的服务是不完善的，是不能够真正满足客人的需求，令客人完全满意的。因此，在饭店业竞争日趋激烈的今天，个性化服务已经成为饭店之间竞争的有力措施，成为服务的大趋势。客房服务尤其如此。为提供个性化服务，取得客人的忠诚，客房通常建立完善的客史档案，并根据客人需求的变化不断调整服务的规程和标准。如提供夜床服务的饭店要能够保证为客人开喜欢的那张床，放客人喜爱的水果、茶等物品。不再强求所有客人看同一份报纸，而是根据客史档案将客人喜爱看的放进客房。

（三）设施智能化

随着高科技时代的到来，客人，尤其是一些商务客人，对饭店的各种设施都提出了更高的要求，海口锦鸿温泉花园酒店，驱使客房的设施向着智能化的方向发展。如客房锁钥系统使用智能 IC 卡锁钥系统，甚至是感应门锁、指纹门锁系统；客房内的自动控制系统，使用感应器控制，人进灯亮，人出灯灭，等等。还有先进的通信系统，可以上宽带网的接口，e 客房以及能够提供客人在饭店消费情况、预订房内用膳、订购商品、选看电影等信息的电视系统。

（四）设计人文化

21 世纪，世界范围内（包括中国在内）的市场经济将日趋成熟，竞争也将更加激烈，但竞争的层次将从低层次的价格竞争逐渐转向高层次的文化和品牌竞争。有文化品位、鲜明的个性和特色的酒店将受到宾客的青睐。因此，酒店客房在装修、设计和布置等方面，将注重文化、艺术品位、追求个性和特色。与此相适应，客房的结构、家具的设计和摆设、色彩和灯光的运用等将突破传统，更为大胆。如插座的位置更加精心设计，以方便客人的使用；座椅将更加追求舒适感，至少应有方便移动的轮子，高低可以调节，以满足客人办公和休息的双重需要；照明的灯光既考虑美化环境，也兼顾阅读和工作的需要，具有足够的亮度，等等。另外，还考虑到残疾客人的需要，在所有残疾客人可能抵达的楼层区域应无障碍设计，可能需要使用的设施应可自助使用，无须他人帮助。那种千篇一律、毫无个性和特色的酒店客房将被市场所抛弃。

（五）类型多样化

进入21世纪，随着酒店业的发展，宾客对酒店服务的要求将越来越高，这将迫使酒店市场细分化。一些有远见的酒店已经开始营造自己的特色，以最大限度地满足不同类型宾客的不同需求，而客房的类型是其区别于其他酒店的一个重要方面。传统的一家酒店以一种模式接待所有宾客的时代已经一去不复返。酒店市场被分割为商务酒店、旅游观光酒店、度假酒店、青年旅舍、经济型酒店、豪华酒店、精品酒店、特色酒店等多种类型。不仅如此，在酒店趋向于多样化的形势下，酒店客房也逐渐形成了自己的特色，呈现多样化发展的趋势，并尽力使自己所特有的细分市场上的宾客满意。如商务客房、会议客房、休闲度假客房、无烟客房、女士客房、儿童客房、残疾人客房、盲人客房、大床间、连通房等。不仅客房硬件发生变化，而且服务的内容和方式也发生了重大变化。

第二节　现代科技在饭店房务部中的应用

随着科技的飞速发展，各行各业变化日新月异，酒店业也不断感受到现代科技带来的冲击，最新出现的数字客房系统就很好体现了传统产业与新技术的结合，以不断适应客人多元化的需求和科技进步。现代科技赋予传统酒店客房舒适、安全、便捷等标准以新的含义。

【相关链接】

“数码E房”

“数码E房”是21世纪信息时代以在酒店客房内为客人提供计算机及上网等数字服务内容为特征的客房类型。为了减少酒店的投入，提高酒店客人的满意度，一些有实力的电信运营商与酒店合作，为酒店提供一揽子“数码E房”解决方案。以下是惠普、AMD、鹏博士提供的“数码E房”解决方案。

惠普商用台式机部门已与软件开发及系统集成公司鹏博士签署合作协议，共同推广酒店行业“数码E房”IT服务解决方案。其中，惠普提供“酒店瘦客户机”硬件解决方案，鹏博士提供“数码E房”酒店客房用计算机软件解决方案。

据调查显示，90%的商务客人希望酒店客房具有网络条件，80%的商务客人希望酒店客房内具有供客人使用的计算机。然而，由于计算机为高度集成产品，较其他电器而言，软件、硬件的故障发生概率大大增加，因此，很多酒店考虑到可能影响服务质量，并没有在客房内布置计算机。

惠普的瘦客户机则解决了以上的隐患。其采用无盘配置，没有硬盘、光驱、运算由后方服务器负责，不会带入病毒。每个顾客退房时，会自动重置所有设置，方便下一个顾客使用。

AMD 低功耗的处理器，HP Compaq T5720 瘦客户机无风扇，运行安静，同时体积小巧。此外，整个系统功耗仅为 36 瓦，相比普通计算机大大节约电能，从而节约酒店成本。

鹏博士开发的“数码 E 房”软件可以实现视频点播、酒店内商店物品网上购买、网上 3D 地图查询、旅游景区视频观赏、网上办公等应用，从而提升酒店的服务水平和顾客的满意度。

一、触摸屏的应用

触摸屏是一种与计算机交互的最简单、最直接的方法，诞生于 1970 年。当前，触摸屏的功能已被应用于饭店业以达到点击式销售目的。例如，在饭店前厅放置一个信息查询的触摸屏查询系统，该系统直接面向客人，具有交互性的信息查询及客人反馈的计算机网络系统，是利用当今先进的计算机网络系统进行信息服务和宣传的工具。它能使大量的信息准确地传递给客人，并能在第一时间得到客人的反馈调查数据。为酒店提供了一个向外展示自己形象，扩大影响力的有力方式和窗口。

二、指纹锁技术

目前在欧洲、北美和比较发达的亚洲国家中的一些酒店，已经不再使用钥匙，而是运用指纹识别技术来开门，这种锁就叫指纹锁。指纹识别的应用有效杜绝了盗用 IC 卡和密码开门。这种锁是一个小型门锁系统，应用于饭店时，在饭店的前台可以统一管理，只要客人入住时把指纹登记到前台管理计算机中，由服务人员通过网络传送到对应的房门的门锁中去，客人就可以用手指来开门了，并且具有记忆功能，前台可以查找对应的开门者。客人在离开酒店到前台结账后，总台人员再通过系统注销客人登记的指纹；客人再次入住酒店时仍需重新登记指纹。这对于保障客人的安全来说，具有重大的突破性意义。

三、蓝牙技术

未来酒店中的移动电话或者 PDA 能够做到让顾客进入酒店、开门甚至是控制空调，都能通过一些基于蓝牙技术制造移动设备来完成。客人可以非常方便地利用支持他的蓝牙技术的手机和他的信用卡与电话号码来进行房间的预订。客人准备进入饭店的时候，如果他的电话是开着的，就能立刻收到一个从酒店计算机发来的信息，询问是否现在就要入住。当客人输入了已经预订的个人的验证码后，就能收到一条信息，获得自己的房间号码。当他站在房间的门口时，客人也能使用这个密码打开房间的门。同样，客人也可以使用装备有蓝牙功能的手机来结账……

四、语音叫醒系统

叫醒系统是指系统在预订时拨通预订分机，在得到应答后播放预先录制的语音文件。以前叫醒是客人拨通总机电话，说出叫醒时间，值班员用笔做记录，到时间后拨通客人电话叫醒客人或值班人员输入交换机计算机，由交换机来拨号叫醒。由于大部分为人工操作，客人总是有一点不放心，有时甚至要重复拨电话给总机进行确认。叫醒系统则能够帮助饭店提供更优质的服务，树立良好的服务形象。

五、视频点播系统

在整合酒店现有服务资源设施的基础上，结合互动电视系统的技术，把饭店的电视系统、信息系统和酒店服务业务有机结合。客人在客房中只通过一个遥控器，就可在电视上方便地实现所有信息的查询、服务呼叫、消费查询、电视节目的有效选择、DVD 影片点播欣赏等多项服务的选择，真正做到“足不出户，服务到位”。酒店通过该系统可为不同国度的客人提供人性化的服务，语言将不再是障碍。系统中的高科技应用，更省去原有某些老旧低效系统的投资，实现现代化服务。

六、智能保险箱

智能保险箱将智能卡技术、微电子技术、电磁技术和机械制造技术有机地融为一体，是高科技的结晶。有密码、IC 卡、TM 卡、液晶显示等多种规格，其钥匙都采用与开门卡统一的智能卡，安全性高、管理方便，而且可以与房间智能控制器、门锁一起联网到中央监控系统，一旦遭到非法侵犯就会自动报警。客人退房时，前台甚至可以看到保险箱的开关状态，提醒客人以免造成遗漏，真正体现“影子”服务。

七、智能客房中心

通过智能客房中心，酒店可以提升服务细节品质，提供“贴身侍从”般的服务。例如，客人到前台登记入住时，前台员工可以通过远程控制系统，打开房间灯光和空调；打开电视，带有客人姓氏的问候语映入眼帘，使客人有宾至如归之感；当客人不在房间时，检测系统会及时提醒中心控制人员，及时通知服务人员进行清洁，退房预告功能可以将客人下楼结款的时间减到最短；特别是当白天房间无人时，如果房门一直处于打开状态或客人晚上入住后门未锁好，智能客房中心会自动提醒服务人员对该房间进行检查，大大提高了安全性能。由于管理系统控制中心界面上包括了正在维修、清洁请求、呼叫请求、V/D 房、维修房、正在清洁、房门打开/关闭、保险箱开/关、客史档案自动弹出、温度显示等 20 多项状态显示并可实时查看，使得对客人的多种需求的关注程度大大提高，真正体现了以客人为中心的关注焦点。

【练习与思考】

一、单项选择题

1. 随着当前人力成本的上升，饭店房务部对客服务社会化最不可能的是(　　)。

A. 客房清扫服务　B. PA 清洁服务　C. 安保服务　D. 总台服务

2. 未来饭店前厅对客服务的新趋势最不可能的是(　　)。

A. 网络订房成为主流　B. 一条龙服务

C. 入住登记会取消　D. 总台由坐式改站式

3. 未来饭店前厅管理的新趋势有(　　)。

A. 商务中心会取消　B. 客房价格会更稳定

C. 没有大堂副理　D. 收银员和接待员合一

4. 未来饭店客房最不可能的变化是(　　)

A. 主题化　B. 绿色化　C. 奢侈化

D. 科技化　E. 智能化

二、单项选择题

1. 未来前厅对客服务的发展趋势有(　　)。

A. 网络订房将成主流　B. 一条龙服务

C. 商务中心为消失　D. 客人将实现自助登记入住服务

2. 未来客房对客服务的发展趋势有(　　)。

A. 客房面积不断增大　B. 卫生间面积不断增大

C. 客房提倡“绿色装修”　D. 客房装饰与布置更注重文化内涵

三、思考题

简述未来饭店房务部的“科技化”趋势。

四、案例分析

浴室与卧室之间采用玻璃墙客人会喜欢吗?

某酒店最近进行了装修改造，最大的变化就是将卫生间与卧室之间的墙打通了，换成了玻璃。这样，客人在洗澡时就可以看见卧室（当然，从卧室也能看到卫生间里面），如果卧室的窗户打开或者阳台的门开着，也能看到户外的景色。据说这是一种潮流。

问题：这种潮流能够持续多久？客人会喜欢吗?

参考文献

[1] 王华．前厅客房服务与管理［M］．北京：中国林业出版社，2009.

[2] 刘伟．现代饭店前厅运营与管理［M］．北京：中国旅游出版社，2009.

[3] 张建业．现代饭店房务管理［M］．上海：上海人民出版社，2008.

[4] 吴玲．前厅运行与管理［M］．上海：上海交通大学出版社，2011.

[5] 徐松华．前厅运行管理课程的教学设计及改革［J］．福建商业高等专科学校学报，2013（4）：14－16.

[6] 唐飞，王今朝．住宿管理［M］．北京：中国旅游出版社，2010.

[7] 沈蓓芬，林红梅．前厅客房运作实务：项目课程教材［M］．北京：电子工业出版社，2013.

[8] 徐松华．前厅运行管理课程特点分析［J］．四川烹饪高等专科学校学报，2013（3）：84－86.

[9] 胡质健．收益管理：有效实现饭店收入的最大化［M］．北京：旅游教育出版社，2009.

[10] 郑艳升．试谈酒店客房的发展趋势［J］．旅游纵览，2014（4）：117－118.

[11] 奚晏平．饭店业理论与前沿问题［M］．北京：中国旅游出版社，2007.

[12] 陈伟．酒店文化的力量：对提高顾客满意度的思考［J］．江苏商论，2005（4）．

[13] 龙江智．从体验视角看旅游的本质及旅游学科体系的构建［J］．旅游学刊，2005，20（1）．

[14] 马丽珠，颜亮，刘静艳．我国GDS系统的发展现状及其对策研究［J］．旅游科学，2003（3）．

[15] 秦浩，孟清超．主题酒店的定位研究［J］．商业经济文荟，2004（4）．

[16] 王保伦．我国旅游酒店组织结构再造研究［J］．旅游学刊，2001，16（6）．

[17] 王大悟．21世纪饭店发展趋势［M］．北京：华夏出版社，1999.

[18] 朱茜．收益管理在客房预订和销售中的应用［J］．饭店现代化，2014（2）：42－45.

[19] 李榕．虚拟VIP接待小组［N］．中国旅游报，2005－12－21.

[20] 刘伟．现代饭店房务运营与管理［M］．北京：中国旅游出版社，2009.

附　录

现代饭店房务系统常用术语英汉对照

一、酒店各部门、各岗位名称英汉对照

人力资源部 Human Resources Division
人事部 Personnel Department
财务部 Finance and Accounting Division
预订部 Reservation Department
前厅部 Front Office Department
餐饮部 Food & Beverage Department
康乐部 Recreation & Entertainment Department
董事总经理 Managing Director
副总经理 Deputy General Manager
总经理助理 Executive Assistant Manager
人力资源总监 Director of Human Resources
培训部经理 Training Manager
培训主任 Training Officer
财务总监 Director of Finance and Accounting
市场营销总监 Director of Sales & Marketing
销售部经理 Director of Sales
房务总监 Rooms Director
前厅部经理 Front Office Manager
宾客关系主任 Guest Relation Officer
礼宾主管 Chief Concierge
行政管家 Exective Housekeeper
办公室文员 Order Taker
楼层服务员 Room Attendant
餐饮总监 Director of Food & Beverage
培训部 Training Department
销售部 Sales Department
房务部 Rooms Division
客房部 Housekeeping Department
保安部 Security Department
工程部 Engineering Department
计算机部 E. D. P
总经理 General Manager
驻店经理 Resident Manager
值班经理 Manager On Duty
人事部经理 Personnel Manager
人事主任 Personnel Officer
总出纳 Chief Cashier
财务部经理 Chief Accouttant
销售经理 Sales Manager
销售主任 Sales Officer
大堂副理 Assistant Manager
接待员 Receptionist
接待主管 Chief Receptionist
收银员 Cashier
楼层主管 Floor Supervisor
楼层领班 Floor Captain
客房高级主管 Senior Supervisor
迎宾员 Hostees

餐饮领班 Food & Beverage Captain
餐饮部经理 Food & Beverage Manager
西餐厅经理 Western Restaurant Manager
咖啡厅经理 Coffee Shop Manager
中餐厅经理 Chinese Restaurant Manager
工程总监 Chief Engineer
工程部经理 Engineering Manager
保安部经理 Security Manager
接待文员 Clerk
传菜员 Bus Boy
行政总厨 Exective Chef
厨师长 Sous Chef
西饼主管 Chef Baker
值班工程师 Duty Engineer
保安部主任 Security Officer
保安员 Security Guard

二、房务部常用术语

A
adapter 接线板
additional 临时预订
adjoining room 相邻房
advance bill 提前结账
air conditioner 空调
air freshener 空气清新剂
amendment 更改预订
armchair 扶手椅
arrival time 抵店时间
ashtray 烟灰缸
B
baggage rack 行李架
bath mat 防滑垫
bathrobe 浴袍
bathroom 浴室
bath towel 浴巾
bathtub 浴缸
bedside table 床头柜
bed - side lamp 床头灯
beer 啤酒
blanket 毛毯
button 按键
C
cancellation 取消预订
closet 衣柜
clothes hanger 衣架
clothesline 晾衣绳
commercial rate 商务房价
comb 梳子
concierge 委托代办
confirmed reservation 确认订房
connecting room 连通房
coupon 客人可支付的有价凭证
currency exchange 外币兑换
carpet 地毯
cat's eye 猫眼
chair 圈椅
chips 薯片
D
day use 日用房
department time 离店时间
desk lamp 台灯
disinfectant 消毒剂
DND 请勿打扰
doorbell 门铃
double occupancy 两人占用房
drawer 抽屉
drop - off sevice 送机服务
dry cleaning 干洗
dust cloth 抹布

E
early arrival 提前抵店
executive floor 行政楼层
exhaust fan 换气扇
early departure 提前退房
easy chair 安乐椅
envelop 信封
evian 依云矿泉水
F
face towel 面巾
facial tissues 纸巾
facial tissues box 纸巾盒
fire escape plan 紧急疏散图
FIT 散客（free individual tourist）
flat iron 熨斗
floor lamp 落地灯
flower vase 花瓶
folio 账页
full – length mirror 试衣镜
full House 房间客满
G
garbage can 垃圾桶
glass cup 玻璃杯
glue water 胶水
grab bar 浴缸扶手
guest history 客史档案
guaranteed booking 保证性预订
H
hairdryer 吹风机
handicraft 工艺品
handle 门把手
hand towel 小方巾
hotel services guide 服务指南
house credit limit 赊账限额
house use 酒店自用房
I
ice cubes 冰块
ice bucket 冰桶
IDD 国际直拨长途电话
instant noodles 方便面
interim bill 部分结账
J
jasmine tea 茉莉花茶
juice 果汁
job description 岗位说明
L
lamp shade 灯罩
late check out 逾时退房
laundry bag 洗衣袋
laundry form 洗衣单
letter paper 信纸
locator 方位
log book 工作日记本
lost & found 失物招领处
lounge 休息室
M
magazine 杂志
make up room card 请打扫牌
master folio 总账户
match 火柴
mattress pad 床垫
mineral water 矿泉水
minibar list 迷你吧单
message 留言服务
mouse pad 鼠标
N
net rate 净房价
network cable 网线
night audit 夜间稽核
night light 地灯
night table 床头柜
No Show 未到又没及时取消的预订
note 便笺

O
occupied 住客房
overbooking 超额预订
overstay 续住
out of order 维修房
P
package 包价服务
peanut 花生
pick up service 接车服务
pillow 枕头
pillowcase 枕套
pillow – slip 枕芯
please don't smoke on the bed 请勿吸烟卡
plug 插头
preassign 预先分房
preregisteration 预先登记
protective mask 防毒面罩
post 抛账
Q
Queue Room 请即打扫房
quick check – out 快速结账
R
rack rate 门市价
razor 剃须刀
receiver 接收器
refrigerator 冰箱
register 入住登记
remote controller 遥控器
rollaway bed 加床
room move 换房
rooming list 团体名单
room staus 房间状态
S
specials 特殊要求
sweater 毛衣
switch 开关
safety chain 防盗链
settlement 付账或清账
seven – up 七喜
sewing kit 针线包
shampoo 洗发液
sheet 床单
shoe – brush 鞋擦
shower cap 浴帽
shower curtain 浴帘
shower head 淋浴头
skipper 逃账者
sleep out 店外住宿
slippers 拖鞋
sprite 雪碧
socket 插座
soap 香皂
soap dish 皂托
T
teapot 茶壶
tea table 茶几
toilet 卫生间
toilet paper 手纸
tooth brush 牙刷
tooth paste 牙膏
trash can 垃圾桶
tariff 房价单
trolly 手推车
towel 毛巾
U
underpants 内裤
unshrinkable 不缩水的
upgrade 房间升级
upselling 升级销售
V
vacuum cleaner 吸尘器
vacant clean 空净房
vacant dirty 空脏房
vase 花瓶
VIP 贵宾

W

waiting list 等候预订名单

wall lamp 壁灯

washbasin 洗脸盆

water tap 水龙头

welcome card 欢迎卡

woolen fabrics 毛料织品

walk in 无预订散客（W/I）

wake - up call 叫醒服务

watering can 水壶

weigh bridge 地秤

window 窗户

三、前厅部日常用具和表格英汉对照

Registration Card 住宿登记表

Fidelio Reports 报表

VIP Amenities Form VIP 接待表

Express Departure 快捷结账

Early Check in 提前入住卡

Meal Voucher 餐券

Room Change Form 换房单

Rebate Voucher 退款凭证

Cashier's Envelope 收银信封

Guest Questionnaire 征求客人意见表

Text Message with Envelope 带信封留言

Reservation Forms 预订单

Limousine Request 车辆申请

Voice Text Message - in Room 声音留言

Front Office Receipt 前台收据

Registration Card Folder 住宿登记表文件夹

策划编辑：段向民
责任编辑：段向民　李文静
责任印制：冯冬青
封面设计：何　杰

图书在版编目（CIP）数据

现代饭店房务部运行与管理 / 徐松华主编 . --北京：中国旅游出版社，2016.2（2023.6 重印）
中国旅游业普通高等教育应用型规划教材
ISBN 978-7-5032-5454-3

Ⅰ.①现…　Ⅱ.①徐…　Ⅲ.①饭店—商业服务—高等学校—教材　Ⅳ.①F719.2

中国版本图书馆 CIP 数据核字（2015）第 268101 号

书　　名：现代饭店房务部运行与管理

主　　编：徐松华
副 主 编：鲁婉婷　康　芬
出版发行：中国旅游出版社
（北京静安东里 6 号　邮编：100028）
http：//www.cttp.net.cn　E-mail：cttp@mct.gov.cn
营销中心电话：010-57377103，010-57377106
读者服务部电话：010-57377107
排　　版：北京旅教文化传播有限公司
经　　销：全国各地新华书店
印　　刷：三河市灵山芝兰印刷有限公司
版　　次：2016 年 2 月第 1 版　2023 年 6 月第 3 次印刷
开　　本：787 毫米×1092 毫米　1/16
印　　张：18
字　　数：400 千
定　　价：39.50 元
I S B N　978-7-5032-5454-3
